À la découverte
du Dieu Amour

Jacques RAVANEL

À la découverte du Dieu Amour

Préface de Stan Rougier

PRESSES
DE LA
RENAISSANCE

Ouvrage réalisé
sous la direction éditoriale d'Alain Noël
avec la collaboration de Danielle Noël

Imprimatur : Paris, le 19 décembre 2003
Mgr Dupuy

Si vous souhaitez être tenu(e)
au courant de nos publications,
envoyez vos nom et adresse, en citant ce livre,
aux Éditions des Presses de la Renaissance,
12, avenue d'Italie, 75013 Paris.
Et, pour le Canada,
à INTERFORUM Canada inc.,
1050, bd René-Lévesque Est,
Bureau 100,
H2L 2L6 Montréal, Québec.

Consultez notre site Internet :
www.presses-renaissance.fr

ISBN 2.85616.995.3

Dans le souvenir reconnaissant du Père Finet et de Marthe Robin, au père Jean-François Hüe, mon filial successeur, à tous les membres du Foyer de Charité de la Flatière, dans l'action de grâces pour tout ce que le Seigneur nous a fait vivre.

Préface

Jacques, c'est une joie d'introduire ton premier livre. Tu as été pour moi un sacré « premier de cordée ». Tu ne m'as pas mené sur le mont Blanc mais sur la montagne où Moïse entendait battre le cœur de Dieu.

Tu savais comme personne combien en certains lieux de beauté et de silence ta Parole éternelle résonne autrement.

Certains disent : « Pourquoi chercher Dieu si haut puisqu'Il est partout ? » Oui, mais nous ne sommes pas le même partout.

J'ai suivi trois retraites avec toi et tu m'as donné ta confiance pour en animer une trentaine dans plusieurs Foyers dont tu avais la charge (Flatière, Lacépède, Tressaint, Haïti, Martinique, Rwanda). Tu savais que Marthe Robin n'était pas étrangère à ma vocation.

Ce qui m'a bouleversé en toi, Jacques, c'est un alliage très rare de « mystique » et de « réalisme », de tendresse et de fermeté, de précision de pensée et de poésie, d'humour et de profondeur…

Jacques, mon ami, lorsque tu me disais une parole agréable sur chacun de mes livres envoyé quelques mois plus tôt, j'en profitais pour te dire : « Et toi qui as le charisme de la parole, pourquoi tu n'écrirais pas ? » Tu riais et tu ajoutais : « Je ne suis bon qu'à l'oral… Et encore ! »

Ma mémoire et mes notes ont entassé quelques perles de tes propos. Il faudrait y ajouter l'accent si savoureux de la vallée de Chamonix, bien sûr !

« Lorsque l'ange arrive, il dit à Marie : "Réjouis-toi !" »

« Lorsque Dieu vient dans une vie, Il dit : "Réjouis-toi !" »

Ah, ton Dieu, Jacques, comme Il volatilise les tristes athéismes de Marx, de Freud, de Nietzsche ! Qu'est-ce qu'Il aurait pu dire de ce pauvre Nietzsche devant ton énergie, ton feu sacré, tes fiorettis, ton ardeur à vivre ? Que la religion chrétienne est débilitante, qu'elle rend infirme ?

Ceux qui ont eu la chance de suivre une ou plusieurs de ces retraites que tu enchaînais à longueur d'année se souviennent surtout de ton humour. « Pourquoi doutez-vous de vous-mêmes ? Si vous parlez avec le pilote au moment de partir et qu'il vous dit : "Je doute de moi en ce moment !" vous descendez de l'avion… Non ? »

« Ne faites pas de comparaisons avec la prétendue sainteté de vos voisins. "Ah, unetelle, elle a de la chance ! Elle est toute en Dieu !" Pensez-vous, elle est dans la moquette ! "Untel, quelle concentration !" Mais non, il se demande si sa voiture pourra démarrer. »

« Certains disent de la Flatière : "C'est un centre de relaxation psychothérapeutique avec méthode informelle." »... Des fois on a le vent en poupe, d'autres fois on serait resté couché, on aurait gagné du temps.

Je t'entends prendre le ton de Marie-Chantal pour dire : « Tu sauras, mon fils, qu'un Dubois de la Ricotière n'a jamais manqué la messe ! »

Ou bien tu imitais de Gaulle, ou encore un richissime Américain en visite et te disant : « Elle me plaît, votre bicoque. Je vous l'achète. »

Ceux qui venaient te voir avec un grand poids de douleurs repartaient avec les mêmes tourments, le même deuil, mais ils allaient mieux d'avoir pu te parler. Tu savais combien ceux qui ont manqué d'amour dans leur enfance ont du mal à s'équilibrer.

Avec un sourire, une prière, tu les remettais debout. Parfois une parole, avec le ton juste, suffisait. « N'empêchez pas Dieu de vous aimer ! » Les éclopés de l'âme repartaient en disant : « Ça se terminera bien puisque le père Ravanel le dit ! »

Tu n'étais jamais tourmenté par ceux qui t'agressaient. Tu savais que cela leur faisait du bien. « Y a des retraitants qui récupèrent leur équilibre en se défoulant sur moi ! Mais on ne peut pas déplaire à tout le monde ! » Et cette maxime renversée te faisait rire !

J'espère que tu ne m'en veux pas, Jacques, de te présenter ainsi au seuil d'un livre tellement profond. Mais justement je crains que la densité de ton écrit fasse oublier la sérénité de celui qui l'a puisée dans le secret de sa joie.

*

Tu as été ordonné prêtre en 1948. À cette époque, je me disais athée et fier de l'être. Quelques années après, au cours d'une rencontre inoubliable avec Marthe Robin, tu te sens appelé à t'embarquer dans l'aventure des « Foyers de Charité, de Lumière et d'Amour ». Tu fondes le foyer de la Flatière avec Marie-Thérèse et Hélène. En 1957, l'évêque d'Annecy t'autorise à y prêcher cinq retraites. « Dans ce coin perdu, c'est de la folie, vous n'aurez personne ! » ajoute-t-il.

Semaine après semaine, tu n'as cessé d'accueillir sur ta montagne des milliers d'hommes et de femmes assoiffés de Dieu ou des jeunes en quête de sens. Tu étais un éveilleur, un sourcier. Tu nous racontais l'Évangile comme si nous y étions.

Parlant de la pécheresse chez Simon, je t'entends encore nous dire : « Vous imaginez la scène ! Une fille de joie qui serait là, à mes pieds ? J'en entends quelques-unes me dire : Mais enfin, Père, où vous croyez-vous ? »

En 1988, tu devenais « Père » de tous les Foyers de Charité alors existants (soixante-dix répartis sur quatre continents). Quel beau ministère de communion entre tous les Foyers du monde, te prêtant aux coutumes et à la culture de chaque pays avec souplesse et un tel bonheur. Tu transformais les montagnes en taupinières, les tempêtes en verres d'eau.

Dans le courant de la nouvelle évangélisation, tu as sillonné la planète du Mexique au Pérou, de l'Inde au

Vietnam, du Rwanda au Lesotho, de la Hollande à la Pologne.

Cela fait plus de trente ans, Jacques, que j'ai la joie et le privilège de te connaître. Dieu et Marthe m'ont fait là un beau cadeau ! Merci d'exister !

Partons ensemble à la découverte du Dieu Amour ![1]

Stan ROUGIER

1. Stan Rougier a publié quatre livres aux Presses de la Renaissance, parmi lesquels *Les Rendez-vous de Dieu* et *Au commencement était l'Amour (N.d.É.)*.

Introduction

À huit ans, un événement me bouleversait. Mon frère aîné parti à dix-sept ans contempler les merveilles de la vallée enneigée, quelque part dans l'Alpe lointaine, ne revenait pas… Angoisse des recherches… Dans la nuit, des guides le retrouvaient évanoui mais respirant encore. Deux jours après, il partait vers la maison du Père. Le petit garçon était atterré par le drame, la souffrance de ses parents, la sienne qui étreignait son cœur. On lui avait enseigné au « catéchisme » que Dieu était bon et que sa Providence veillait sur tous les hommes, ses fils. Le petit enfant s'interrogeait silencieusement… sans réponse.

La vie reprenait son cours dans le village. La sienne aussi.

Devenu un petit homme de treize ans, soudain il apprenait, deux jours après la rentrée scolaire d'octobre, qu'il devait quitter la ville où il poursuivait ses études pour revenir auprès de son père dont la santé s'était gravement détériorée. Sagement, il attendait l'arrivée d'un car près d'une fontaine embellissant la place centrale. La lumière se fit dans l'intime de son cœur : plus tard il serait prêtre. Depuis, au-delà des épreuves inhérentes à la condition humaine, il n'a jamais douté de cette intuition. En arrivant chez lui, son père avait quitté ce monde. Par recoupements, il apprit que cette lumière venue d'en haut avait jailli au moment où son père, à deux cents kilomètres de là où il se trouvait, vivait l'ultime étape de sa vie terrestre.

De nouveau les questions l'envahirent : pourquoi ces séparations douloureuses, pourquoi tout un univers d'enfance heureuse s'effondrait-il ? Quel était le vrai sens de cette vie qui ne parvenait pas à combler les aspirations humaines auxquelles chacun était confronté ?

À l'automne de ma vie il m'a paru souhaitable de répondre à toutes ces interrogations par une synthèse accueillant la lumière de l'Évangile : *« Le Verbe était la lumière véritable, qui éclaire tout homme ; il venait dans le monde »* (Jn 1, 9). Pourquoi cette référence et pas une autre ?

Les hommes fournissent une multitude de réponses aux questions posées. Les uns se réfèrent à Bouddha, d'autres à Mahomet. D'autres encore à Confucius. Je n'en finirais pas d'énumérer les livres écrits sur le sujet. Deux attitudes s'offrent à nous : s'ouvrir à la présence divine ou essayer d'en rester au plan humain. Malheureusement, dans ce cas, la déception est grande car notre soif d'absolu ne parvient pas à s'étancher dans un horizon clos et fermé. Comme disait un héros de Paul Claudel dans *Partage de midi*, « on étouffe aussi chez les hommes ».

La rencontre de Dieu se vit de bien des manières et il nous faudra faire un choix. Lors de mes nombreux voyages, j'ai rencontré un moine tibétain en présence d'un moine bénédictin. Constatant que celui-ci citait fréquemment l'Évangile, le Tibétain finit par répondre . « L'Évangile est votre livre de référence. Moi, j'en ai un autre dont la rédaction est plus ancienne que celle du vôtre ! »

D'où la nécessité d'un choix. Un jour, un ami vaudois, après avoir longuement contemplé le lac Léman et médité dans le silence sur le ciel se reflétant dans l'eau, croisa un voisin qui lui demanda quels étaient les fruits de son recueillement. Il lui répondit : « Quand on voit tout ce que l'on voit aujourd'hui, quand on entend ce que l'on entend de nos jours, et surtout quand on sent ce que l'on sent présentement, on a rudement raison de penser ce que l'on pense. » De fait chacun bâtit sa synthèse et s'en remet à elle.

Notre option pour la synthèse catholique nous conduit à nous en remettre aux lumières de la Révélation. Nous appelons ainsi l'enseignement par Dieu Lui-même. Il s'exprime dans la Bible par un ensemble de livres transcrits depuis le IXe siècle avant Jésus-Christ par le peuple d'Israël. Lui-même nous éclaire depuis son incarnation en la personne du Christ. Nous ne pouvons approfondir la *« pensée du Christ »* (1 Co 2, 16) qu'en l'écoutant dans l'Église qui la transmet depuis vingt siècles. La foi est la capacité que le Seigneur donne à notre personne de pouvoir capter dans notre intelligence et notre cœur ce que nous lisons dans les livres saints ou entendons lors de leur proclamation.

Dans cet ouvrage, j'ai donc été amené à faire mien le témoignage de Jean *« Dieu est Amour »* (1 Jn 4, 8). Il m'a fallu du temps pour assimiler qu'Il était tout Amour, c'est-à-dire que le Seigneur n'avait aucune parcelle de mal en Lui-même et qu'Il ne pouvait même pas « penser » le mal. Il était normal que je remonte à la source de la création. N'ayant jamais demandé d'exister, comment, avec tous mes frères les hommes, ai-je été désiré dans l'Amour par notre Père du Ciel (I). Très vite j'ai rencontré Dieu aux prises avec le mal engendré par la violence incompréhensible des hommes (II). Dans notre cœur il y a un conflit entre la Justice et l'Amour (III). Continuant à souffrir, comme tous mes contemporains, j'ai demandé à Dieu de me faire saisir comment Lui-même réagissait devant la douleur de ses enfants et venait à notre secours (IV). Ce faisant, Il nous enseigne la manière d'assumer notre propre souffrance (V). Nous nous approchons du Cœur de Dieu qui nous révèle sa miséricorde (VI). À son contact nous sommes invités à devenir miséricordieux (VII).

Nous avançons dans le mystère divin :

> « *Que Dieu me donne d'en parler à son gré*
> *et de concevoir des pensées dignes des dons reçus,*
> *parce qu'Il est lui-même et le guide de la Sagesse*
> *et le directeur des sages ;*
> *nous sommes en effet dans sa main,*
> *et nous et nos paroles*
> *et toute intelligence et tout savoir pratique* »
> (Sg 7, 15-16).

I

L'ŒUVRE CRÉATRICE N'EST QU'AMOUR

Beaucoup d'entre nous acceptent que Dieu dans son Amour les ait créés : « Derrière cet univers il doit bien y avoir quelqu'un ! » disait à son curé un homme qui s'interrogeait sur le sens de sa vie. Cette remarque pleine de bon sens révélait cependant une profonde inquiétude. L'évocation d'une hypothèse rassurante permettait d'envisager une vie dans de meilleures conditions. Le chemin entrevu serait long.

Nous allons essayer de le parcourir avec beaucoup de réalisme, ne pouvant nous nourrir d'illusions et de rêves. En nous tournant vers le Seigneur, la Révélation que nous trouvons dans la Bible nous précisera que Dieu est « créateur du ciel et de la terre » et qu'Il n'a agi que par Amour.

Approche du mystère

Le créateur et le mal

Nous nous heurtons, aussitôt, à la présence du mal en nous et dans l'univers. Comment un Dieu d'Amour peut-il créer un monde de souffrance ? Certains en arrivent à douter de l'existence de Dieu. « Il ne saurait pas tolérer le mal puisqu'Il est plénitude et, comme nous, Il agirait pour l'endiguer ; étant Tout-Puissant, Dieu devrait parvenir à supprimer le mal ! »

D'après la Révélation, dans une première étape, Dieu n'a créé que par Amour et *« Il vit que cela était bon »* (Gn 1, 10). Par la suite, Il constata que ceux qu'Il avait façonnés à l'image de son Amour s'étaient laissé habiter par des pensées et des comportements mauvais. Ils rejetaient sa tendresse paternelle. La Révélation est formelle : le mal n'a pas son origine en Dieu, qui est pur Amour, et son Amour l'emportera à la fin des temps.

Impossibilité de connaître nos origines

Avant d'aller plus loin dans cette lumière divine, clarifions certaines conceptions du mystère. Constatons que nous n'avons aucun moyen humain de connaître ce qui s'est passé lors de la création du monde. La science actuelle estime pouvoir analyser certains éléments de notre planète et remonter jusqu'à quinze milliards d'années où se serait produit, d'après une certaine hypothèse, un « big bang » originaire. Qu'y avait-il avant cette explosion ? La science continue les recherches concernant le « comment » de la création, en essayant de repérer des mécanismes vérifiables permettant de remonter jusqu'à la source. Mais elle ne pourra jamais dire « pourquoi » il y a une source.

Notre naissance est un mystère

De même, analysons l'expérience personnelle et subjective de notre propre existence. Pendant neuf mois, nous commençons par vivre dans un monde dont nous ne gardons que des impressions confuses, imprimées dans le plus profond de notre inconscient. À notre naissance, des mécanismes physiologiques et glandulaires nous tournent instinctivement vers notre mère pour en recevoir le lait nourricier qui nous permettra de nous développer dans un climat empreint d'amour et de sécurité. Vient le jour où nous nous interrogeons sur l'origine de notre existence. D'où venons-nous ? Qui sommes-nous ? Ceux qui nous ont vus naître peuvent répondre partiellement à nos questions. Devenus adultes, nous pouvons penser par nous-mêmes, et nous efforcer de remonter à la source. Nous distinguons alors le « comment » de ces mécanismes qui font de nous des « vivants », et le « pourquoi » de notre existence.

Par la Révélation de l'Écriture, nous pouvons recueillir de nombreuses lumières sur le mystère du « pourquoi » de notre vie et de l'univers. Elles sont accessibles à notre intelligence par l'action éclairante et transformante de l'Esprit-Saint. Par contre, elles ne nous donneront aucun enseignement sur les données scientifiques du « comment ». Les premiers chapitres de la Genèse sont une parabole. Dieu nous a façonné une intelligence capable, par elle-même, d'interpréter les mécanismes de la matière. Unis, par un acte de foi, à la Sagesse du Seigneur, nous pouvons communier à la beauté de l'action créatrice du Père.

Ce que nous appelons la « foi » est le fruit de la lumière divine qui vient nous donner la capacité de nous approcher de Dieu et de commencer à pénétrer dans son univers intérieur.

À l'image d'une lampe qui, dans la nuit, rend possible la lecture d'un livre, ou de l'avion et de l'aile volante qui permettent à notre corps de planer dans les airs, Dieu lui-même, par son Esprit, donne à notre intelligence le moyen de s'élever, de se libérer de ses limites humaines pour accueillir la pensée de Dieu et l'assimiler.

Nous ne sommes pas éblouis mais émerveillés de la pensée divine en recevant une aptitude qui nous permet d'aller au-delà de nos possibilités normales. Comme écrit saint Paul à la fin du chapitre II de sa première lettre aux Corinthiens : *« Et nous l'avons, nous, la pensée du Christ. »*

Nous souvenant qu'en Dieu tout est Un et qu'il n'y a aucune division entre l'intelligence et le cœur, nous ne pouvons pas scruter la pensée de Dieu sans son Amour. Notre cœur ainsi transformé par l'Esprit-Saint, l'Esprit d'Amour, va s'établir dans la Lumière et l'Amour divin. « On ne voit bien qu'avec le cœur », disait le Petit Prince de Saint-Exupéry. *« Celui qui n'aime pas n'a pas connu Dieu, car Dieu est Amour »* (1 Jn 4, 8). C'est une joie de pouvoir goûter le geste créateur qui nous donne d'exister.

La création ne saurait être le fruit du hasard ou de l'absurde

Cette lumière de la Révélation ne saurait être admise par certains agnostiques qui estiment qu'une « heureuse coïncidence » entre divers atomes, venus d'autres planètes inconnues, éclairerait notre situation. Le monde est là, nous aussi. Nous ne pourrons jamais connaître nos origines : d'où venons-nous, qui sommes-nous ? Le hasard existe, il en va de même pour nos vies. Il est vrai qu'il nous arrive d'être saisis par des rencontres, des événements imprévus humainement inexplicables. Qui n'a jamais succombé à la tentation de renoncer à comprendre et de s'en remettre à une force aveugle et insaisissable ? Dans une existence, la part de chance dans une réussite sociale est importante. Tel homme, retenu dans un embouteillage sur la route qui le conduit à l'aérodrome, où il arrive en retard, constate que son avion décolle sans lui. Par la suite, il apprendra le drame d'un accident à l'atterrissage qui n'a laissé… aucun survivant. Nous pourrions multiplier les exemples.

Cependant, nous gardons en mémoire des événements dont le cours a été volontairement infléchi par notre propre intervention. Nous avons favorisé le vote des électeurs par une campagne, dite électorale, particulièrement intelligente et dense. Tout le monde se souvient que, dans l'effondrement de l'Armistice de 1940, la volonté d'un seul homme a permis, à d'autres libertés, de s'unir pour redonner l'espérance de la victoire. La lumière venue d'en haut nous confirme dans notre réflexion humaine et nous encourage à nous libérer du déterminisme. L'Amour de Dieu nous affranchit de l'esclavage des « coïncidences » heureuses ou malheureuses qui nous influencent. Avec le Seigneur il n'y a pas de situations sans issues.

Certains jours, la violence de circonstances contradictoires nous inclinerait à penser que le monde est absurde. Nous apprenons, par exemple, qu'un ami a eu sa maison détruite par une secousse sismique alors que ses activités professionnelles le retenaient dans une autre ville. Un pays libéré de l'emprise de la dictature étrangère sombre dans une guerre civile qui rend impossible toute vie économique pendant plusieurs années. Un raz de marée, une coulée volcanique anéantissent une cité entière où nous avions passé un séjour reposant au cours de vacances harmonieuses dans un climat tonifiant. Par une éventuelle rupture d'anévrisme, nous côtoyons le néant. Pourquoi multiplier les soucis alors que tout peut sombrer en quelques instants ! Nous avons l'art de prendre des taupinières pour des montagnes. Il nous arrive dans la vie quotidienne de faire des drames pour des détails. Notre existence nous plonge dans un monde en évolution qui nous entraîne toujours plus avant dans un avenir qui engloutit le passé. Jean-Paul Sartre développe cette pensée dans son célèbre livre *L'Être et le*

Néant. Nous ne parvenons pas à le suivre dans ses conclusions, car nous avons également des expériences humaines qui résistent à la force du néant. Nous nous souvenons de faits passés qui nous ont construits et réjouis : l'expérience unique d'une amitié ou d'un amour conjugal, la vue d'un coucher de soleil s'étirant sans fin dans la clarté d'une lumière transparente ébranlent la profondeur de notre cœur qui entrevoit et goûte un instant d'éternité. Nous échappons au néant et retrouvons la joie de vivre que nous enseigne la Révélation : *« Ce qui fut en lui était la vie, et la vie était la lumière des hommes »* (Jn 1, 4). Quels que soient nos raisonnements, plus ou moins obscurs, la lumière de notre Père brille dans notre cœur qui s'épanouit lorsque nous accueillons librement son Amour et sa Présence créatrice. *« Et la lumière luit dans les ténèbres et les ténèbres ne l'ont pas saisie »* (Jn 1, 5).

Synthèse de saint Jean

Dans le prologue de son Évangile, saint Jean nous présente une synthèse de l'activité créatrice de Dieu tout empreinte d'amour. Pour Lui, au commencement il n'y avait pas le néant ni l'absurde, il y avait « la Parole ». Il y avait Dieu et son Amour : *« Au commencement était le Verbe et le Verbe était avec Dieu et le Verbe était Dieu. […] Tout fut par lui, et sans lui rien ne fut »* (Jn 1, 1.3). Dieu est « l'unique existant ». En lui tout subsiste et il existe dans le mystère de son Amour. Pour Jean, Dieu est « Parole », c'est-à-dire échange donc mystère d'Amour. Amour et existence ne font qu'un de tout temps, et de toute éternité. Il est un jaillissement du présent, sans passé ni avenir. Son existence n'a jamais commencé. Elle est infinie et ne se terminera jamais. Les mystiques, nos frères, qui l'approchent de plus près que nous, l'appellent le « Tout Autre ». Nous savons bien que pour répondre à la demande de Moïse, qui voulait le connaître, Dieu a répondu : *« Je Suis Celui qui Est »* (Ex 3, 14), ou encore d'après Jean : *« Avant qu'Abraham existât, Je Suis »* (Jn 8, 58), disait Jésus à ses disciples qui l'interrogeaient. Jean ne nous propose pas une spéculation personnelle sur le mystère de Dieu. Il transcrit ce qu'il a reçu et compris. Quand il écrit : *« Au commencement, était le Verbe »*, ce n'était pas, pour lui, une formulation abstraite et symbolique, mais la voix de Jésus, le Verbe de Dieu incarné avec son timbre vocal particulier et son accent araméen de Nazareth. Il avait rencontré Dieu en écoutant ce prophète « habité » par son Père dans l'Esprit-Saint.

Puisqu'Il est Parole, Dieu est Amour. Le Seigneur a fait un acte pur en créant, un acte qui n'est qu'Amour. Jean avait entendu Jésus parler aux foules, leur révéler son intimité avec le Père au point que les paroles qu'Il disait étaient celles du Père : *« Car ce n'est pas de moi-même que j'ai parlé, mais le Père qui m'a envoyé m'a lui-même commandé ce que j'avais à dire et à faire connaître »* (Jn 12, 49). À travers les paroles de Jésus, Jean comprend qu'il est aimé par Dieu. Les paroles du Seigneur sont rayonnantes d'Amour : *« celui qui m'aime sera aimé de mon Père ; et je l'aimerai et je me manifesterai à lui »* (Jn 14, 21). Ces paroles d'Amour le conduisaient à penser que la Création du monde avait jailli d'une parole toute nourrie d'amour. *« Dieu dit : "Que la lumière soit" et la lumière fut. Dieu vit que la lumière était bonne »* (Gn 1, 3-4). Dans l'intimité de son cœur avec le Père, Jean perçoit ce jaillissement d'amour qui exprime la parole créatrice à l'origine de tout.

Créer pour Dieu : c'est aimer

Aussi loin que nous puissions trouver des traces évoquant l'histoire du monde, la préhistoire nous explique que les hommes n'ont cessé de s'interroger sur leur origine. Dans la Révélation chrétienne, relativement récente par rapport aux connaissances fournies par l'archéologie, créer et aimer sont un même acte en Dieu.

Un Amour libérateur

L'analyse des premiers chapitres de la Genèse nous dévoile l'intensité de l'Amour divin à l'instant de la création. Le peuple d'Israël a déjà vécu une longue histoire avant que ne soit rédigé le récit de la création du livre de la Genèse. Le peuple sait, par expérience, comment le Dieu qu'il vénère est celui de l'Alliance et de la Miséricorde. De génération en génération on s'est transmis la Révélation d'un Dieu qui ne cesse d'aimer Israël et de pardonner au peuple qui le trahit. Le souvenir de l'esclavage d'Égypte, de l'intervention de Yahvé qui est venu libérer les siens, est gravé dans la mémoire de la nation. C'est ce même Seigneur qui a libéré Israël après l'avoir créé à « son image ». L'auteur qui rédige, au VIe siècle avant Jésus-Christ, le texte du chapitre I de la Genèse, sait que Dieu n'est pas un tyran qui écrase ses créatures. Il affirme au contraire que Dieu les aide à vivre, à exister, à se libérer de l'écrasement par Pharaon. À l'inverse de l'expérience de l'Égypte, le travail de l'homme va s'inspirer de l'activité créatrice de Dieu qui tire, du chaos primitif, l'univers pour faire resplendir harmonieusement, en sept jours, la beauté de la création. La semaine devient le rythme sacré de l'activité de l'homme qui rend gloire à Yahvé, librement, loin de tout esclavage. Au retour de l'exil, il fallait reconstruire un pays dévasté par les envahisseurs, rebâtir le temple, ranimer la vie de foi et d'amour de la nation. Le prêtre, auteur de ce premier récit, structurait la pensée de la nation, la fidélité à l'alliance, situant cet effort selon le dessein du Dieu Créateur qui présentait à tous son Amour. Comme le rappelait le prophète Isaïe : *« Ainsi parle Yahvé, ton rédempteur, celui qui t'a modelé dès le sein maternel, c'est moi, Yahvé, qui ai fait toutes choses, qui seul ai déployé les cieux »* (Is 44, 24).

L'Amour ne peut que créer un « Paradis »

L'Exégèse a montré que le deuxième récit de la création a été écrit au VIIIe siècle avant Jésus-Christ. Il a été rédigé avant le chapitre I de la Genèse. À l'époque, divers courants de pensée religieuse, venus de la Mésopotamie (Iran, Irak), étaient connus d'Israël. Beaucoup estimaient que les dieux étaient nombreux. Certains reconnus comme bons, d'autres comme mauvais (*Épopée de Gilgamesh*, poème épique de Mésopotamie,

XVIIIe siècle av. J.-C.). Les conséquences de cette vision étaient terribles. Suivant que l'on naissait dans le rayonnement d'un Dieu bon, la créature avait une vie humaine merveilleuse, allant de réussites en réussites, de succès en succès. Par contre, celui qui dépendait d'une divinité mauvaise avait une existence terne, douloureuse, une santé physique lamentable, les échecs se succédant inexorablement. Cette conception correspond partiellement à des situations d'inégalité déconcertantes dans notre société. Dans la Lumière divine, l'auteur sacré rédigea un texte qui nous explique qu'il n'y a pas plusieurs dieux mais un seul. Ce dernier est fondamentalement bon, il vient nous libérer d'un destin maléfique écrasant. D'où la description d'un « paradis ». Son Amour engendre notre liberté intérieure. À l'inverse, l'imagination angoissée de certains entraîne une démarche religieuse douloureuse liée à un déterminisme néfaste. Dieu, pour que le couple soit heureux, commence par créer la matière, le sol. Puis, il plante un jardin où l'homme pourra vivre avec sa femme dans d'excellentes conditions. L'œuvre est parfaite, les fruits abondants, la chaleur et la fraîcheur de même. Les animaux sont au service de l'homme. Il n'y a pas de divinité mauvaise et l'homme n'a pas à craindre un Dieu qui l'aime.

Fidélité de l'Amour créateur

Souvent, dans nos réflexions, nous oublions que Dieu vit dans un éternel présent. Pour mieux envisager son Amour créateur, nous sommes amenés à penser que Dieu ne nous a pas simplement créés, mais qu'Il continue à nous créer. Dieu crée par un acte simple, sans étapes successives. La Création est une unique démarche d'Amour. Notre existence, celle du monde, dépend de son Amour. C'est aujourd'hui même que l'existence divine soutient la nôtre. L'absolu de son Amour nous permet d'exister. L'acte créateur n'est pas un commencement dans le temps mais une dépendance du Cœur de Dieu et de son Amour. « *[...] le Fils, qu'il a établi héritier de toutes choses, par qui aussi il a fait les siècles [...] soutient l'univers par sa parole puissante* » (He 1, 2-3). D'après les psaumes, Dieu aide les êtres à subsister. Créer, c'est faire naître, assurer la vie et la renouveler : « *Tu caches ta face, ils s'épouvantent, tu retires leur souffle, ils expirent. [...] Tu envoies ton souffle, ils sont créés, tu renouvelles la face de la terre* » (Ps 104, 29-30).

La difficulté est la suivante : nous gardons le sentiment que la création est le commencement très lointain de notre univers alors que l'enseignement de l'Église veut nous aider à reconnaître que notre existence est le fruit de l'action créatrice du Seigneur. Il en sera ainsi jusqu'à la « fin des temps » : événement connu de Dieu seul. L'Amour de Dieu se manifeste dans l'aujourd'hui de notre vie.

Ce monde est loin d'être parfait. D'ailleurs, que serait un monde parfait ? Ce que serait le « meilleur des mondes », nous ne pouvons même pas le concevoir. Chaque fois que nous envisageons une solution, elle nous apparaît, peu après, douloureusement limitée. Ainsi, nous construisons des bureaux dont l'air est conditionné pour maintenir la même température durant les variations des saisons. Point n'est besoin d'ouvrir les fenêtres. Chacun peut respirer dans une atmosphère saine sans pollution. L'idéal se trouve soudain inaccessible à certaines personnes qui, atteintes d'allergies, doivent changer de lieux de travail. Le calendrier scolaire permet à tous de partir en vacances. C'est un grand progrès par rapport au passé. Malheureusement, le nombre de vacanciers se transforme en une foule qui peine pour trouver une place sur les plages de l'océan. Dans les embouteillages sur les autoroutes, ils passent les débuts et fins de vacances dans l'air pollué des transports. Il est bon d'avoir une excellente organisation pour rendre la vie possible au plan social et économique. Malheureusement, la quantité de lois devient telle, que la vie est proche de l'asphyxie et que la « libre entreprise » hésite à s'engager dans des pistes nouvelles.

Souvent insatisfaits, nous sommes toujours en quête de l'impossible monde « meilleur ». Malgré les progrès prodigieux de la science et des relations humaines, nous nous interrogeons car nous ne sommes pas créés pour un monde « meilleur » mais pour un autre monde. Le Père des Cieux nous transmet son Œuvre, marquée par l'empreinte de son passage et de son Amour, qui nous laisse assoiffés de la plénitude de sa vie.

Saint Jean de la Croix, dans son magnifique *Cantique spirituel,* écrit dans la cinquième strophe :

« C'est en répandant mille grâces
Qu'Il est passé à la hâte par ces bocages !
en les regardant,
et dans sa figure seule
Il les a laissés revêtus de beauté. »

Dans son commentaire, saint Jean de la Croix précise : « Dieu a déposé en elles (les créatures) quelques vestiges de ce qu'Il est, car, non seulement Il les a créées de rien mais encore Il les a dotées de grâces et de propriétés innombrables [...]. Elle (l'âme) dit : "Qu'Il est passé" car toutes les créatures sont comme un vestige du passage de Dieu où l'on entrevoit sa grandeur, sa puissance, sa sagesse... » (saint Jean de la Croix, *Œuvres spirituelles*, Seuil, 1947).

Une création toujours nouvelle

Éternité ne veut pas dire immobilité, encore moins stagnation. L'Amour est source de nouveauté. Dieu imprime son Amour dans la création. Un regard ou un acte d'amour humain nous offre un horizon toujours renouvelé. L'amour ne se répète jamais. C'est le cœur qui nous permet de nous émerveiller au-delà de la monotonie de l'existence. Un regard d'amour transfigure les êtres et les choses. En décidant une création sans cesse en évolution, Dieu l'a voulue en constante transformation. Notre monde et nous-mêmes allons sans fin, de perspectives en perspectives. Dieu demeure fidèle au cours de notre histoire. Notre manière de voir, d'écouter, de penser et d'agir se modifie. Ainsi, nous avons de la peine à retrouver le monde de nos premiers balbutiements, de notre enfance, de notre adolescence, de notre jeunesse, de notre maturité. Dans son Amour, nous recevons ces mondes intérieurs successifs pour en mesurer la profondeur et la richesse. Nous n'aurons jamais fini d'admirer ses merveilles. Jour après jour, nous sommes touchés par l'Amour créateur du Seigneur qui nous donne d'exister à tous les âges de notre vie. Nous sommes étonnés par l'énergie qui nous habite et par la secrète aspiration de désirer connaître davantage. Cet Amour divin nous éclaire sur l'infini de notre source. Nous allons de naissance en naissance, conservant en notre mémoire les beautés perçues, dépassant les douleurs des affrontements pour arriver à l'ultime naissance qui nous enracine en celui « qui est, qui était et qui vient ». Un ami ayant fait des études scientifiques me décrivait, à sa manière, cette évolution voulue, à travers les millénaires, par l'Amour infini du Père.

> « Au départ, lors du "big bang", tout était concentré en une première réalité qui n'était que de "l'énergie". Quelques milliardièmes de seconde après le big bang, tout évolue déjà et cette création s'étend, cette "énergie" se concrétise en "matière", en "atomes", qui s'écartent et se condensent... de façons qui pour nous paraissent extrêmement grandes, mais qui sont trois fois rien pour le Créateur qui les maîtrise parfaitement ! Puis des milliards d'années plus tard (là encore, trois fois rien pour Lui qui est en dehors de ce "temps"), c'est le cosmos qui s'étend à des milliards d'"années-lumière" de distance, avec des millions de milliards de galaxies, d'étoiles, de soleils, de planètes. Cela est pour nous immense, colossal, mais toujours trois fois rien pour le Créateur... Le Fils ira jusqu'à préciser que "pas un seul cheveu ne tombe". Ainsi chaque tout petit cheveu, ayant une durée de vie assez courte, est aussi bien maîtrisé par Dieu que les immenses galaxies qui durent depuis des milliards d'années !
>
> Tout est prévu par ce génial Créateur. Après le "big bang", les atomes ont été organisés en "molécules"

de plus en plus élaborées, qui aboutissent à des molécules évolutives, "vivantes", aptes à se reproduire. Ce sont les premiers "êtres vivants", capables de transmettre cette "vie" à d'autres créatures également "vivantes". Au début, ces êtres sont à peine gros comme de petits "virus", puis deviennent comme des "microbes", puis comme des "animaux"... jusqu'aux énormes monstres qui peuplent notre planète. Ces molécules sont devenues de plus en plus complexes ("compliquées" pour nous, alors que cela doit être très simple pour le Créateur). Certaines, prévues à l'avance, aboutissent à des structures "cérébrales" qui permettent à ces créatures de se développer de façon "extraordinaire" (selon notre point de vue à nous...). Elles arrivent à servir de support à des "esprits" de plus en plus performants... au point d'arriver à constituer des êtres LIBRES, les humains, chacun ayant un "soi" indépendant, pouvant tout imaginer, tout comprendre, tout décider par lui-même, tout réaliser... à son échelle ! »

De nos cœurs monte la symphonie de Daniel : l'Hymne de l'Univers : « *Ô cieux [...] Ô vous, toutes les eaux au-dessus du ciel [...] Ô vous, soleil et lune [...] Ô vous, astres du ciel, bénissez le Seigneur [...] Ô vous tous, vents [...] Ô vous, feu et ardeur [...] Ô vous, froidure et ardeur [...] Ô vous, glaces et neiges, bénissez le Seigneur ! [...] Ô vous, montagnes et collines [...] Ô vous, sources [...] Ô vous, mers et rivières, bénissez le Seigneur* » (Dn 3, 59-60.62.63.65-67.70.75.77-78).

Création à l'image de son Amour

La Genèse nous dévoile le but de la création : créer tout un monde qui puisse accueillir l'ultime désir de Dieu de nous manifester son Amour en nous créant à son image. « *Dieu dit : "Faisons l'homme à notre image, comme notre ressemblance. [...] Dieu créa l'homme à son image, à l'image de Dieu il le créa, homme et femme il les créa* » (Gn 1, 26-27).

Besoin d'aimer

Cette Révélation nous permet de mieux réaliser pourquoi nous sommes habités par le besoin d'aimer et d'être aimés. Le petit enfant que nous étions cherchait instinctivement un cœur maternel et pas seulement du lait nourricier. De même, la sécurité affectueuse et paternelle était une composante fondamentale de notre personne. La science psychanalytique a démonté ces mécanismes pour en souligner l'enchaînement sans parvenir à en trouver l'explication ultime. Cette dernière ne peut être connue que dans un acte de foi en l'activité créatrice de notre Père du ciel. Un abîme sépare notre cœur d'une splendide rose ou d'une brebis trottinante. Seul l'homme porte en lui l'image de l'Amour divin.

Parce que Dieu est Amour, il crée à son image. Nous disons que Dieu est le créateur « Tout-Puissant ». Cependant, il ne peut fabriquer n'importe quel être sur lequel il exercerait son pouvoir. En Dieu, il n'y a pas de pouvoir au sens où nous l'entendons. Il ne peut, ni ne veut faire exister des hommes dont le cerveau fonctionnerait comme dans les films d'anticipation, sur les ordres d'un ordinateur central. L'expérience que nous vivons dans des relations d'amitié, d'amour conjugal ou familial est souvent détériorée par des instincts de possession qui ne respectent pas la transparence d'un authentique amour. Dans notre monde où dominent l'argent et le pouvoir il n'y a qu'une limite absolument infranchissable : le cœur humain. Vous ne pouvez imposer à personne de vous aimer même en offrant des contreparties financières extrêmes. Pour acquérir ces dernières, vous pouvez donner les apparences de l'amour ou de l'amitié, mais vous pourrez toujours garder pour vous le fond de votre cœur. Nous portons en nous le signe de l'Amour divin. On ne peut pas servir Dieu et l'argent (Lc 16, 13), on ne peut pas acheter Dieu, ni l'homme. Témoins de ce mystère de notre vie, certains parlent d'une étincelle inhérente à chaque être humain : « Nous Juifs et non-Juifs ici présents, ensemble nous affirmons que tout homme et toute femme, aussi longtemps qu'il vit sur terre, porte en lui une étincelle sacrée digne du plus haut respect » (*Le Monde des religions*, n° 1, « Cinq cents personnes, Juifs, Arabes ont fait mémoire à Auschwitz pour la paix »).

Libre d'aimer

Nous sommes habités par la joie de savoir que nous avons été désirés par Dieu avant notre naissance, quand bien même il n'en aurait pas été ainsi de la part de nos parents. Ceux-ci ont rempli un rôle admirable de collaborateur à notre destinée. Mais notre vie, conditionnée par notre père et notre mère, ne serait rien sans l'intervention du Seigneur.

« "Tu es celle qui n'est pas, disait la voix du Très-Haut à Catherine de Sienne, Je suis Celui qui Suis." Au temps où Notre Seigneur commençait à se manifester à la sainte, écrit son biographe, Il lui apparut un jour où elle priait et lui dit : "Sais-tu ma fille qui tu es et qui Je suis ? Si tu as cette double connaissance, tu seras heureuse. Tu es celle qui n'est pas, Je suis Celui qui Suis. Si tu gardes en ton âme cette vérité, jamais l'ennemi ne pourra te tromper. Tu échapperas à tous ses pièges ; jamais tu ne poseras un acte qui soit contre mes commandements et tu acquérras toute grâce, toute vérité, toute clarté" » (Raymond de Capoue, *Vie de sainte Catherine de Sienne*, traduction par le R.P. Hugueny, 1903).

Le commentaire de l'auteur de cette vie de Catherine de Sienne poursuit :

« Jésus a dit : Tu es celle qui n'est pas. N'en est-il pas ainsi ? C'est du néant que ton Créateur fait toute créature [...]. Créer se définit par faire quelque chose de rien. La créature abandonnée à elle-même s'en va toujours vers le néant ; elle y rentrerait à l'instant même où son Créateur cesserait de la conserver. Quand elle commet le péché qui est néant, toujours elle se rapproche de ce même néant. D'elle-même, et avec ses seules forces, elle ne peut rien faire ni penser, dit saint Paul (2 Co 3, 5) : *"Ce n'est pas que de nous-mêmes nous soyons capables de revendiquer quoi que ce soit comme venant de nous"*, et ce n'est pas étonnant car d'elle-même, Catherine ne peut ni être ni se conserver dans l'être. D'où, le même apôtre s'écrie : *"Car si quelqu'un estime être quelque chose alors qu'il n'est rien il se trompe lui-même"* (Ga 6, 3). Voyez-vous, lecteur, comment les limites du néant entourent de tous côtés la créature ? Elle est faite de néant ; elle-même va toujours au néant ; par le péché, nous dit saint Augustin, elle fait œuvre de néant, elle ne peut rien faire de positif par elle-même ; c'est la vérité incarnée qui l'atteste : " [...] *sans moi, vous ne pouvez rien faire ni penser*" (Jn 15, 5), dit Jésus en saint Jean » (Raymond de Capoue, *ibid.*).

Par la foi, nous avons ainsi la certitude d'être aimés, d'avoir été choisis de toute éternité et de nous maintenir dans l'existence par ce même Amour. « *En ceci consiste l'amour : ce n'est pas nous qui avons aimé Dieu, mais c'est lui qui nous a aimés* » (1 Jn 4, 10).

Dans cette optique, nous saisissons mieux que nous ne sommes pas une émanation de Dieu mais le fruit de son Amour qui établit une distinction entre Lui et nous-mêmes. Contrairement aux religions orientales où le monde est une émanation nécessaire de Dieu, nous comprenons d'après saint Jean que le monde « n'est pas nécessaire », mais que dans un acte de parfait amour et en toute gratuité, le Père, radicalement distinct de nous, a voulu nous rejoindre par son Amour. Il nous offre d'exister librement dans son Amour. Nous sommes humainement conditionnés par les limites de notre personne « créée » mais non « déterminée ». À l'opposé d'autres conceptions religieuses, le fatalisme n'existe pas dans le catholicisme. Chacun peut construire sa réponse d'Amour et suivre Jésus qui ouvre des horizons à notre cœur : il est *« le chemin, la vérité, et la vie »* (Jn 14, 6).

Saint François de Sales avait jadis subi la rude épreuve du déterminisme dans son adolescence. Il en avait tellement souffert qu'il a passé une partie de sa vie à écrire un livre résumant sa pensée de docteur de l'Église et d'évêque, le *Traité de l'Amour de Dieu*. Voici dans quelles conditions : il fut envoyé à Paris par son père pour faire des études de droit afin de prendre la succession de celui-ci dans le Parlement de la province des Savoies. Déjà, il songeait à devenir prêtre. Il profita de son séjour dans la capitale pour suivre des cours de théologie ainsi qu'un cours de bible qui était un commentaire du *Cantique des cantiques* présenté au Collège royal. Les théologiens de cette époque discutaient sur un thème qui nous paraît bien étrange cinq siècles après : la prédestination. Très schématiquement, le raisonnement était le suivant : Dieu, parce que tout-puissant, sait tout. Par conséquent, il sait par avance qui sera fidèle dans sa vie ou qui rejettera la lumière du ciel. Il connaît donc qui sera damné et qui sera sauvé. Cette conception, totalement fausse, partait d'une analyse rationnelle et philosophique : « *A priori*, Dieu sait tout et peut tout. » La Révélation venue d'en haut par Dieu lui-même, nous révélant qu'Il est Amour et Miséricorde, était oubliée. Calvin, à Genève, dans son *Institution de la religion chrétienne,* n'hésitait pas à écrire :

> « Dieu ne crée pas tous les hommes en pareille condition mais ordonne les uns à la vie éternelle, les autres à une éternelle damnation. Ainsi, nous disons, selon la fin à laquelle est créé l'homme, qu'il est prédestiné à la mort ou à la vie... Dieu a une fois décrété par son Conseil éternel et immuable, lesquels il voulait prendre à salut et lesquels il voulait dévouer en perdition » (Annexe 3, Prédestination).

Ces propositions furent rejetées par le pape Léon X (en 1520) et par le décret sur la justification au concile de Trente (13 janvier 1547). Les théologiens catholiques s'efforçaient de maintenir une certaine liberté du chrétien... François fut hanté par une obsession : si Dieu, pour manifester sa justice, m'avait réprouvé !... L'année de ses vingt ans, vers décembre 1586, son biographe transcrit :

> « Le démon le travailla à le faire entrer dans le désespoir. Tous les jours il défaillait [...] semblait en agonie. Dans une heure de total délaissement, écrasé à l'idée qu'il ne verrait pas Dieu ni sa douce Mère », François rédigea cette prière douloureuse :
> « Moi misérable, hélas ! Serai-je donc privé de la grâce de Celui qui m'a fait goûter si suavement ses douceurs, et qui s'est montré à moi si aimable ? [...] Je ne serai plus enivré de l'abondance de votre maison, et vous ne m'abreuverez plus du torrent de votre

volupté ? [...] Vierge, agréable entre les filles de Jérusalem, des délices de l'enfer ne peut être réjouie, hé, je ne vous verrais donc jamais au Royaume de votre Fils, belle comme la lune et élue comme le soleil ? [...] mon doux Jésus n'est-il pas mort aussi bien pour moi que pour les autres ?... Ah ! Quoi qu'il en soit, Seigneur, pour le moins que je vous aime en cette vie et si je ne puis vous aimer en l'éternelle, puisque personne ne vous loue en enfer ! »

Un soir de janvier 1587, « plus mort que vif » il s'en revenait, seul, du collège. Il entre à l'église Saint-Étienne-des-Grés. Enfant désespéré, il court « tout droit » vers sa divine Mère. En la chapelle de la Vierge, humblement prosterné devant son image, il ouvre son cœur en la présence de Dieu :

« Quoi qu'il arrive, Seigneur, proteste-t-il dans un acte héroïque d'abandon, vous qui tenez tout dans votre main, et dont toutes les voies sont justice et vérité ; quoi que vous ayez arrêté à mon égard au sujet de cet éternel secret de prédestination et de réprobation ; vous dont les jugements sont un profond abîme, vous qui êtes toujours le juste Juge et Père miséricordieux, je vous aimerai au moins en cette vie s'il ne m'est pas donné de vous aimer dans la vie éternelle ; au moins je vous aimerai ici, ô mon Dieu, et j'espérerai toujours en votre miséricorde, et toujours je répéterai toute votre louange, malgré tout ce que l'ange de Satan ne cesse de m'inspirer là contre. Seigneur Jésus, vous serez toujours mon espérance et mon salut dans la terre des vivants [...] si je dois être maudit parmi les maudits qui ne verront pas votre doux visage, accordez-moi au moins de n'être pas de ceux qui maudiront votre nom. »

Ayant récité la prière du « souvenez-vous » à la Vierge :

« "Ô Mère du Verbe, ne méprisez pas ma prière... Exaucez-la", à ces mots jaillis du plus filial, du plus endolori des cœurs, "la tentation s'évanouit". François "en ce même instant se trouva parfaitement et entièrement guéri ; "il lui sembla", atteste sainte Jeanne de Chantal, "que son mal était tombé sur ses pieds comme les écailles de la lèpre". »

Ce regard d'Amour, perçu par saint François de Sales, nous ouvre le chemin du Cœur de Dieu. Puisque nous avons été créés dans l'Amour, nous pouvons accueillir cet Amour et à notre tour, aimer ce Seigneur ainsi que nos frères. Quelle que soit notre situation, nous pouvons aimer puisque fondamentalement nous sommes structurés dans l'Amour : « *Que par-dessus tout, il y ait l'Amour* » (Col 3, 14), écrivait Paul.

Marthe Robin, paralysée et souffrante, notait le 28 novembre 1931 :

« Oh ! ces regards de Jésus, posés sur mon âme !... Mais si heureux que soit Jésus de briller comme un astre étincelant d'amour et de vérité aux yeux de l'âme qui s'en va, toute vibrante d'allégresse à travers les durs sentiers de la perfection, qui gravit le cœur plein d'espérance les rudes étapes du Calvaire, tour à tour courbée sous le poids de ses fautes ou les yeux

levés vers l'éternelle Patrie de la lumière, il se plaît pour fortifier la vertu dans l'âme aimée et pour éprouver son amour, à l'envelopper des ténèbres et des angoisses de son agonie, des amertumes et des souffrances de sa Passion à laquelle Il veut doublement l'associer.
Dans toutes mes souffrances ma vie est un bonheur et Dieu est un Père infiniment trop délicat, trop doux. Et Jésus ! Jésus ! Je ne peux pas dire ?... Il est l'Époux plein de tendresse qui étreint ses victimes sous les terribles baisers de l'immolation en les fondant de bonheur ! Car partout où il met la croix, Il met de l'espérance et l'amour. »

Un regard d'Amour de Dieu nous fait exister, un regard d'Amour des hommes nous fait vivre.

Création dans un acte d'Amour paternel

Pourquoi Dieu a-t-il créé ? Comment et dans quelles conditions ? C'est en nous mettant à l'école de saint Paul que nous pouvons nous approcher de ce mystère et contempler la Lumière de cet Amour divin. Il n'y a qu'un seul Dieu qui se révèle Père, Fils et Esprit. C'est donc dans cet Amour trinitaire que Dieu crée et se manifeste à nous. D'où une expression du théologien Urs von Balthazar qui dessine une première synthèse :

« L'Amour de Dieu est en lui-même si accompli qu'il n'a pas besoin d'un monde non divin pour avoir quelque chose à aimer. Si un tel monde est créé par Dieu librement, sans contrainte, alors il l'est par le Père pour glorifier le Fils qu'il aime ; par le Fils aimant pour déposer toutes choses aux pieds du Père comme un don ; par l'Esprit-Saint pour, d'une nouvelle manière, donner expression à l'amour réciproque du Père et du Fils. » Il conclut : « Ainsi est-il le Dieu tri(u)nitaire qui est le créateur du monde ». (*Sources vives*, *Fraternité Jerusalem*, « Le Créateur »)

Essayons d'approfondir pour mieux comprendre. Ce théologien aurait pu formuler cette synthèse par lui-même. La source de sa pensée se trouve dans la Révélation et particulièrement dans la lettre de saint Paul aux Colossiens. Paul, à l'automne de sa vie, se trouve prisonnier à Rome. Dans la Lumière de l'Esprit-Saint, il comprend le sens profond de la création. Dans une magnifique synthèse, il est enflammé par l'immense Amour que le Père manifeste à son Fils qu'il glorifie par la création. Il entrevoit la raison de la création. Paul, depuis le chemin de Damas, ne cesse de vivre en communion avec Jésus qui est le centre de sa vie, il est « sa vie ». « *Et ce n'est plus moi qui vis, mais le Christ qui vit en moi. Ma vie présente dans la chair, je la vis dans la foi au Fils de Dieu qui m'a aimé et s'est livré pour moi* » (Ga 2, 20). Dans cette intimité spirituelle, prenant du recul par rapport aux questions qu'il se pose, il prend conscience que tout jaillit de l'Amour du Père, révélé dans le Fils : « *Premier-né de toute créature, car c'est en lui qu'ont été créées toutes choses, dans les cieux et sur la terre [...] tout a été créé par lui et pour lui. Il est avant toutes choses et tout subsiste en lui* » (Col 1, 15-17). Le but suprême de la création est l'expression de l'Amour trinitaire, c'est-à-dire Dieu lui-même. Puisque Dieu est « tout », le seul « existant », pourquoi vouloir un être qui serait autre que lui ? À moins que cet autre (l'homme), tout en demeurant distinct de lui, puisse exister dans l'intimité de son Seigneur, en devenant lui-même « Amour ». C'est pourquoi Dieu l'a créé « à son image » qui est le Christ. « *Qui es-tu, Seigneur ?* » (Ac 9, 5). Après avoir découvert l'image du Christ dans les chrétiens qu'il persécutait, Paul confesse que la véritable image de Dieu est d'une manière absolue, le « Verbe Incarné ». « *Il est l'image du Dieu invisible, premier-né de toute créature* » (Col 1, 15). « *Car en lui habite corporellement toute la plénitude de la divinité* » (Col 2, 9). Ainsi, le Père vit le Mystère d'Amour d'une manière particulière à nos yeux avec son Fils incarné dans l'Esprit-Saint. Cet événement n'ajoute rien à la transcendance divine mais la rend explicite à nos yeux. « *Qui m'a vu a vu le Père* » (Jn 14, 9).

Pour pénétrer la pensée de Paul, il faut se rappeler sans cesse que Dieu nous a créés « dans le temps » alors que Jésus pleinement homme et pleinement Dieu participe de l'éternité divine. Avant que rien n'existe, déjà le Christ était dans la pensée et le dessein divin. Paul s'avance dans la Lumière du mystère et constate que c'est avec son Fils, le Christ, que Dieu a tout créé (Col 1, 16-17).

En associant son Fils à la Création, le Père se manifeste à nous dans sa paternité et donne un sens filial à toute son Œuvre. Saint Paul communiera, dans l'action de grâces, à ce grand dessein : « *Béni soit le Dieu et Père de notre Seigneur Jésus-Christ, qui nous a bénis par toutes sortes de bénédictions spirituelles, aux cieux, dans le Christ. C'est ainsi qu'Il nous a élus en lui, dès avant la fondation du monde, pour être saints et immaculés en sa présence, dans l'amour, déterminant d'avance que nous serions pour Lui des fils adoptifs par Jésus-Christ* » (Ep 1, 3-5).

Nous ne sommes pas seulement des hommes mais, de par l'intervention divine et paternelle du Seigneur, nous sommes appelés à être « enfant de Dieu », objet de son amour. Tout homme puisant son origine dans le Père, parce qu'il est créé, est « fils de Dieu », indépendamment de son baptême qui l'introduira dans son Église.

Nous savons comment cette image divine est ternie par le péché. Nous en reparlerons, mais déjà nous comprenons que, dans le cœur de tout homme, il y a une aspiration à la vie divine. Dans notre structure même, nous sommes orientés vers Dieu irrésistiblement, en sorte que, différentes de Dieu, les racines de notre personne sont en Lui. Nous ne sommes pas un être à côté de Dieu qui menacerait la transcendance divine. Nous sommes de la race de Dieu. Nous ne pouvons nous épanouir que dans une filiale communion avec Lui dans le Christ. « *Qu'est donc le mortel, que tu t'en souviennes, le fils d'Adam, que tu le veuilles visiter ? À peine le fis-tu moindre qu'un dieu ; tu le couronnes de gloire et de beauté [...] tout fut mis par toi sous ses pieds* » (Ps 8, 5-7). Seul Dieu peut combler l'homme : « Tu nous as faits orientés vers toi, et notre cœur est dans l'inquiétude jusqu'à ce qu'il repose en toi » (saint Augustin, *Confessions*).

Ce magnifique projet de Dieu, Paul l'appelle le « Dessein bienveillant » : « *déterminant d'avance que nous serions pour Lui des fils adoptifs par Jésus-Christ. Tel fut le bon plaisir de sa volonté, à la louange de gloire de sa grâce, dont Il nous a gratifiés dans le Bien-Aimé* » (Ep 1, 5-6). Dieu, tout Amour, ne pouvait qu'envisager un avenir épanouissant pour l'homme, écho de l'intimité du Père et du Fils. Ce terme caractérise la relation d'Amour entre le Père et le Fils, comme le souligne la voix venue du Ciel au baptême de Jésus : « *Celui-ci est mon Fils bien-aimé qui a toute ma faveur* » (Mt 3, 17). Le Père se « complaît », c'est-à-dire se retrouve tout entier dans Jésus, celui qu'il a choisi de toute éternité. Le bon plaisir du Seigneur, son dessein, c'est son Fils, expression de son Amour et de son existence. Isaïe, déjà, avait laissé augurer le mystère : « *Voici mon serviteur que je soutiens, mon élu en qui mon âme se complaît* » (Is 42, 1).

Pour apprécier ou se faire une juste idée de « l'image de Dieu », nous contemplons la personne du Christ en elle-même, avant de le déceler dans le visage des hommes. Aucune dureté, aucune agressivité, un monde où tout n'est qu'amour. Isaïe l'avait prophétisé : « *J'ai mis sur lui mon esprit [...] Il ne crie pas, il n'élève pas le ton [...] il ne brise pas le roseau froissé, il n'éteint pas la mèche qui faiblit, fidèlement, il présente le droit ; il ne faiblira ni ne cédera jusqu'à ce qu'il établisse le droit sur la terre...* » (Is 42, 1-4). Quant à Jésus, il dira de Luimême : « *Venez à moi, vous tous qui peinez et ployez sous le fardeau, et moi je vous soulagerai [...] mettez-vous à mon école, car je suis doux et humble de cœur* » (Mt 11, 28-29). « *Pourquoi m'appelles-tu bon ? Nul n'est bon que Dieu seul* » (Lc 18, 19). « *Car Dieu s'est plu à faire habiter en lui toute la plénitude* » (Col 1, 19).

Ce projet d'Amour va se heurter au refus des hommes qui n'acceptent pas de vivre selon le Christ.

Nous retrouvons l'Icône de Jésus non pas chez ceux qui, par volonté de puissance ou par orgueil, réussissent aux yeux des hommes mais dans les visages de ceux qui en sont victimes et qui gardent l'espérance. *« Heureux ceux qui ont une âme de pauvre, car le Royaume des Cieux est à eux. Heureux les doux, car ils posséderont la terre. Bienheureux les doux, ils posséderont la terre [...] Heureux les miséricordieux, car ils obtiendront miséricorde »* (Mt 5, 3-4.7).

Dans la parabole du Jugement dernier, Jésus nous fait deviner sa mystérieuse présence dans la vie des hommes : *« Alors les justes lui répondront : Seigneur, quand nous est-il arrivé de te voir affamé et de te nourrir, assoiffé et de te désaltérer, étranger et de t'accueillir, nu et de te vêtir, malade ou prisonnier et de venir te voir ? Et le Roi leur fera cette réponse : En vérité je vous le dis, dans la mesure où vous l'avez fait à l'un de ces plus petits de mes frères, c'est à moi que vous l'avez fait »* (Mt 25, 37-40). L'immense Amour de Dieu s'exprime alors dans la création. Son but ultime est le Christ et tous ses frères les hommes : *« Et la preuve que vous êtes des fils, c'est que Dieu a envoyé dans nos cœurs l'Esprit de son Fils qui crie : Abba, Père ! »* (Ga 4, 6), ou encore : *« L'Esprit en personne se joint à notre esprit pour attester que nous sommes enfants de Dieu. Enfants, et donc héritiers ; héritiers de Dieu, et cohéritiers du Christ »* (Rm 8, 16-17).

Dans le *Cantique des cantiques*, l'auteur inspiré évoque la relation entre le créateur et la créature, à l'image d'un amour humain, entre un homme et une femme. Il présente les épousailles divines entre le Seigneur et l'humanité. De même, Paul parlera de l'Église, c'est-à-dire des baptisés en Jésus, comme étant l'épouse du Christ (2 Co 11, 2).

Saint Jean de la Croix, méditant sur l'intimité du Père et du Fils dans l'Esprit-Saint avant la création du monde, a rédigé ce magnifique poème :

« Une épouse qui t'aime, mon Fils, J'aimerais te donner,
Qui grâce à Toi, vivre de nous puisse mériter,
Et manger à la même table du même pain dont Je me nourris,
Pour qu'elle connaisse les biens que J'ai en un tel Fils,
Et que, de ta grâce et de ta vigueur, avec moi elle se réjouisse.

Je t'en rends grâces, ô Père, le Fils lui répondait,
À l'épouse que Tu me donneras, la mienne clarté je donnerai,
Pour qu'elle puisse voir tout le prix de mon Père.
Et comment l'être que Je possède, de son être je l'ai hérité.
Sur mon bras Je la pencherai : de ton amour elle s'embrasera entière,
Et en éternel délice elle exaltera ta bonté.

Ainsi donc soit fait, dit le Père, ton amour bien le requiert,
Et disant cette parole, Il avait créé l'univers » (Jean de la Croix, 4e *Romance, Œuvres complètes*, Desclée de Brouwer, 1967).

Admirons la Paternité divine. Dieu est Père de « toujours à toujours » alors que les hommes peuvent exister sans jamais devenir père. Dieu est le « *Père de qui toute paternité, au ciel et sur la terre, tire son nom* » (Ep 3, 14-15). La source de la création est bien dans l'Amour qui engendre le Fils. Nous, les hommes, sommes créés à l'image du Fils, dans l'Esprit-Saint. Notre vie ne prend son sens que dans l'accueil de cette filiation divine. Le Credo évoque le Père tout-puissant (en grec, le *Pantocrator*). Cette expression ne signifie pas une puissance souveraine qui domine, impose un pouvoir tyrannique, mais un Amour paternel qui offre à tous la possibilité d'exister dans cet amour et d'en goûter toute la richesse. L'homme n'est ni écrasé, ni absorbé mais introduit dans un mystère de communion reflet de cette relation qui unit, le Père, le Fils et le Saint-Esprit. Dès lors, des milliards d'hommes peuvent être introduits dans la communion unique et infinie du Cœur du Père.

Chacun est respecté dans sa spécificité, exprimant à sa manière un écho de Celui qui est toute Lumière et Amour. Cette poussière de milliards d'hommes aux mille milliards de visages présente l'image infinie du Seigneur. Elle nous permet d'approcher le mystère de la plénitude de Dieu.

Liberté dans la communion

Créé à l'image de son Créateur, l'homme expérimente l'univers d'Amour du Seigneur et, à ce titre, le mystère de sa liberté. La caractéristique de l'amour est la notion de la liberté. Quand il y a obligation, il n'y a pas d'amour. Nous pouvons choisir ou rejeter l'Amour que le Seigneur nous propose. Dieu s'efforce de nous séduire dans le sens noble du terme. Jésus propose, Il n'impose pas. *« Si quelqu'un veut venir à ma suite, qu'il se renie lui-même, qu'il se charge de sa croix chaque jour, et qu'il me suive »* (Lc 9, 23). Dans saint Jean, le respect de l'engagement libre du disciple attiré par Jésus porte du fruit : *« si le grain de blé tombé en terre ne meurt pas, il demeure seul ; mais s'il meurt, il porte beaucoup de fruit [...] Si quelqu'un me sert, qu'il me suive, et où je suis, là aussi sera mon serviteur. Si quelqu'un me sert, mon Père l'honorera »* (Jn 12, 24-26).

Les commandements sont des lumières qui éclairent notre route pour nous aider à trouver notre chemin et non des oukases contraignants. Si Jésus nous dit qu'Il est *« le chemin, la vérité et la vie »* (Jn 14, 6), c'est pour nous ouvrir à la communion dans l'Amour divin alors que nous ne sommes que des hommes et des créatures. Façonnés à sa ressemblance, fils de la famille de Dieu, le Seigneur nous donne de sortir de nos horizons limités, pour pénétrer au plus intime de nous-mêmes et entrer dans le Royaume de Dieu.

Ainsi, dans la parabole de la création, le Seigneur vient, dans une première étape, combler l'homme de sa présence et de son Amour. Dans un jardin idyllique l'homme peut vivre dans un climat de simplicité familiale avec Dieu. La seule condition est de consentir à reconnaître librement qu'il ne peut s'épanouir et grandir que dans le Seigneur. Parce que Dieu est l'Amour, aucun être humain ne peut exister en dehors de Lui. Dieu ne peut se renier pour nous permettre de vivre sans Lui. Nous serions dans l'absurde. La capacité d'Amour infini du Seigneur nous permet de devenir de plus en plus nous-mêmes, tout en étant de plus en plus dans son intimité. Par un engagement de notre personne, nous découvrons notre liberté. Nous ne sommes pas absorbés, ni intégrés, mais construits dans la réciprocité d'une profonde communion. Plus tard, Jésus explicitera la Lumière de la création en disant : *« Comme toi, Père, tu es en moi et moi en Toi, qu'eux aussi soient un en nous »* (Jn 17, 21). Ainsi, *« la vérité vous libérera »* (Jn 8, 32).

Créateur en aimant

« Je t'en conjure [disait à son enfant la mère de famille qui avait vu mourir ses six autres fils condamnés par Antiochus], *regarde le ciel et la terre, vois tout ce qui est en eux, et sache que Dieu les a faits de rien »* (2 M 7, 28). C'est la première fois que nous trouvons dans la Bible l'expression « faire de rien » qui met en valeur que Dieu ne crée pas le monde à la manière des hommes. Ceux-ci façonnent un objet à partir d'une matière déjà existante. Après les intenses lumières de saint Paul, particulièrement éclairé par l'Esprit-Saint, nous dirions plus volontiers que le Père a créé le monde à partir de son amour pour son Fils. Au commencement, il n'y avait pas le néant mais il y avait ce jaillissement d'amour qui allait embraser (créer) la terre. C'est pourquoi envisager l'acte créateur à l'image d'un horloger « architecte des mondes » c'est philosopher sur Dieu et réduire la richesse de la Révélation à des considérations infantiles. De même, Victor Hugo estimait que Dieu avait « donné la chiquenaude » initiale, extérieure à Lui. C'est en Lui-même que le Père créé le monde dans l'épanouissement de la vie divine et de son Amour infini.

Pourquoi ne pas aller jusqu'au bout du raisonnement inspiré par la Révélation en nous émerveillant devant l'humilité de Dieu, se manifestant dans l'acte créateur ? Les relations qu'il établit avec ses créatures sont toutes de respect et d'accueil. Bien loin de se conduire en despote, ou en propriétaire, le Père sollicite humblement sa créature et lui propose de communier à sa lumière et à son Amour. Comparons Dieu à l'image magnifique de la marée descendante. Dieu se serait retiré, tout en demeurant dans sa Providence, pour nous ouvrir un espace suffisamment large qui nous permette de respirer à notre aise l'air divin. Nous ne pouvons concevoir l'humilité du Père créateur qu'en prenant nous-mêmes le chemin de l'humilité. *« Je te bénis, Père, Seigneur du ciel et de la terre, d'avoir caché cela aux sages et aux intelligents et de l'avoir révélé aux tout-petits. Oui, Père, car tel a été ton bon plaisir. Tout m'a été remis par mon Père, et nul ne sait qui est le Fils si ce n'est le Père, ni qui est le Père (créateur) si ce n'est le Fils, et celui à qui le Fils veut bien le révéler »* (Lc 10, 21-22).

Plus nous percevons le respect que le Père nous porte – jamais, contrairement aux hommes, Il ne violentera notre liberté –, plus nous reconnaîtrons notre éminente dignité de Fils de Dieu. L'humilité est inscrite dans le cœur des relations des trois personnes divines. Elle rend possible notre propre relation de créature à son Créateur, d'enfant à son Père.

La création et le mal

Une magnifique action de grâces monte de nos cœurs émerveillés par le jaillissement d'Amour divin qui a engendré la création du monde et des hommes. La création se trouve soudainement désorientée par la présence du mal.

Dieu découvre le mal

Le deuxième récit de la Genèse (Gn 2, 4) décrit cette rencontre imprévue de Dieu et du mal. Dans le mythe de la création, Yahvé est présenté comme n'étant pas au courant de la chute d'Adam et d'Ève : « *Ils entendirent les pas de Yahvé Dieu qui se promenait dans le jardin à la brise du jour, et l'homme et la femme se cachèrent parmi les arbres du jardin* » (Gn 3, 8). Dieu a des rapports de confiance et de simplicité familiale avec ce couple. Dieu a tout fait pour eux : Yahvé plantant un jardin en Éden (ce nom n'a aucune localisation géographique et il a pu signifier « steppe », le paradis est décrit comme une oasis dans un désert d'Orient) y établit l'homme qu'il avait modelé : « *Yahvé Dieu fit pousser du sol toute espèce d'arbres séduisants à voir et bons à manger [...] Mais de l'arbre de la connaissance du bien et du mal tu ne mangeras pas, car, le jour où tu en mangeras, tu deviendras passible de mort* » (Gn 2, 9.17). Cet avertissement avait pour l'auteur du texte une double signification : l'homme était prévenu qu'il ne trouverait la vie qu'auprès de Dieu qui la lui avait donnée : « *en insufflant dans ses narines une haleine de vie* » (Gn 2, 7). L'homme savait également qu'il pouvait se tourner vers plus grand que Lui. Bien que « créé », il Lui était possible de s'épanouir en toute liberté dans la vie divine. Dieu n'avait pas prévu, semble-t-il, que l'homme se détournerait de Lui pour devenir son égal : « *Vous serez comme des Dieux* » (Gn 3, 5). L'enseignement du Seigneur était essentiellement positif. Le chemin de l'Amour était largement ouvert pour que l'homme puisse pénétrer dans le paradis mis à sa disposition. Encore fallait-il l'acceptation de l'homme, librement consentie, puisque créé à « l'image divine ».

Dieu découvre le mal dans les conséquences engendrées par la volonté des hommes : « *Leurs yeux à tous deux s'ouvrirent et ils connurent qu'ils étaient nus ; ils cousirent des feuilles de figuier et se firent des pagnes* » (Gn 3, 7). Dieu étant Amour d'après la Révélation de saint Jean (Jn 4, 8), ne peut « penser » le mal qui est extérieur à Lui-même. C'est dans notre cœur qu'Il constate notre refus d'aimer, cette négation du bien. Yahvé se renseigne : « *Qui t'a appris que tu étais nu ? Tu as donc mangé de l'arbre dont je t'avais défendu de manger* » (Gn 3, 11).

Dieu se présente comme un petit enfant de deux ans qui vit dans la limpidité et l'innocence. Il est tout étonné, et confus d'avoir renversé, dans un geste non contrôlé, la carafe d'eau. L'enfant s'étonne d'avoir mal fait. Ou encore, cet adulte qui demeure consterné et surpris devant l'accident provoqué par une fausse et « inconsciente » manœuvre de conduite de sa voiture. Dieu n'a pas pu être à l'origine du mal. L'homme en porte la responsabilité. Dieu n'est pas à l'image d'un homme naïf qui est décontenancé par la trahison d'un ami. Dieu fondamentalement Amour constate qu'en créant l'homme à sa ressemblance celui-ci assume la décision d'agir librement en refusant cette splendide communion dans l'Amour divin qui lui est proposée. C'est pourquoi dans le premier récit de la Genèse le mal n'est même pas évoqué. Le leitmotiv qui revient sans cesse est : « *Dieu vit que cela était bon* » (Gn 1, 10-12, 18, 21 et suiv.). « *Dieu vit tout ce qu'il avait fait : cela était très bon* » (Gn 1, 31). Mais alors comment concevoir que le « *Tout-Puissant* », l'« Absolu », puisse rencontrer une telle résistance et assumer un tel échec ?

Le mystère d'iniquité

La Révélation nous fournit une réponse que nous ne pouvons accepter qu'à la lumière de la foi et dans un acte d'humilité. Saint Paul s'était heurté à cette même difficulté devant le refus de ses frères juifs à se laisser éclairer par l'annonce libératrice de la Résurrection. Il termine ses réflexions par un hymne à la sagesse miséricordieuse : « *Ô abîme de la richesse, de la Sagesse et de la Science de Dieu ! Que ses décrets sont insondables et ses voies incompréhensibles ! Qui en effet a jamais connu la pensée du Seigneur ? Qui en fut jamais le conseiller ? Ou bien qui l'a prévenu de ses dons pour devoir être payé en retour ? Car tout est de Lui et par Lui et pour Lui. À Lui la gloire éternellement ! Amen !* » (Rm 11, 33-36).

Dans une attitude d'adoration, acceptant une pensée infinie qui le dépasse, Paul n'hésite pas à parler de « *mystère de l'impiété* » (2 Th 2, 7). Après avoir évoqué l'action de l'adversaire, il poursuit : « *Auparavant [...] doit se révéler l'Homme impie, l'Être perdu, l'Adversaire, celui qui s'élève au-dessus de tout ce qui porte le nom de Dieu ou reçoit un culte, allant jusqu'à s'asseoir en personne dans le sanctuaire de Dieu, se produisant lui-même comme Dieu. Vous vous rappelez, que quand j'étais encore près de vous je vous disais cela. [...] Dès maintenant, oui, le mystère de l'impiété est à l'œuvre* » (2 Th 3-7). Face à Dieu, il y a, de par la création divine, des hommes et des anges à aimer et des êtres qui sont devenus l'« adversaire », le « *prince de ce monde* » (Jn 12, 31). Dans le drame mystique de la relation des âmes avec Dieu, cette puissance du mal, différente des hommes, intervient pour désagréger la qualité de la communion du Père avec ses enfants.

L'adversaire de l'amour

Évoquer « l'adversaire », c'est s'approcher du « monde des anges ». Nous nous en remettons à la doctrine traditionnelle de l'Église. Dieu dans son Amour n'a pas seulement créé notre univers et celui des hommes, mais aussi celui des « anges ». La lumière de la foi nous les présente comme des êtres spirituels sans corps physique. Doués d'intelligence et de volonté, le paradoxe est de les décrire, dans l'iconographie, avec un corps !

Comme nous les hommes, ils sont créés dans le rayonnement du Christ, par Lui et pour Lui (Col 1, 16). Comme les hommes, ils collaborent à l'œuvre du Christ dont ils sont les messagers (ange = envoyé) de son « dessein bienveillant ». « *Est-ce que tous ne sont pas des esprits chargés d'un ministère, envoyés en service pour ceux qui doivent hériter le salut ?* » dira l'épître aux Hébreux (1, 14).

Ils sont donc créés par Amour et pour la manifestation de l'Amour divin. Le drame de l'Amour mal compris, hélas, est venu partiellement détruire la beauté lumineuse et créatrice de l'œuvre du Père. Saint Pierre (2 P 2, 4) parle du péché de certains anges qui auraient voulu devenir « comme Dieu » selon l'expression du tentateur de l'homme au Paradis terrestre (Gn 3, 5). Le quatrième concile de Latran en 1215 dit clairement : « Le diable et les démons ont certes été créés par Dieu naturellement bons mais c'est eux qui se sont rendus mauvais » (concile de Latran IV, *Les Hérésies*).

Avant de concilier la présence du mal dans la Révélation du « dessein bienveillant d'amour » du Père, il n'est pas inutile, à notre époque, de rappeler, dans la pensée de Paul VI et de Jean-Paul II, la réelle existence de l'adversaire.

À titre d'exemple, voici l'enseignement du pape Paul VI le 15 novembre 1972 :

> « Le péché est l'effet de l'intervention en nous, dans notre monde, d'un agent obscur et ennemi, le démon. Le mal n'est plus seulement une déficience,

il est le fait d'un être vivant, spirituel, perverti et pervertisseur. Terrible, mystérieuse et redoutable réalité. Ils s'écartent de l'enseignement de la Bible et de l'Église ceux qui refusent de reconnaître son existence ou qui en font un principe autonome, n'ayant pas, lui aussi, comme toute créature, son origine en Dieu ; ou encore qui l'expliquent comme une pseudo-réalité, une invention de l'esprit pour personnifier les causes inconnues de nos maux [...]
Divers passages de l'Évangile nous montrent qu'il ne s'agit pas d'un seul, mais de nombreux démons (Lc 11, 26 ; Mc 5, 9). L'un d'eux, cependant, est le principal, c'est Satan, qui veut devenir l'adversaire, l'ennemi ; et avec lui il y en a beaucoup d'autres qui sont tous des créatures de Dieu, mais des créatures déchues, parce que rebelles et damnées. De tout ce monde mystérieux, bouleversé par un drame très pénible, nous connaissons bien peu de choses. »

Dieu donne une espérance

Nous sommes donc bien en présence d'un « grand mystère », c'est-à-dire d'une lumière qui nous éclaire partiellement mais qui nous dépasse parce qu'elle plonge dans l'infini de Dieu. L'Esprit-Saint, l'esprit de sagesse, peut nous permettre de passer du refus à l'invocation, de la révolte à la contemplation.

Essayons de dégager quelques lignes d'espérance et de répondre à l'interrogation qui monte de notre cœur : pourquoi Dieu, qui est Amour, permet-Il cet affrontement du mal et du bien alors que tout pourrait n'être qu'Amour ? Dans la Révélation, il n'y a pas des dieux bons face à des dieux mauvais, mais il n'existe qu'un seul Dieu Tout Amour. Il continue de vaincre le mal qui est en nous jusqu'au jour où ne demeurera que l'Amour dans un autre « monde ».

Les auteurs inspirés, marqués par les courants de pensée de leur époque, ont su purifier la conception selon laquelle on pouvait se représenter Dieu à l'exemple d'un grand monarque entouré d'une cour de multiples serviteurs. À la lumière de l'Esprit-Saint, ils ont compris que Dieu faisait rayonner l'absolu de son Amour dans son entourage immédiat. Engendrant les anges dans la gloire du Christ, ces messagers participaient à l'œuvre d'Amour du Père et annonçaient la bonne nouvelle du Sauveur. Si certains, en révolte, s'opposaient à Dieu, une multitude agissait pour soutenir les Fils de Dieu dans la puissance de la Miséricorde divine :

> « De l'enfance à la mort la vie humaine est entourée de la garde et de l'intercession des anges : “chaque fidèle a, à ses côtés, un ange comme protecteur et pasteur pour le conduire à la vie”, disait saint Basile. Dès ici-bas la vie chrétienne participe, dans la foi, à la société bienheureuse des hommes et des anges unis à Dieu » (*Catéchisme de l'Église catholique*, n° 336)

« Gardez-vous de mépriser aucun de ces petits : car, je vous le dis, leurs anges aux cieux voient constamment la face de mon Père qui est aux cieux » (Mt 18, 10). *« Or il advint que le pauvre mourut et fut emporté par les anges dans le sein d'Abraham »* (Lc 16, 22). Dans les grandes étapes de la vie du Christ, les anges accompa-

gnent le Sauveur (Annonciation, naissance, tentation, agonie, arrestation, résurrection).

Certes, le mal demeure dans nos vies mais nous avons la certitude de la victoire finale qui est déjà réalisée au ciel. Avant que nous ayons franchi l'ultime étape, la multitude des bienheureux vit dans un univers où le mal a disparu et où ils goûtent la plénitude de la joie. « *Voici, je fais l'univers nouveau. [...] Écris : "Ces paroles sont certaines et vraies." "C'en est fait, me dit-il encore, je suis l'Alpha et l'Oméga, le Principe et la Fin ; celui qui a soif, moi, je lui donnerai de la source de vie, gratuitement"* » (Ap 21, 5-6).

Cette vision du dessein de Dieu nous conduit à discerner le prix de l'Amour dans un combat quotidien très âpre pour que l'amour l'emporte dans notre vie par un libre engagement de notre part. Saint Paul dit : « *connaissez l'amour du Christ qui surpasse toute connaissance et vous entrerez par votre plénitude dans toute la plénitude de Dieu* » (Ep 3, 19). Il n'hésitait pas à encourager les chrétiens d'Éphèse à vivre l'affrontement de l'adversaire dans le combat de l'Amour : « *En définitive, rendez-vous puissants dans le Seigneur [...] Revêtez l'armure de Dieu, pour pouvoir résister aux manœuvres du diable. Car ce n'est pas contre des adversaires de sang et de chair que nous avons à lutter, mais contre les principautés, contre les puissances, contre les régisseurs de ce monde de ténèbres, contre les esprits du mal qui habitent les espaces célestes. C'est pour cela qu'il vous faut endosser l'armure de Dieu, afin qu'au jour mauvais vous puissiez résister et, après avoir tout mis en œuvre, rester fermes. Tenez-vous donc debout, avec la Vérité pour ceinture, la Justice pour cuirasse, et pour chaussures le Zèle à propager l'Évangile de la paix ; ayez toujours en main le bouclier de la Foi, grâce auquel vous pourrez éteindre tous les traits enflammés du Mauvais ; enfin recevez le casque du Salut et le glaive de l'Esprit, c'est-à-dire la Parole de Dieu* » (Ep 6, 10-17).

L'Église, bien loin d'être terrassée par les ténèbres – « *les portes de l'Hadès ne tiendront pas contre elle* » (Mt 16, 18) –, nous invite à rejoindre la prière ecclésiale qui, au ciel, se poursuit avec les saints et les anges : « *Des séraphins se tenaient au-dessus de lui... Ils se criaient l'un à l'autre ces paroles : "Saint, saint, saint est Yahvé Sabaot", sa gloire emplit toute la terre* » (Is 6, 2-3). L'épître aux Hébreux nous confirme cette louange de la cour céleste : « *Et de nouveau, lorsqu'il introduit le Premier-né dans le monde il dit : "que tous les anges de Dieu l'adorent"* » (He 1, 6).

En unissant notre prière à celle de la Cour céleste nous pouvons balbutier notre confiance en Dieu dont l'infinie sagesse nous dépasse : « *debout devant le trône et devant l'Agneau [...] tous les Anges [...] la face contre terre, pour adorer Dieu ; ils disaient : "Amen ! Louange, gloire, sagesse, action de grâces, honneur, puissance et force à notre Dieu pour les siècles des siècles ! Amen !"* » (Ap 7, 9.11-12).

Il y a une étape où la compréhension des mystères n'est possible qu'en rejoignant la pensée divine non par la réflexion mais par la contemplation. Pourquoi le mal en présence de l'univers d'Amour de Dieu ? Nous le comprendrons dans l'adoration du Christ en Croix. Dans l'immédiat, rappelons-nous que « *lorsque l'agneau ouvrit le septième sceau dans le ciel, il se fit un silence dans le ciel, environ une demi-heure…* » (Ap 8, 1).

Dieu endigue le mal en nous créant libres d'aimer

Dans ce silence d'Amour nous sommes une fois encore confrontés à notre liberté ! Comme nous l'avons vu précédemment, les fils d'Israël avaient vécu une expérience bouleversante de libération après leur déportation à Babylone. Ils se souvenaient que jadis, déjà au XIIe siècle avant Jésus-Christ, le pharaon d'Égypte avait dû capituler devant la puissance libératrice de Yahvé. Quand l'auteur inspiré rédigea, au Ve siècle avant Jésus-Christ, le premier chapitre de la Genèse, il souligna le dessein bienveillant de Dieu dans sa création. Israël devait expérimenter qu'il n'avait pas été créé pour être esclave mais pour être libre puisque la nature de l'homme est à l'image de Dieu. Israël est créé libre pour qu'il puisse aimer Yahvé selon les commandements qui sont les chemins de l'Amour clairement enseignés. La création se poursuivant chaque jour, Dieu maintient l'homme dans son existence quotidienne et le sabbat permet à toute l'assemblée d'Israël d'offrir sa reconnaissance filiale à Yahvé. Dans le cadre de la semaine, Dieu donnait à Israël d'exister par Lui-même en exprimant sa réponse libre et originale.

Face à l'adversaire, l'homme devenait libre en aimant de tout son cœur, esclave de personne ni de lui-même : « *Tu aimeras Yahvé ton Dieu de tout ton cœur, de toute ton âme et de tout ton pouvoir* » (Dt 6, 5)… «*tu aimeras ton prochain comme toi-même* » (Lv 19, 18 ; Lc 10, 27).

L'œuvre créatrice n'est qu'Amour

Au cœur de la création de l'homme à l'image de Dieu, se dessine ce respect infini que Dieu porte à sa créature. Il en attend une réponse construite dans l'audace de sa liberté. Jour après jour, Dieu nous maintient en vie sur cette terre, afin que nous puissions exister en aimant librement et aimer en existant librement.

Face au mal sans consistance, surabonde l'Amour

Le mal n'a pas de consistance en soi. Il ne peut atteindre Dieu, « Amour absolu » selon la Révélation de saint Jean. Rien ne peut arrêter son jaillissement de vie et d'Amour. Paul l'avait bien compris : *« [...] mais où le péché s'est multiplié, la grâce a surabondé : ainsi, de même que le péché a régné dans la mort, de même la grâce régnerait par la justice pour la vie éternelle par Jésus-Christ notre Seigneur »* (Rm 5, 20-21). Il écrira également à Timothée : *« moi, naguère un blasphémateur, un persécuteur, un insulteur. Mais il m'a été fait miséricorde parce que j'agissais par ignorance, étranger à la foi ; et la grâce de notre Seigneur a surabondé avec la foi et la charité qui est dans le Christ Jésus »* (1 Tim 1, 13-14).

Jean ne cessera d'évoquer cette surabondance qui jaillit du Cœur de Dieu et que rien ne pourra arrêter : *« Oui, de sa plénitude nous avons tous reçu, et grâce pour grâce. [...] Nul n'a jamais vu Dieu ; le Fils unique, qui est tourné vers le sein du Père, lui l'a fait connaître »* (Jn 1, 16.18). Ou encore dans la parabole du Bon Pasteur : *« Moi, je suis venu pour qu'on ait la vie et qu'on l'ait surabondante »* (Jn 10, 10).

Lorsque nous sommes habités par le désir d'aimer autrui, nous avons les forces décuplées. L'amour s'exprime en termes de surabondance. Notre énergie est « revitalisée » par notre soif d'aimer.

Comprenons-nous les largesses qui jaillissent du Cœur de Celui qui est Tout Amour ? À Cana, le chiffre de six cents litres de vin nouveau paraît disproportionné (Jn 2, 6). De même, deux barques sont surchargées de poissons lorsque le maître invite à jeter les filets : « *Ils capturèrent une grande multitude de poissons, et leurs filets se rompaient. [...] Ils vinrent, et l'on remplit les deux barques, au point qu'elles enfonçaient* » (Lc 5, 6-7). Une seule barque aurait suffi. Nous pourrions multiplier les exemples de surabondance dans la vie de Jésus. Tous nous font constater combien Dieu submerge les hommes de son Amour.

Saint Paul dictera, dans sa lettre aux Romains : « *Oui, j'en ai l'assurance, ni mort ni vie, ni anges ni principautés, ni présent ni avenir, ni puissances, ni hauteur ni profondeur, ni aucune autre créature ne pourra nous séparer de l'amour de Dieu manifesté dans le Christ Jésus notre Seigneur* » (Rm 8, 38-39). Et il écrira aux Philippiens : « *Alors la paix de Dieu, qui surpasse toute intelligence, prendra sous sa garde vos cœurs et vos pensées dans le Christ Jésus* » (Ph 4, 7).

L'espérance dans la création

Le poids du refus d'aimer

Abordons maintenant la richesse miséricordieuse du Père qui se manifeste en nous tous et nous libère, lors de notre naissance, de l'emprise du mal. Nous sommes le fruit d'une hérédité qui marque notre découverte d'un monde déséquilibré par le péché, par l'attitude négative de nos premiers parents, ainsi que par celle de ceux qui nous ont mis au monde. Bien loin de naître dans un « paradis terrestre », selon le mythe des origines, nous pénétrons dans un univers marqué par une puissance de mort. Comme l'écrivait saint Paul : « *J'estime en effet que les souffrances du temps présent ne sont pas à comparer à la gloire qui doit se révéler en nous. Car la création en attente aspire à la révélation des fils de Dieu : si elle fut assujettie à la vanité, – non qu'elle l'eût voulu, mais à cause de celui qui l'y a soumise, – c'est avec l'espérance d'être elle aussi libérée de la servitude de la corruption pour entrer dans la liberté de la gloire des enfants de Dieu. […] nous-mêmes qui possédons les prémices de l'Esprit, nous gémissons nous aussi intérieurement dans l'attente de la rédemption de notre corps* » (Rm 8, 18-21.23).

Sur notre terre, nous prenons vite conscience des déséquilibres qui nous entourent et nous-mêmes y participons. L'Église nous enseigne que nous avons sous les yeux le fruit du péché des origines et de notre péché. Notre Dieu d'Amour n'est en rien responsable de la dégradation de son œuvre. De nombreux manques d'amour ont précédé les nôtres et nous établissent dans une situation où les forces de l'amour sont étouffées. « *Par un seul homme le péché est entré dans le monde, et par le péché la mort, et ainsi la mort a passé en tous les hommes, du fait que tous ont péché* » (Rm 5, 12) (cité par le 2e Canon du concile de Trente). Nous participons au péché des origines par le tissu de solidarité qui nous lie les uns aux autres avant même d'avoir pris personnellement position. C'est un état de vie et non un péché personnel. Nous portons en nous, même après l'action libératrice du Christ dans notre baptême, une tendance qui nous rend le mal séduisant, tout en gardant un attrait passionné pour la Lumière et le véritable Amour.

Un amour enténébré, visité par la lumière miséricordieuse du Seigneur

C'est donc un message d'espérance que nous transmet l'Église. À l'opposé de certains théologiens, nous pensons que notre cœur n'est pas profondément mauvais. Il n'a été que blessé, ce qui reste déjà très douloureux pour ceux qui aspirent à n'être qu'Amour. « *Où le péché s'est multiplié, la grâce a surabondé* » (Rm 5, 20). La situation de pécheur qui est la nôtre va se transformer sous l'action de la miséricorde en pécheur repentant et converti à l'amour. L'expérience de l'humiliation devient humilité et la connaissance du Cœur de Dieu va grandir. Non seulement Dieu nous aime, mais Il nous « donne sa part » en venant jusqu'à nous par la puissance de sa miséricorde. Son amour est tel qu'il va jusqu'à pardonner : *« Nul n'a plus grand amour que celui-ci : donner sa vie pour ses amis »* (Jn 15, 13).

Comment résister à un tel témoignage d'offrande de soi ? Au cœur du péché originel, il y a la tendresse miséricordieuse du Seigneur. On comprend que, dans cette méditation, des chrétiens aient eu l'audace d'écrire et de chanter pendant la nuit pascale : « Ô bienheureuse faute qui nous a valu un tel Rédempteur » (samedi saint).

Face à l'universalité du péché, il y a l'universalité du pardon et de l'Amour miséricordieux. Plus nous contemplons le Seigneur qui est Amour et plus nous admirons la profondeur insondable de son dessein bienveillant qui nous entraîne dans son Royaume de Lumière infinie.

Nous sommes libérés, non seulement de la « finitude » de notre création mais de l'esclavage du péché que nous commettons. Seule la Vierge Marie échappe à cette situation, elle est Immaculée Conception. Elle a été touchée dès son origine par l'œuvre purificatrice de son Fils.

C'est avec elle que nous poursuivons sur la terre la découverte de celui qui est Amour. Elle ne cesse de nous l'offrir de ses bras maternels « jusqu'au jour où notre âme pleinement épanouie aux illuminations de l'union divine verra toute chose dans l'éternel amour et dans l'unité » (Marthe Robin, prière « Ô mère bienaimée »).

II

DIEU AUX PRISES AVEC LE MAL

Après une chute vertigineuse, un prêtre venait de mourir dans la chaîne du Mont-Blanc. On demanda à un de ses proches de rejoindre les sauveteurs pour ramener le corps dans la vallée. Cet homme jeune, parti deux jours auparavant en pleine vitalité pour contempler « l'icône de la montagne », venait de vivre son ultime naissance. Dans quel univers se trouvait-il ? Seigneur, si tu existes, pourquoi la mort détruit-elle ton œuvre créatrice ? En arrivant dans la vallée des touristes de toutes races les entouraient : Japonais, Indiens, Américains, etc. La vie continuait. Les bouddhistes, shintoïstes, musulmans, athées ou agnostiques ne pensaient pas comme eux. Ils étaient dans un microcosme évocateur des milliards d'êtres humains vivant sur cette minuscule planète entourée de milliards de galaxies. *« Qui es-tu, Seigneur ? »* demandait saint Paul.

Approfondissement du mystère

La réponse lui est donnée sur le chemin de Damas : « *Je suis Jésus que tu persécutes* » (Ac 9, 5). Déconcertés comme saint Paul, nous allons essayer d'approfondir la richesse de cette parole, conscients que quatre milliards d'hommes ont un point de vue différent du nôtre. Notre pensée s'éclaire à la lumière de la foi catholique. Nous pressentons vite que nos considérations humaines échouent devant la dimension infinie de Dieu. Seul le Seigneur, venant nous dire qui Il est, peut nous apporter un éclaircissement. Il nous permet de franchir l'abîme absolu qui nous sépare de Dieu. Encore faut-il que notre intelligence reçoive une capacité divine pour admettre cette lumière venue d'en haut. Nous l'appelons « mystère ». L'Esprit-Saint, c'est-à-dire Dieu Lui-même, nous en donne l'intelligence.

Nous sommes comme un artiste ayant reçu un talent musical. Celui-ci peut pénétrer dans l'univers des sons et s'exprimer dans le rythme d'une symphonie harmonieuse. De même, en engageant librement, dans le souffle de l'Esprit-Saint, notre personne, notre cœur, notre âme, nous nous émerveillons de découvrir en nous le Royaume de Dieu et de pouvoir nous épanouir en lui.

Parmi toutes les formes possibles de réflexions humaines sur le monde de Dieu, nous prenons l'option fondamentale de nous mettre à l'école de la Révélation divine. Jésus, pleinement Dieu et pleinement homme, nous la transmet : « *Après avoir, à maintes reprises et sous maintes formes, parlé jadis aux pères par les prophètes, Dieu, en ces jours qui sont les derniers, nous a parlé par le Fils, qu'il a établi héritier de toutes choses, par qui aussi il a fait les siècles* » (He 1, 1-2).

Paul écrira aux Éphésiens : « *Béni soit le Dieu et Père de notre Seigneur Jésus-Christ, qui nous a bénis par toutes sortes de bénédictions spirituelles, aux cieux, dans le Christ* » (Ep 1, 3). « *Il nous a fait connaître le mystère de sa volonté, ce dessein bienveillant qu'Il avait formé en lui par avance, pour le réaliser quand les temps seraient accomplis : ramener toutes choses sous un seul Chef, le Christ, les êtres célestes comme les terrestres* » (Ep 1, 9-10).

Saint Jean après avoir suivi Jésus durant sa prédication, vécu le mystère de sa mort (Jn 19, 30) et de sa résurrection (Jn 20, 9), en vint à formuler sa synthèse doctrinale dans sa première lettre à ses disciples : « *Bien-aimés, aimons-nous les uns les autres, puisque l'amour est de Dieu et que quiconque aime est né de Dieu et connaît Dieu. Celui qui n'aime pas n'a pas connu Dieu, car Dieu est Amour* » (1 Jn 4, 7-8).

C'est donc en faisant une confiance totale à Jésus que nous savons et croyons que Dieu est Amour. Nous allons essayer de l'approfondir.

Parce qu'Il est Amour, le monde de Dieu est différent du nôtre

Aucune forme de mal n'existe en Dieu. En essayant de percevoir le monde divin de l'Amour, nous sommes au début totalement désorientés. Il en va de même lorsqu'en montagne, à quatre mille mètres d'altitude, nous admirons un horizon nouveau de silence absolu, de neige, de glace et de granit sans aucune végétation. Ainsi en est-il lorsque nous parcourons le désert. Nos points de référence ne subsistent plus.

Depuis notre enfance nous sommes habitués à tenir compte du mal sous toutes ses formes. La prudence nous incite à éviter les obstacles que nous pourrions rencontrer sur notre chemin. Nous demeurons sur le qui-vive. Or, dans le Cœur de Dieu et dans son Royaume, il n'existe aucune forme de mal, d'agressivité ou de violence. Tout se déroule dans la plénitude. Nous sommes plongés dans un océan de lumière, de transparence et de clarté. Nous n'avons rien à redouter. Notre cœur ne peut que s'émerveiller. Nos instincts nous ayant habitués à nous méfier, nous sommes sur nos gardes. Étonnés par cette première impression, comment, en s'avançant dans un monde inconnu, ne pas craindre que cette symphonie harmonieuse ne se dissolve en des dissonances agressives ? N'allons-nous pas nous retrouver dans un monde semblable à celui des hommes où l'ivraie demeure au milieu du bon grain ? Est-ce possible qu'un tel univers divin existe ?

Tout en étant attirés et déroutés, la lumière de la foi nous enracine dans cette certitude que Dieu est

Amour. Ainsi, saint Jean de la Croix décrit au terme d'une longue recherche l'état de l'âme saisie par la transparence divine :

> « Reposant entre les bras d'un tel époux dans un embrassement ininterrompu et très étroit qui certes mérite le nom d'embrassement, elle vit, en vertu de cet embrassement de la Vie même de Dieu... L'âme jouit d'une paix et d'une sécurité si absolues qu'elle se croirait pour ainsi dire tout entière édifiée dans la paix » (saint Jean de la Croix, *Cantique spirituel*, 24, 8).

Un Amour éternel

Cet Amour devient étonnant lorsque nous prenons conscience qu'il n'a pas de fin. Sur notre terre, certaines amitiés ou certains amours conjugaux se poursuivent au cours de la vie. Mais souvent nous constatons des ruptures d'affection et nombreux sont les couples qui se séparent. Combien ont décrit la tragédie de l'existence avec ses drames de séparations violentes, ses déceptions amères, ses écœurements lancinants.

L'Amour de Dieu n'aura jamais de fin. *« Mille ans [sont] comme un jour »* pour Dieu (2 P 3, 8). Dans l'Apocalypse, le Christ, centre du monde, en est le début et la fin : *« L'Alpha et l'Oméga [...] Il est, il était et il vient »* (Ap 1, 8). *« Je Suis Celui qui Est »,* disait Yahvé à Moïse (Ex 3, 14).

Saisis par le Cœur de Dieu, nous prenons de la hauteur par rapport au temps présent. À l'inverse de nombreuses expériences humaines, son Amour ne finira jamais. L'Église nous précise que, depuis la création du monde, Dieu n'a cessé d'aimer l'humanité et que nous serons toujours aimés à travers les millénaires de l'éternité. Le monde de Dieu est bien différent du nôtre. Les dimensions spatiales du temps sont dépassées. Nous sommes avec Lui dans un « au-delà » qui s'exprime par le jaillissement continuel d'un nouveau présent d'amour. Pour nous, sur terre, l'aujourd'hui se trouve déstabilisé par un passé angoissé ou un avenir incertain. Même dans un instant heureux, nous courbons l'échine en prévoyant des nuages possibles qui viendraient obscurcir une journée lumineuse et pacifiante.

En nous approchant du Royaume de Dieu, nous sommes émerveillés de constater que l'Amour ne cesse de jaillir de son Cœur trinitaire. Nous rejetons toute crainte d'affadissement. Nous osons croire en toute vérité que l'Amour illumine passé, présent et futur. Voici ce dont témoigne saint Jean : « *Dieu est Lumière, en Lui point de ténèbres. Si nous disons que nous sommes en communion avec Lui alors que nous marchons dans les ténèbres, nous mentons, nous ne faisons pas la vérité. Mais si nous marchons dans la lumière comme il est Lui-même dans la lumière, nous sommes en communion les uns avec les autres, et le sang de Jésus, son Fils, nous purifie de tout péché* » (1 Jn 1, 5-7).

Sur terre il n'y a pas de lumière sans ombre. Notre rencontre avec Dieu se vit dans une transformation radicale du regard. Par nous-mêmes, nous ne pouvons envisager une lumière absolue sans ombre. Le Scialytique utilisé dans les salles d'opération chirurgicale ou les cabinets des dentistes ne fait que corriger les ombres existantes par la multiplication des sources lumineuses. La lumière éternelle du Seigneur est perçue par les yeux de la foi. Elle est la transparence de l'Amour. Elle ne peut nous aveugler, son intensité étant d'autant plus forte qu'elle s'exprime en une douceur infinie. Qui n'a jamais été touché par la délicatesse rayonnante d'un regard aimant ?

Un Amour fascinant

Cet univers divin nous attire et nous subjugue. Monte du plus profond de nous-mêmes une aspiration à connaître celui qui reste insaisissable alors qu'Il est si proche. *« Le Verbe était la lumière véritable, qui éclaire tout homme »* (Jn 1, 9). Nous commençons à pressentir cette Lumière et cet Amour non par la logique des raisonnements mais par l'intuition de la sagesse.

Il nous arrive de contempler longuement un coucher de soleil qui nous entraîne vers des horizons infinis. La transformation des couleurs, la modulation des teintes sans cesse renouvelées nous font deviner une présence d'éternité. Nous sommes au-delà d'une simple activité intellectuelle. Notre sagesse humaine formule des mots. Notre cœur, illuminé par l'Esprit-Saint, goûte des espaces infinis de lumière et d'Amour qu'il ne saurait restreindre aux dimensions d'une analyse.

« Ô abîme de la richesse, de la sagesse et de la science de Dieu ! » méditait saint Paul dans sa lettre aux Romains (Rm 11, 33). Le prophète Daniel dans sa présentation de l'histoire de Dieu à travers les événements de son époque s'exclamait : *« Que soit le Nom de Dieu béni de siècle en siècle, car à Lui la sagesse et la force. [.] Lui qui révèle profondeurs et secrets connaît ce qui*

est dans les ténèbres, et la lumière réside auprès de lui » (Dn 2, 20.22).

Déjà Isaïe s'exclamait : « *Yahvé est un Dieu éternel, créateur des extrémités de la terre [...] insondable est son intelligence* » (Is 40, 28).

Dieu sans ombre de mal

Contrairement aux hommes, Dieu ne peut penser le mal ni l'imaginer. « Devant le mal Dieu se tait. Il ne peut penser le mal ni l'expliquer mais seulement le traverser » (Jean-Paul II, Encyclique sur le Rosaire). Ayons l'audace de pousser cette réflexion jusqu'au bout. Nous constatons que nous vivons des expériences spirituelles où tout s'unifie dans l'Amour. Il nous arrive d'avoir des pressentiments où tout ne serait qu'amour. Certains jours plus heureux que d'autres nous permettent d'être pacifiés en profondeur dans une attitude d'amour telle que le Seigneur nous l'enseigne : « *Tu aimeras le Seigneur, ton Dieu, de tout ton cœur, de toute ta force, de toute ton âme, de tout ton esprit et ton prochain comme toi-même* » (Lc 10, 27 et Dt 6, 5).

Dans ces moments de grâce où nous vivons des paroles de Jésus notre cœur se laisse envahir et construire par l'Amour du Père.

Un curé de paroisse de la « belle époque » d'avant le concile, selon l'expression bien connue, me confiait : « certains jours, épuisé de critiques et d'imprévus, je pars refaire mes forces en me rendant chez un couple âgé et harmonieux. Les services de renseignements de la paroisse signalent mon déplacement mais ne font aucun commentaire compte tenu de la respectabilité des personnes qui m'accueillent. Pendant une heure je me détends autour d'une tasse de thé. Ce couple de retraités, après avoir longuement lutté, souffert, prié pour élever ses cinq enfants, vit maintenant dans la sérénité et l'espérance. Aucune critique ne sort de leur bouche. Les situations douloureuses des uns et des autres sont évoquées avec compassion et dans une sollicitude libératrice et guérissante. Je repars nourri de leur paix et mieux armé pour affronter ou poursuivre le combat de l'Amour. »

Dans cet état, loin de refuser Dieu, notre cœur s'ouvre à l'adoration. Notre cœur ne saurait condamner quiconque mais plutôt chercher à sauver. La puissance de la miséricorde transforme tout échec en espérance, toute tristesse en source de joie. Plus nous nous élevons vers Dieu, plus la miséricorde éclaire notre vision du monde dans une immense espérance. Par contre, certains jours de tempête, les ténèbres nous envahissent et nous ne voyons plus que l'ivraie sur la terre : *« Vraiment ce que je fais je ne le comprends pas : car je ne fais pas ce que je veux, mais je fais ce que je hais. [...] en effet, vouloir le bien est à ma portée, mais non pas l'accomplir : puisque je ne fais pas le bien que je veux et commets le mal que je ne veux pas »* (Rm 7, 15.18-19), se lamentait saint Paul.

Nous devinons alors un univers qui ne serait qu'Amour en projetant à l'infini ce que nous commençons à concevoir dans notre propre expérience spirituelle. Résonne en nous, comme un absolu, la parole de Jésus : « *Montrez-vous compatissants, comme votre Père est compatissant* » (Lc 6, 36).

J'en étais là de mes réflexions quand me revint en mémoire un passage de saint Thomas : « L'idée de mal n'est pas en Dieu, si elle y était il y aurait en Dieu le mal » (Saint Thomas d'Aquin, *Somme théologique*, q. 15). Ce religieux dominicain vivait au XIIIe siècle. Sa pensée fut empreinte de prière, de contemplation dans le cadre d'une existence rythmée par la liturgie des heures. Canonisé, reconnu docteur de l'Église, ses analyses théologiques n'en ont que plus de valeur. Il n'a cessé au cours de sa vie de réfléchir sur l'univers de la pensée de Dieu. Nourri de saint Augustin, de Platon et d'Aristote, la lumière de la foi le conduit à penser que le mal ne peut exister en Dieu. Dieu ne connaîtra le mal, dont il ne saurait être l'auteur, que par la privation d'un bien dans le cœur de l'homme. Dieu ne peut pas « penser » le mal. Dieu est un absolu d'amour, valeur suprême pour le croyant. La création, l'incarnation rédemptrice sont essentiellement la manifestation de son Amour. Dans l'univers divin, à l'opposé de celui des hommes qui l'ont dégradé et détérioré, seul règne l'Amour dans l'intimité des personnes divines.

Communion dans l'amour

La Révélation divine nous invite à nous nourrir de la richesse d'une plénitude où tout est communion d'amour. Nos relations humaines sont souvent empreintes d'égoïsme, d'affrontement et d'agressivité. En Toi, Seigneur, il n'en est rien.

Voir l'Amour invisible

« *Qui es-tu, Seigneur ?* » avait demandé saint Paul. « *Je suis Jésus que tu persécutes* » (Ac 9,5). Cette réponse du ciel nous fait rencontrer la présence mystérieuse de Dieu sur terre dans le visage des humiliés, des pauvres, des victimes innocentes de la haine. Mais qui es-tu Toi-même, Seigneur ? L'apôtre Jean va nous transmettre une lumière imprévue. Pendant trois ans il a suivi, observé, écouté Jésus. Qui était donc cet homme qui avait dit un jour à Philippe : « *Qui m'a vu a vu le Père* » (Jn 14, 9) ?

Jean comprend que Jésus vit un dialogue intérieur avec celui qu'Il appelle son Père. Les apôtres sont étonnés par cette confidence. Nous-mêmes prenons conscience que nous sommes habités intérieurement par d'autres personnes, parents ou amis.

Jadis, j'avais eu un cours de philosophie où l'on me parlait de Descartes. Ce dernier, m'enseignait-on, avait imaginé de construire un monde à partir de zéro (ce qui est matériellement impossible...). Puis, constatant que par cette réflexion son intelligence était en plein travail, il en arrivait à conclure : « Je pense donc je suis. » Il m'apparaît que cet homme aurait dû dire : « Je pense donc nous sommes. »

Nous n'existons jamais par nous-mêmes mais, biologiquement et intellectuellement, à travers et par les autres. Nous nous construisons personnellement dans un tissu de relations. Un jour un homme de soixante-cinq ans me confiait que, veuf, il était toujours habité spirituellement par la présence de sa bien-aimée. « Nous nous sommes profondément aimés. Après de nombreuses années ensemble nous savions ce que pensait l'autre sans nécessairement le formuler. »

Dans cette expérience personnelle nous sommes mieux à même de comprendre ce que Jésus nous divulguait de son mystère.

Le Christ est l'expression d'une présence qui prend sa source dans le ciel : *« vous demeurerez en mon amour, comme moi j'ai gardé les commandements de mon Père et je demeure en son amour »* (Jn 15, 10). Le mystère de l'Incarnation nous dévoile le Cœur de Dieu dans cet échange intime et filial de Jésus avec son Père : *« Qui m'a vu a vu le Père. Comment peux-tu dire [Philippe] : "Montre-nous le Père !" [...] Les paroles que je vous dis, je ne les dis pas de moi-même : mais le Père demeurant en moi fait ses œuvres. Croyez-moi, je suis dans le Père et le Père est en moi. [...] Ce jour-là vous reconnaîtrez que je suis en mon Père [...] l'Esprit-Saint, que le Père enverra en mon nom, lui, vous enseignera tout et vous rappellera tout ce que je vous ai dit* » (Jn 14, 9-11.20.26). Par de nombreux autres passages des Évangiles, nous apprenons que Dieu, dans l'intimité de son mystère, « est échange » entre ceux que Jésus appelle le Père, le Fils et le Saint-Esprit. Après bien des recherches théologiques à travers les siècles, la Tradition vivante de l'Église a tranché au concile de Constantinople de 381 : « Le Père, le Fils et l'Esprit-Saint sont des personnes qui existent l'une par l'autre dans une communion d'amour et une unité parfaite. Dieu est unique en trois personnes » (*Catéchisme de la Foi catholique*, n° 245). Par l'Esprit-Saint nous sommes introduits dans la compréhension de cette intimité divine : « *Vous reconnaîtrez que je suis en mon Père, et vous en moi et moi en vous* » (Jn 14, 20).

Le secret de la joie divine

Nous constatons sur cette terre que la joie illumine les cœurs de deux jeunes gens qui ont conscience que leur amour grandit. Bientôt les fiançailles les établiront dans l'émerveillement de leur réciprocité confiante.

Dieu profondément heureux, vivant de cet Amour secret, se réjouit de le partager avec les humbles et les petits. Cette tendresse est tellement infinie qu'elle nécessite une ouverture totale de notre cœur et une confiance sans limites. Nous sommes au cœur du secret de Dieu : « *À cette heure même* [Jésus] *tressaillit de joie sous l'action de l'Esprit-Saint et il dit : "Je te bénis, Père, Seigneur du ciel et de la terre, d'avoir caché cela aux sages et aux intelligents et de l'avoir révélé aux tout-petits. Oui, Père, car tel a été ton bon plaisir* [ton dessein bienveillant]. *Tout m'a été remis par mon Père, et nul ne sait qui est le Fils si ce n'est le Père, ni qui est le Père si ce n'est le Fils, et celui à qui le Fils veut bien le révéler."* » (Lc 10, 21-22). Jésus, éclairé par l'Esprit-Saint, perçoit la transcendance de l'Amour trinitaire qui l'établit dans la joie divine. Ceux qui humblement recueillent le secret de cette révélation sont eux-mêmes remplis de cette joie, de cet Amour, de cette lumière.

Témoin de l'Amour absolu

Au contact de Jésus, saint Jean va peu à peu se laisser envahir par la parole du Maître. La bonté et l'humilité du Christ (Mt 11, 23) lui révélaient plus intensément que Yahvé n'était pas un Dieu terrible et vengeur selon certains courants de pensée de l'Ancien Testament. Sa personne en fut bouleversée et Lui, qu'on appelait le fils du tonnerre, allait témoigner de la douceur de l'Agneau.

Saint Paul confesse : « *J'annonce en prêchant Jésus-Christ, révélation d'un mystère enveloppé de silence aux siècles éternels, mais aujourd'hui manifesté* » (Rm 16, 25). De son côté, l'apôtre saint Jean écrira dans sa première lettre : « *Ce qui était dès le commencement, ce que nous avons entendu, ce que nous avons vu de nos yeux, ce que nous avons contemplé, ce que nos mains ont touché du Verbe de vie, car la Vie s'est manifestée : nous l'avons vue, nous en rendons témoignage et nous vous annonçons cette Vie éternelle, qui était tournée vers le Père et qui nous est apparue. Ce que nous avons vu et entendu, nous vous l'annonçons, afin que vous aussi soyez en communion avec nous. Quant à notre communion, elle est avec le Père et avec son Fils Jésus-Christ »* (1 Jn 1, 1-3). Jean fait partie des heureux dont parle saint Luc : *« Heureux les yeux qui voient ce que vous voyez ! Car je vous dis que beaucoup de prophètes et de rois ont voulu voir ce que vous voyez et ne l'ont pas vu, entendre ce que vous entendez et ne l'ont pas entendu ! »* (Lc 10, 23-24).

Le disciple que Jésus aimait avait pour mission d'être témoin de l'Amour absolu. Après les trois Évangiles synoptiques il présentera à ses disciples la synthèse vivante qui s'est déroulée devant ses yeux : *« Bien-aimés, aimons-nous les uns les autres, puisque l'amour est de Dieu et que quiconque aime est né de Dieu et connaît Dieu. Celui qui n'aime pas n'a pas connu Dieu, car Dieu est Amour. En ceci s'est manifesté l'amour de Dieu pour nous : Dieu a envoyé son Fils unique dans le monde afin que nous vivions par Lui. En ceci consiste l'amour : ce n'est pas nous qui avons aimé Dieu, mais c'est Lui qui nous a aimés »* (1 Jn 4, 7-10).

Pour le soutenir et l'éclairer dans sa foi, Jean a eu la grâce de se trouver au pied de la Croix de Jésus, d'avoir pu contempler longuement *« celui qu'ils ont transpercé »* (Jn 19, 37). Son témoignage s'est nourri de celui de Marie qu'il a accueillie chez lui : *« Jésus [...] dit à sa mère : "Femme, voici ton fils." Puis il dit au disciple : "Voici ta mère." Dès cette heure-là, le disciple l'accueillit comme sienne »* (Jn 19, 26-27). Marie, plénitude d'amour (Lc 1, 28), rayonnante de joie, de lumière et d'Amour, ne peut que confirmer Jean dans la perception qu'il a de la personne et de la démarche spirituelle de Jésus. La Vierge n'avait-elle pas « *cru en l'accomplissement de ce qui lui a été dit de la part du Seigneur* » (Lc 1, 45) ?

Conscient que son « *témoignage est véridique* » (Jn 21, 24), Jean constatera dans sa première lettre : « *Et nous, nous avons reconnu l'amour que Dieu a pour nous, et nous y avons cru. Dieu est Amour : celui qui demeure dans l'amour demeure en Dieu et Dieu demeure en lui* » (1 Jn 4, 16).

Dieu n'agit que par amour

Puisqu'Il est Amour, le Seigneur ne peut se manifester qu'en puisant dans son Amour. Nous, nous agissons par intérêt personnel. Nos actes sont souvent entachés par une recherche égoïste. Qui peut prétendre à un acte de pur amour ?

L'origine des intentions et les décisions du Seigneur découlent de son Amour absolu. Nous croyons que chacun de nous ainsi que les multitudes humaines ont été aimés et désirés avant leur naissance. Dieu a créé le monde en vue de nous faire goûter dans le Christ les merveilles de son cœur. Le grand dessein du Père est de nous donner la vie dans le Christ : « *Car Dieu a tant aimé le monde qu'il a donné son Fils unique, afin que quiconque croit en Lui ne se perde pas, mais ait la vie éternelle. Car Dieu n'a pas envoyé son Fils dans le monde pour juger le monde, mais pour que le monde soit sauvé par Lui* » (Jn 3, 16-17).

Cet amour pour les créatures est le fruit de l'intimité divine. Le Père veut manifester aux hommes l'Amour profond et réciproque qui l'unit à son Fils : « *En vérité, en vérité, je vous le dis, le Fils ne peut rien faire de lui-même qu'il ne le voie faire au Père ; ce que fait celui-ci, le Fils le fait pareillement* » (Jn 5, 19). Par Amour, le Père ne cache rien à son Fils : « *Car le Père aime [son] Fils et lui montre tout ce qu'il fait* » (Jn 5, 20). L'Amour divin ne saurait avoir de limites : « *Il lui montrera des œuvres plus grandes que celles-ci, à vous en stupéfier* » (*ibid.*). Jésus, lui, agit en communion avec son Père. C'est pourquoi il n'hésite pas à guérir, à la piscine de Bethsata, un paralytique, un jour de sabbat : « *Vous vous indignez contre moi parce que j'ai guéri un homme tout entier le jour du sabbat ? Cessez de juger sur l'apparence ; jugez selon la justice* » (Jn 7, 23-24).

Les raisons ultimes des décisions divines sont une surabondance d'Amour manifestée dans l'incarnation du Fils de Dieu, quand « *les temps* [furent] *accomplis* » (Ep 1, 10). Ce mystère est si fondamental que Jean, dans la deuxième partie de son Évangile, souligne au début du testament de Jésus au chapitre 13 : « *Avant la fête de la Pâque, Jésus, sachant que son heure était venue de passer de ce monde vers le Père, ayant aimé les siens qui étaient dans le monde, les aima jusqu'à la fin.* » La décision de sa mort est sa propre réponse d'Amour pour son Père et pour les siens : « *C'est pour cela que le Père m'aime, parce que je donne ma vie, pour la reprendre. Personne ne me l'enlève ; mais je la donne de moi-même. J'ai pouvoir de la donner et j'ai pouvoir de la reprendre ; tel est le commandement que j'ai reçu de mon Père* » (Jn 10, 17-18).

Le réalisme de ce dessein divin sera de nouveau souligné dans sa première lettre : « *Dieu, personne ne l'a jamais contemplé. Si nous nous aimons les uns les autres, Dieu demeure en nous, en nous son amour est accompli* » (1 Jn 4, 12). Sainte Thérèse de l'Enfant Jésus, vingt siècles après, écrivant à sa Mère supérieure, ravivera cette Révélation : « Dans le cœur de l'Église, je serai l'Amour » (sainte Thérèse de l'Enfant Jésus, *Œuvres complètes*, Manuscrit B, Éditions du Cerf/Desclée de Brouwer, 1992).

L'Amour face à la haine

Quelle n'est pas notre stupeur quand nous constatons que « l'Amour n'est pas aimé », comme le dira le Seigneur à Catherine de Sienne. L'Amour incarné, Jésus, n'est pas compris par les hommes. Ses paroles, son comportement provoqueront la haine dans le cœur de ses contemporains. Comment est-ce possible ?

Si le Christ voulait le mal et l'avait fait, la réaction de ceux qui l'écoutaient se comprendrait selon la logique humaine. Mais il n'en est rien car Jésus n'a fait que le bien. L'apôtre Luc rappelle qu'au début du ministère de Jésus à Nazareth, en Galilée, il en était bien ainsi : « *L'Esprit du Seigneur est sur moi, parce qu'il m'a consacré par l'onction, pour porter la bonne nouvelle aux pauvres. Il m'a envoyé annoncer aux captifs la délivrance et aux aveugles le retour à la vue, renvoyer en liberté les opprimés, proclamer une année de grâce du Seigneur. [...] Aujourd'hui s'accomplit à vos oreilles ce passage de l'Écriture* » (Lc 4, 18-19.21). Les miracles, les guérisons, les signes de cet Amour pour les hommes seront nombreux : « *Jésus a fait sous les yeux de ses disciples encore beaucoup d'autres signes, qui ne sont pas écrits dans ce livre* » (Jn 20, 30).

Si le Christ avait voulu prendre le pouvoir sur la nation, nous trouverions normal qu'il ait rencontré une forte opposition de la part de ceux qui dirigeaient le pays. Il n'en fut pas ainsi, bien au contraire. Jésus répondra à Pilate qui lui demandait s'il était le roi des Juifs : « *Mon royaume n'est pas de ce monde. Si mon royaume était de ce monde, mes gens auraient combattu pour que je ne sois pas livré aux Juifs. Mais mon royaume n'est pas d'ici* » (Jn 18, 36). La conclusion de Pilate est des plus éclairante : « *Je ne trouve en lui aucun motif de condamnation* » (Jn 18, 38). La version de Luc est encore plus explicite : « *Vous m'avez présenté cet homme comme détournant le peuple, et voici que moi je l'ai interrogé devant vous, et je n'ai trouvé en cet homme aucun motif de condamnation pour ce dont vous l'accusez* » (Lc 23, 14).

Comment ceux qui détenaient le pouvoir ont-ils pu se sentir menacés par un homme « *doux et humble* » (Mt 11, 29). Il ne rejetait *a priori* personne : « *Femme, où sont-ils* [ceux qui t'accusaient] *? Personne ne t'a condamnée ? Elle dit : "Personne, Seigneur." Alors Jésus dit* [à la femme surprise en adultère] *: "Moi non plus je ne te condamne pas, va et désormais ne pèche plus"* » (Jn 8, 10-11). Sa doctrine de lumière et de miséricorde aurait pu séduire des hommes en quête de sens spirituel à leur vie : « *Je suis la lumière du monde. Qui me suit ne marchera pas dans les ténèbres, mais aura la lumière de la vie* » (Jn 8, 12). Il les éclairera : « *Vous scrutez les Écritures, parce que vous pensez avoir en elles la vie éternelle, et ce sont elles qui me rendent témoignage, et vous* *ne voulez pas venir à moi...* » (Jn 5, 39-40). Les foules suivaient l'enseignement de Jésus, mais scribes, pharisiens et docteurs de la Loi le rejetaient : « *Est-il un des notables qui ait cru en Lui ? ou un des pharisiens ? Mais cette foule qui ne connaît pas la Loi, ce sont des maudits !* » (Jn 7, 48-49). L'élite spirituelle de la nation s'était fourvoyée dans un ritualisme qui aveuglait leur cœur : « *C'est pour un discernement que je suis venu en ce monde : pour que ceux qui ne voient pas voient et que ceux qui voient deviennent aveugles* » (Jn 9, 39).

La tension et la haine furent telles que la seule solution envisagée a été l'exécution d'un homme de trente-trois ans en pleine santé. Après la résurrection de Lazare, « [les Juifs] *résolurent de le tuer* » (Jn 11, 53).

Deux explications peuvent rendre compte de ce refus d'Amour et de cette violence : l'orgueil égocentrique des hommes et le « *mystère d'impiété* » (2 Th 2, 7).

L'Amour proposé par le Seigneur ne pouvait offrir qu'une communion partagée qui se réaliserait par le don total de Dieu et de l'homme. La transcendance et l'absolu de l'Amour divin ouvraient cette possibilité à la créature, à condition que cette dernière en saisisse la dimension infinie. Dieu propose la divinisation de l'homme. Pour ce faire, l'homme doit s'enfoncer dans le divin en se dépassant par le reniement de lui-même : « *Si quelqu'un veut venir à ma suite, qu'il se renie lui-même, qu'il se charge de sa croix, et qu'il me suive* » (Mt 16, 24). « *Si le grain de blé tombé en terre ne meurt pas, il demeure seul ; mais s'il meurt, il porte beaucoup de fruit* » (Jn 12, 24). Ceux qui détiennent le pouvoir prennent peur. S'ils ouvrent leur cœur à l'Amour, ils ne pourront plus défendre leur univers orgueilleux et égocentrique. Les premiers chrétiens prenaient les chemins du martyre. *« Dès lors, beaucoup de ses disciples se retirèrent, et ils n'allaient plus avec lui »*, note saint Jean après le discours du pain de vie (Jn 6, 66).

L'Amour se heurte également, et dès le début, à un mystérieux adversaire qui vient s'opposer à la Révélation du Cœur de Dieu. Saint Paul appelle cette force de destruction *« mystère d'impiété »*.

L'Évangile de Jean décrit cet affrontement des ténèbres et de la Lumière, de l'Amour et de la haine, de la mort et de la Vie. En Satan, se concentre la puissance du mal, à l'opposé de la puissance d'Amour révélée par le Cœur de Jésus. Nous en reparlerons dans les chapitres suivants. Seul l'Esprit-Saint peut nous faire pressentir cette tragédie dont l'Amour sortira vainqueur : *« Gardez courage ! J'ai vaincu le monde »* (Jn 16, 33).

L'efficacité de l'Amour

Face au mal, le Seigneur va l'emporter sans jamais avoir recours au pouvoir de la force. Contrairement aux hommes qui utilisent la coercition sous toutes ses formes pour dominer leur adversaire, la délicatesse infinie de Celui qui n'est qu'Amour se manifestera d'une manière telle qu'elle déconcertera la logique humaine.

Jésus ne répond pas à la violence par la violence. Jésus désarme ses adversaires par l'affirmation de la transcendance de sa personne. *« C'est moi. [...] Quand*

Jésus leur eut dit : "C'est moi", ils reculèrent et tombèrent à terre. [...] Je vous ai dit que c'est moi. Si donc c'est moi que vous cherchez, laissez ceux-là s'en aller » (Jn 18, 5-6.8). *« Si mon Royaume était de ce monde, mes gens auraient combattu »* (Jn 18, 36), précisera Jésus à Pilate. Pierre sera désorienté d'entendre le Christ lui dire : *« rentre le glaive dans le fourreau »* (Jn 18, 11). D'où cette réponse à la servante qui le dévisageait : *« Je ne le connais pas »* (Lc 22, 57). Plusieurs fois, *« son heure n'étant pas venue »*, Jésus échappe à ceux qui viennent l'arrêter ou cherchent à l'exécuter en lui lançant des pierres.

Jésus ne s'enferme pas dans une attitude hautaine mais accepte humblement de dialoguer avec ses interlocuteurs auxquels il répond sans chercher à les écraser. Il leur donne le choix d'adhérer librement à son raisonnement par une conversion intérieure. Il répondra avec humour à la Samaritaine : *« Tu as bien fait de dire : Je n'ai pas de mari, car tu as eu cinq maris et celui que tu as maintenant n'est pas ton mari ; en cela tu dis vrai. [...] "Seigneur, je vois que tu es un prophète" »* (Jn 4, 17-19).

Devant l'incompréhension de l'auditoire il multiplie les considérations pour essayer de convaincre sans imposer : *« Vous, vous êtes d'en bas ; moi, je suis d'en haut. Vous, vous êtes de ce monde ; moi, je ne suis pas de ce monde. [...] Ils lui disaient donc : "Qui es-tu ?" Jésus leur dit : "Dès le commencement ce que je vous dis." [...] Ils ne comprirent pas qu'il leur parlait du Père. Jésus leur dit donc : "Quand vous aurez élevé le Fils de l'homme, alors vous saurez que Je Suis" [...] Comme il disait cela beaucoup crurent en Lui* » (Jn 8, 23.25.27-28.30).

Jésus ne cherche pas à imposer la vérité. Seul un cœur qui aime peut le recevoir. Le Seigneur le sait. En Dieu, Amour et Vérité ne font qu'un. Intelligence et cœur sont unis. Jésus pense que la vérité par elle-même se trace un chemin jusqu'à l'âme qui la cherche. La vérité comme l'Amour est un absolu. Jésus évoque donc l'antithèse de la vérité qui est le mensonge et essaie d'éveiller les consciences à la Lumière sans condamner les personnes qui se trompent. « *Pourquoi ne reconnaissez-vous pas mon langage ? C'est que vous ne pouvez pas entendre ma parole. Vous êtes du diable, votre père, et ce sont les désirs de votre père que vous voulez accomplir. [...] il n'y a pas de vérité en lui : quand il profère le mensonge, il parle de son propre fonds, parce qu'il est menteur et père du mensonge* » (Jn 8, 43-44). La rencontre se terminera par le déchaînement des passions... « *Ils ramassèrent alors des pierres pour les lui jeter ; mais Jésus se déroba et sortit du Temple* » (Jn 8, 59). Dieu répond à la violence par la bonté.

La manifestation de l'Amour dans le Cœur transpercé du Christ se fera à la lumière de l'Esprit-Saint : « *L'Esprit-Saint que le Père enverra en mon nom vous enseignera tout, et vous rappellera tout ce que je vous ai dit* » (Jn 14, 26).

Par l'effusion de l'Esprit-Saint, le Seigneur touche les cœurs qui goûtent le véritable Amour et s'ouvrent à la Lumière divine : « *Mais quand il viendra, lui, l'Esprit de vérité, il vous introduira dans la vérité tout entière [...] Lui me glorifiera, car c'est de mon bien qu'il recevra et il vous le dévoilera. Tout ce qu'a le Père est à moi. Voilà pourquoi j'ai dit que c'est de mon bien qu'il reçoit et qu'il vous le dévoilera* » (Jn 16, 13-15). Cette plénitude d'Amour manifestée à la Pentecôte s'exprime par la transformation profonde des hommes. Leurs cœurs sont éblouis par ce monde nouveau où tout se déroule dans la charité et dans l'Amour. Déjà, sur cette terre, la joie nous est donnée de goûter les profondeurs de cet Amour : *« Et nous, nous avons reconnu l'amour que Dieu a pour nous, et nous y avons cru. Dieu est Amour : celui qui demeure dans l'amour demeure en Dieu et Dieu demeure en lui* » (1 Jn 4, 16).

La vie dans l'Amour du Seigneur est expérimentée dans l'histoire de l'Église par les mystiques qui témoignent de la qualité de la relation avec un être qui n'est qu'Amour. Ainsi, écrira Sœur de la Trinité :

> « Mon Dieu, Trinité que j'adore, aidez-moi à m'oublier entièrement pour m'établir en vous immobile et paisible comme si mon âme était dans l'éternité [...] que chaque minute m'emporte plus loin dans la profondeur de votre mystère. Pacifiez mon âme, faites-en votre ciel, votre demeure aimée et le lieu de votre repos ; que je ne vous y laisse jamais seul [...]
>
> Ô mon Christ aimé... crucifié par amour [...] Je voudrais vous aimer... jusqu'à en mourir [...] je vous demande de m'envahir, de vous substituer à moi afin que ma vie ne soit plus qu'un rayonnement de votre vie. [...] Verbe Éternel [...] à travers toutes les nuits [...] Ô feu consumant, Esprit d'Amour survenez en moi, afin qu'il se fasse en mon âme comme une incarnation du Verbe [...]

Ô mes “Trois”, mon tout, ma béatitude, solitude infinie, immensité où je me perds ; je me livre à vous comme une proie [...] en attendant d’aller contempler en votre lumière l’abîme de vos grandeurs » (Élisabeth de la Trinité, 21 novembre 1904).

Dans la révélation évangélique, il apparaît clairement que le Cœur de Dieu n’est habité par aucune forme, pensée ou aucun projet de mal. Tout est surabondance d’Amour. La plénitude de Dieu apporte une espérance au milieu des contradictions de ce monde. L’espoir humain nous aide à croire possible une solution dans les situations difficiles. Le désespoir existe lorsqu’il n’y a plus d’issue. L’espérance est d’une tout autre nature puisqu’elle nous engage à croire dans la foi, qu’avec le Seigneur l’avenir reste ouvert jusqu’à la réalisation des promesses faites par Dieu dans la Révélation.

En présence d’un malade gravement atteint, je peux ne plus avoir d’espoir en sa guérison mais garder l’espérance pour lui d’une éternité de joie et d’amour. En suivant Jésus, déjà sur cette terre, l’homme peut connaître l’Amour de Dieu qui l’épanouit, le soutient, le guérit, le fait vivre. Il sait, dans la foi et l’espérance, qu’après sa mort seul demeure l’Amour : *« Voici la demeure de Dieu avec les hommes. Il aura sa demeure avec eux ; ils seront son peuple, et lui, Dieu-avec-eux, sera leur Dieu. Il essuiera toute larme de leurs yeux : de mort, il n’y en aura plus ; de pleur, de cri et de peine, il n’y en aura plus, car l’ancien monde s’en est allé »* (Ap 21, 3-4). Saint Paul, prisonnier à Césarée, en route pour Rome, écrira aux chrétiens de la région d’Éphèse : *« que le Christ habite en vos cœurs par la foi, et que vous soyez enracinés, fondés dans l'amour. Ainsi vous recevrez la force de comprendre, avec tous les saints, ce qu'est la largeur, la longueur, la hauteur et la profondeur, vous connaîtrez l'amour du Christ qui surpasse toute connaissance, et vous entrerez par votre plénitude dans toute la plénitude de Dieu* » (Ep 3, 17-19).

Un amour éternel

« Demeurez en moi, comme moi en vous » (Jn 15, 4). Comment est-ce possible dans un monde en constante évolution et empreint de nostalgie ? Nous vivons un affrontement quotidien avec le mal. Nous aspirons tous à un monde meilleur. Nous sommes dans l'attente d'un avenir rassurant. Le désir nous entraîne vers un autre horizon déjà assombri par un déclin inévitable. Comment demeurer dans l'Amour en de telles conditions ? Si Dieu est Amour, pourquoi ce devenir, ce déroulement du temps que rien ne saurait arrêter ? Si Dieu est immuable, comment une communion avec Lui est-elle possible alors que nous sommes dans le devenir ? C'est en réfléchissant sur le mystère de l'Incarnation et du temps que nous trouverons notre chemin.

L'Éternité et le temps

Au lieu d'opposer l'Éternité et le temps, constatons que l'éternité n'est pas une abstraction mais Dieu Lui-même, au point que fréquemment nous l'appelons *« l'Éternel »* (Ps 117, 2). Dieu, par la création de l'univers, fait jaillir de son Amour un monde qui existera dans le temps. « *Avant que ne passent le ciel et la terre, pas un i, pas un point sur l'i, ne passera de la Loi* » (Mt 5, 18). « *Depuis le commencement* », la parole de Dieu va se manifester dans le temps et dans l'histoire des hommes. Par la suite, « l'Éternel » va s'incarner dans le mystère du temps et des hommes. Le temps est le cadre dans lequel « l'Éternel incarné » va toucher nos cœurs. Nous pressentons l'éternité divine, en constatant combien notre interprétation du temps varie au cours de notre existence. Nous n'apprécions pas la durée d'une journée de la même manière suivant que nous sommes enfants, adultes ou vieillards.

Dans le Nouveau Testament, le temps en Dieu est infini, sans début ni fin. Sur terre, le temps de l'homme a un début et une fin. Le caractère de durée est commun au temps et à l'éternité. Les disciples de Jésus vivaient avec Dieu, l'Éternel, dont ils disaient : « *Il est, Il était et Il vient* » (Ap 1, 4).

L'Amour délivre du mythe de l'éternel retour

Les hommes ont toujours cherché à se situer par rapport au temps, en partant de leur expérience quotidienne. Notant que les événements se reproduisent à travers les millénaires, les Grecs, les Indiens pensaient que le monde se déroulait dans un cycle « éternel » où toutes choses se répètent. Le symbole évoqué est celui d'un cercle ou d'une sphère. La soumission de l'homme au temps y est nécessairement ressentie comme un asservissement ou une malédiction. Au contraire, l'expression de la durée dans l'Évangile est linéaire : « Hier, aujourd'hui et demain ». Le symbole qui vient à l'esprit est celui d'une ligne ascendante. Un accomplissement du plan divin devient possible. Selon le projet de Dieu, le fait central de la résurrection du Christ est le sommet absolu qui oriente passé, présent et avenir.

Cette conception prend tout son sens lorsque nous situons la résurrection du Christ comme un événement unique et fondamental dans notre histoire. L'un d'entre nous, Jésus, un être humain, est affranchi de la mort inéluctable dans laquelle toute l'humanité demeure plongée. Le mal suprême que représente la mort est anéanti par le Christ. L'Amour l'emporte. La fidélité de son Père se manifeste dans la discrétion du matin de Pâques. La foi nous confirme que l'histoire du monde prend une tout autre signification. Le déterminisme inévitable de la mort n'existe plus. La lumière de Pâques vient éclairer le dynamisme des événements religieux. Un au-delà de l'Amour divin apparaît dans un temps éternel et se traduit dans une vie, avec Jésus, qui ne finira jamais

La résurrection de Jésus nous révèle que chaque instant de notre vie prend sa véritable dimension dans le Christ : *« Mais si le Christ est en vous, bien que le corps soit mort déjà en raison du péché, l'Esprit est vie en raison de la justice. Et si l'Esprit de Celui qui a ressuscité Jésus d'entre les morts habite en vous, Celui qui a ressuscité le Christ Jésus d'entre les morts donnera aussi la vie à vos corps mortels par son Esprit qui habite en vous »* (Rm 8, 10-11).

L'Amour révèle notre propre mystère

« Qui es-tu, Seigneur ? » (Ac 9, 5), et nous-mêmes, qui sommes-nous ? Nous n'avons pas demandé à naître

et notre propre vie nous apparaît comme incompréhensible. Nous ne demandons pas non plus à quitter cette planète. Puisque l'origine et la fin de notre vie nous dépassent, nous pouvons dire, à la lumière de la foi, que nous-mêmes sommes un « mystère ». Les réponses que nous fournit la société ne parviennent pas à nous satisfaire. Le médecin nous explique que notre corps est une synthèse de cellules affrontant biologiquement un combat contre de multiples microbes, virus, toxines ou germes pathogènes qui veulent détruire notre calcium, notre phosphore, notre zinc, notre cuivre et déstabiliser notre équilibre vital. Cependant, dans l'hypothèse où nous devons prendre des remèdes, nous avons la certitude que, tout en dépendant de telle molécule ou de telle chimiothérapie, notre personne se situe au-delà de ces potions médicinales. Les légistes nous rappellent nos droits et nos obligations de citoyen relevant d'une nation dont nous faisons partie à notre naissance. Quand bien même notre citoyenneté s'élargit à la dimension européenne, nos capacités électives ne sauraient nous définir. Nos tâches professionnelles nous permettent d'exprimer une partie importante de nous-mêmes mais ne parviennent pas à éclairer la signification profonde de notre existence. Nous sommes plus que notre activité, manuelle, universitaire, rurale ou citadine. Qui sommes-nous donc ?

De race divine

La réponse nous est proposée par la Révélation du Seigneur : nous sommes de la race divine et pas seulement de la race humaine. *« N'est-il pas écrit dans votre Loi : j'ai dit : Vous êtes des dieux ? »* (Jn 10, 34). *« Moi, j'ai dit : Vous, des dieux, des fils du Très-Haut, vous tous ?* » (Ps 82, 6). Le Seigneur a pris l'initiative de venir vers nous car, par nous-mêmes, nous ne pouvons pas nous approcher de Lui. Seul, dans sa toute-puissance, il avait la faculté de franchir l'abîme qui nous séparait de Lui, pour rendre possible cette rencontre : « *En effet, tous ceux qu'anime l'Esprit de Dieu sont fils de Dieu. Aussi bien n'avez-vous pas reçu un esprit d'esclaves pour retomber dans la crainte ; vous avez reçu un esprit de fils adoptifs qui nous fait nous écrier : Abba ! Père !* » (Rm 8, 14-15).

La Révélation nous a clairement enseigné que Jésus est, par excellence, le Fils de Dieu. Nous osons penser que nous sommes frères d'adoption dans le Christ. Lui-même, au matin de Pâques, nous appelle ses frères. Il dit à Marie Madeleine : « *Ne me touche pas, car je ne suis pas encore monté vers le Père. Mais va trouver mes frères et dis-leur : je monte vers mon Père et votre Père, vers mon Dieu et votre Dieu* » (Jn 20, 17). Ainsi, non seulement Dieu nous a créés mais Il nous considère comme ses Fils d'adoption. Combien d'êtres humains n'ont aucun souvenir d'avoir été entourés et choyés par un père inconnu ou une mère lointaine ! C'est son Amour paternel qui est à l'origine de notre existence de fils « aimés ». Nous sommes les fils du Dieu, introduits dans sa propre famille.

L'Amour divin du Père

Ce n'est pas par une argumentation analogique qu'Israël a été amené à nommer Dieu son Père, c'est par une expérience différente des conceptions des peuples voisins. Saint Paul écrira que toute paternité humaine découle de la Paternité divine. « *C'est pourquoi moi, Paul, prisonnier du Christ [...] vous avez appris comment Dieu m'a dispensé la grâce qu'il m'a confiée pour vous, m'accordant par révélation la connaissance du Mystère [...] C'est pourquoi je fléchis les genoux en présence du Père de qui toute paternité, au ciel et sur la terre, tire son nom* » (Ep 3, 1-3.14-15).

L'Amour du Père, pour nous, est totalement pur. C'est auprès de Lui que les hommes apprennent à être d'authentiques pères de famille, tel que le cœur des enfants le souhaitent, sans aucune dureté ni volonté de puissance. Dans l'Ancien Testament, avant même la venue de Jésus, les prophètes et les plus pauvres d'Israël avaient déjà pressenti cette paternité transparente de Tendresse et d'Amour : « *Moi j'avais appris à marcher à Éphraïm, je le prenais par les bras, et ils n'ont pas compris que je prenais soin d'eux ! Je les menais avec des attaches humaines, avec des liens d'amour ; j'étais pour eux comme ceux qui soulèvent un nourrisson tout contre leur joue [...] Je ne donnerai pas cours à l'ardeur de ma colère, je ne détruirai pas à nouveau Éphraïm car je suis Dieu et non pas homme, au milieu de toi je suis le Saint* » (Os 11, 3-4.9).

Jérémie pensait de même : « *Et moi qui m'étais dit : Comment te placerai-je au rang des fils ? Je te donnerai une terre de délices, l'héritage le plus précieux d'entre les nations. Je me disais : Vous m'appellerez "Mon Père" et vous ne vous séparerez pas de moi* » (Jr 3, 19). « *Éphraïm est-il donc pour moi un fils si cher, un enfant tellement préféré, que chaque fois que j'en parle je veuille encore me souvenir de lui ? C'est pour cela que mes entrailles s'émeuvent pour lui, que pour lui déborde ma tendresse, oracle de Yahvé* » (Jr 31, 20). Le psalmiste priera : « *Comme est la tendresse d'un père pour son fils, tendre est Yahvé pour qui le craint. Il sait de quoi nous sommes pétris, il se souvient que poussière nous sommes* » (Ps 103, 13-14).

Confiance filiale dans l'Esprit-Saint

C'est dans l'action de l'Esprit-Saint que nous goûtons cette Paternité divine : « *L'Esprit en personne se joint à notre esprit pour attester que nous sommes enfants de Dieu. Enfants, et donc héritiers ; héritiers de Dieu, et cohéritiers du Christ, puisque nous souffrons avec lui pour être aussi glorifiés avec lui* » (Rm 8, 16-17).

Nous devenons des fils adoptifs en adhérant librement et dans la confiance au Christ Jésus. Son Amour transforme notre cœur en nous faisant « renaître de l'eau et de l'Esprit » : « *"Comment un homme peut-il naître, étant vieux ? Peut-il une seconde fois entrer dans le sein de sa mère et naître ?" Jésus répondit : "En vérité, en vérité, je te le dis, à moins de naître d'eau et d'Esprit, nul ne peut entrer dans le Royaume de Dieu"* » (Jn 3, 4-5). Dans un geste de parfait amour, Dieu nous donne le pouvoir de devenir enfants de Dieu : « *Mais à tous ceux qui l'ont accueilli, il a donné pouvoir de devenir enfants de Dieu* » (Jn 1, 12).

L'accepter ou le refuser est le drame de l'homme qui engendre le mal et rejette le bien. « *Le monde fut par lui, et le monde ne l'a pas reconnu. Il est venu chez lui, et les siens ne l'ont pas accueilli* » (Jn 1, 10-11). L'Amour du Père pour nous demeure jusqu'à la fin des siècles. « *Oui, de sa plénitude nous avons tous reçu, et grâce pour grâce* » (Jn 1, 16). Un jour viendra, à la fin des temps, où participant à son Amour nous le verrons tel qu'Il Est : « *Bien-aimés, dès maintenant, nous sommes enfants de Dieu, et ce que nous serons n'a pas encore été manifesté. Nous savons que lors de cette manifestation nous lui serons semblables, parce que nous le verrons tel qu'il est* » (1 Jn 3, 2).

Un univers de joie

Nous vivons dans un monde de souffrance et de mal. Lorsque la Révélation nous annonce un Royaume où nous serons totalement heureux, cela nous paraît humainement bien étrange tant nous sommes amenés, quotidiennement, à être aux prises avec un mal multiforme.

Nous ne parvenons pas à envisager une journée sans un souci, une inquiétude pour soi ou pour les autres. Un présentateur de télévision disait à des amis qu'il fallait, pour un niveau d'écoute correct, un pourcentage important de mauvaises nouvelles au journal télévisé. Depuis 1945, il n'y a eu qu'un seul jour (d'après un bureau militaire de contrôle américain) où il n'y ait pas eu d'affrontement ni de guerre. Les journaux ne cessent de nous décrire les crimes du passé et ceux de notre génération. Si les progrès scientifiques sont considérables, la cassure économique entre pays riches et pays pauvres s'accentue. Tout en demeurant conscients d'une amélioration de notre niveau de vie en Europe, nous savons qu'après être sortis de la guerre froide nous commençons le troisième millénaire en affrontant une guerre mondiale contre le terrorisme. Nous pouvons aisément multiplier ces constatations pessimistes même si nous sommes heureux de constater que l'éventualité d'une nouvelle guerre entre Français, Allemands, Italiens et Anglais s'estompe à l'horizon. Par contre, la guerre économique se poursuit âprement à l'échelle mondiale.

Comment envisager une relation intime avec un Dieu rayonnant de joie ? Nos personnes sont nourries de préoccupations et d'inquiétudes multiples. Nos cœurs restent atteints par les misères du monde et les nôtres. Comment accepter l'idée que le ciel puisse nous procurer une existence où tout serait plénitude, sérénité et paix ? Ce monde merveilleux existe-t-il ? N'est-il pas le fruit d'une hypothèse reposant sur des rêves et des mirages ?

La joie divine de l'Amour

Lorsque nous escaladons une paroi rocheuse verticale, nous savons qu'un instant d'inattention peut nous précipiter dans le vide... Le ciel de Dieu comme la mort sont des réalités que nous côtoyons quotidiennement. En évoquer l'existence élargit notre horizon et fait naître l'espérance. Nous rejoignons alors ce que Jésus nous dit d'un monde où tout est joie et nous découvrons un monde divin bien différent du nôtre. Nous commençons à concevoir peu à peu comment le Seigneur, rayonnant de joie et d'amour, peut tolérer la tragédie humaine telle que nous sommes contraints de l'assumer.

L'Évangile nous apprend par la bouche de Jésus un univers où tout est joie : « *Mais maintenant* [Père] *je viens vers toi et je parle ainsi dans le monde, afin qu'ils aient en eux-mêmes ma joie complète* » (Jn 17, 13), ou encore dans la parabole des talents : « *entre dans la joie de ton Seigneur* » (Mt 25, 21).

Que ma joie soit votre joie

La joie même de Jésus s'exprime clairement dans la parabole de la vigne : ... ma joie... votre joie : « *Je vous dis cela pour que ma joie soit en vous et que votre joie soit complète* » (Jn 15, 11). L'enseignement sur la vigne nous précise que la joie de Jésus est celle du Fils aimé, glorifié par le Père pour sa fidélité totale à sa volonté. Elle traduit son intime communion avec le Père. Celle-ci est manifestée en termes d'amour : « *Comme le Père m'a aimé, moi aussi je vous ai aimés. Demeurez en mon Amour* » (Jn 15, 9). Nous touchons à l'essence même de Dieu en qui il n'y a ni tristesse, ni amertume, ni ténèbres qui viendraient voiler la transparence de la joie divine. Cette dernière prend sa source dans l'échange d'Amour trinitaire entre le Père, le Fils et l'Esprit-Saint. C'est pourquoi cette joie n'a ni commencement ni fin mais vibre dans cet espace-temps que nous appelons Éternité. Elle est promise à tous ceux qui accepteront de faire la volonté d'Amour du Père : « *C'est bien, serviteur bon et fidèle, lui dit son maître, en peu de choses tu as été fidèle, sur beaucoup je t'établirai ; entre dans la joie de ton Seigneur* » (Mt 25, 23).

Tristesse du riche

Dieu aurait pu demeurer dans un univers de joie sans envisager de le partager avec les hommes. Certaines personnes affirment trouver un bonheur humain intense tout en côtoyant des misères effroyables. Jésus, Lui-même, avait évoqué ces situations dramatiques : « *Il y avait un homme riche qui se revêtait de pourpre et de lin fin et faisait chaque jour brillante chère. Et un pauvre, nommé Lazare, gisait près de son portail, tout couvert d'ulcères. Il aurait bien voulu se rassasier de ce qui tombait de la table du riche* » (Lc 16, 19-21). Cette recherche d'épanouissement personnel, au mépris des autres situations, engendre un individualisme forcené qui se refuse à partager une parcelle de bonheur avec les plus démunis. Ce scandale se poursuit dans l'aspiration au pouvoir qui consacre officiellement cet égocentrisme. N'en vient-on pas à accuser Dieu d'être indifférent à la souffrance des hommes ? Bien loin de l'être, le Seigneur nous donne la possibilité d'endiguer, voire de supprimer le mal et en outre nous propose de savourer sa propre joie.

La joie de l'espérance

« *Réjouis-toi, comblée de grâce* » (Lc 1, 28). La première expression, annonçant l'incarnation à Marie, est tout illuminée par la joie du Messie. Le Seigneur s'approche des âmes pour leur donner sa joie. Il vient les sauver de la tristesse de leurs péchés. Sur terre nous expérimentons deux sortes de joie.

La première est celle d'une surabondance qui vient combler notre cœur. À la fin d'un concert, par exemple, les auditeurs applaudissent jusqu'à ce que l'orchestre accepte d'interpréter soit un supplément musical d'une nouvelle partition, soit la réédition d'un passage déjà entendu dont l'exécution fut magistrale.

La deuxième est le sentiment qui nous habite quand nous sortons d'une situation difficile, d'un accident de voiture par exemple, d'un incendie ou d'un interminable conflit familial, social ou politique. C'est la joie d'une libération : « *Pousse des cris de joie, fille de Sion ! [...] Yahvé a détourné ton ennemi, Yahvé est roi d'Israël au milieu de toi* » (So 3, 14-15). « *Chante, réjouis-toi, fille de Sion, car voici que je viens pour demeurer au milieu de toi* » (Za 2, 14). « *Pousse des cris de joie, des clameurs, habitante de Sion, car il est grand au milieu de toi, le saint d'Israël* » (Is 12, 6). Les prophètes annonçant la venue d'un Messie, d'un libérateur, employaient dans le texte grec la même expression que l'apôtre Luc : « *Réjouis-toi, réjouissez-vous.* » Cette joie divine va illuminer le récit de l'enfance du Seigneur. Après l'annonciation, Marie se rend chez sa cousine Élisabeth qui, à son contact, est remplie de l'Esprit-Saint : « *Bénie es-tu entre les femmes [...] dès l'instant où ta salutation a frappé mes oreilles, l'enfant a tressailli d'allégresse en mon sein. Oui, bienheureuse celle qui a cru en l'accomplissement de ce qui lui a été dit de la part du Seigneur* » (Lc 1, 42.44-45). La rencontre se termine par le Magnificat : « *Mon esprit tressaille de joie en Dieu mon Sauveur [...] désormais toutes les générations me diront bienheureuse* » (Lc 1, 47-48). Lors de la naissance de Jésus, les bergers, dans la nuit, gardaient leurs troupeaux : « *L'Ange du Seigneur se tint près d'eux et la gloire du Seigneur les enveloppa de sa clarté ; et ils furent saisis d'une grande crainte. [...] "Soyez sans crainte, car voici que je vous annonce une grande joie, qui sera celle de tout le peuple : aujourd'hui vous est né un Sauveur, qui est le Christ Seigneur"* » (Lc 2, 9-11). Dieu ne garde pas pour

Lui sa joie, mais la transmet, peu à peu, en touchant les cœurs d'une immense espérance.

L'Amour source de joie et de tristesse

Je laisse à chacun le soin de parcourir l'ensemble des Évangiles et de constater combien la joie divine est présente dans le dynamisme du combat de Jésus contre les ténèbres. J'évoquerai le passage célèbre de Jean où Jésus présente le mystère de la rédemption comme un engendrement des disciples dans la joie et dans l'amour à l'image d'une femme qui met au monde un enfant : « *En vérité, en vérité, je vous le dis, vous pleurerez et vous vous lamenterez, et le monde se réjouira ; vous serez tristes, mais votre tristesse se changera en joie. La femme, sur le point d'accoucher, s'attriste parce que son heure est venue ; mais lorsqu'elle a donné le jour à l'enfant, elle ne se souvient plus des douleurs, dans la joie qu'un homme soit venu au monde. Vous aussi, maintenant vous voilà tristes ; mais je vous verrai de nouveau et votre cœur sera dans la joie, et votre joie, nul ne vous l'enlèvera* » (Jn 16, 20-22). Ce texte se situe dans la suite du « *discours après la cène* » (Jn 13, 18).

Jésus prépare les disciples au combat de l'amour qu'il va livrer contre la haine de l'adversaire. Il se prépare à assumer à la fois sa mort violente et la douceur de sa résurrection quand il reviendra parmi ses disciples. « *Encore un peu de temps et vous ne me verrez plus et puis, un peu encore, et vous me verrez* » (Jn 16, 16). Jésus fait référence à un enfantement de telle manière qu'une lecture approfondie de l'Évangile nous fait admirer une recréation de l'homme qui l'ouvre au mystère de la joie. Un indice, parmi d'autres, permet cette interprétation. Comme Ève, qui vient d'enfanter son premier enfant Caïn, dira : « *J'ai acquis un homme de par Yahvé* » (Gn 4, 1), ainsi Jésus dira : « *La femme [...] ne se souvient plus des douleurs dans la joie qu'un homme* [et non pas un enfant] *soit venu au monde* » (Jn 16, 21). Le Seigneur, dans sa mort et sa résurrection, crée un monde nouveau qui transfigure la tristesse et rayonne la joie divine. C'est ainsi que les récits de la résurrection du « Vivant », qui a vaincu la tristesse de la mort et du péché, plongent les disciples dans la joie du Seigneur. D'après Mathieu, les saintes femmes, qui se sont rendues au sépulcre le matin de Pâques, aperçoivent l'ange : « *Quittant vite le tombeau, tout émues et pleines de joie, elles courent porter la nouvelle aux disciples* » (Mt 28, 8). Le soir de Pâques, les disciples vivaient dans la crainte des Juifs quand soudain « *Jésus vint et se tint au milieu et il leur dit : "Paix à vous !" [...] Les disciples furent remplis de joie à la vue du Seigneur* » (Jn 20, 19). Huit jours plus tard Jésus dira à Thomas : « *Parce que tu me vois, tu crois. Heureux ceux qui croiront sans avoir vu* » (Jn 20, 29).

Joie et amour à la résurrection

Après sa résurrection, Jésus va manifester sa présence et communiquer sa joie à son Église, par l'action de l'Esprit-Saint : « *Je prierai le Père et il vous donnera un autre* [avocat] *Paraclet, pour qu'il soit avec vous à jamais, l'Esprit de vérité* » (Jn 14, 16). « *Quand viendra le Saint-Esprit il établira la culpabilité du monde en fait de péché, en fait de justice et en fait de jugement* »

(Jn 16, 7-8). L'Esprit-Saint, en faisant éclater la vérité face au mensonge, engendre la joie et libère l'homme de sa tristesse, de son péché et de son erreur. C'est pourquoi à la Pentecôte : « *Tous furent alors remplis de l'Esprit-Saint et commencèrent à parler en d'autres langues [...]* [et ceux qui les écoutaient] *les entendaient publier dans leur langue les merveilles de Dieu* » (Ac 2, 4.11). À Antioche de Pisidie, Paul et Barnabé annonçaient la Bonne Nouvelle : « *Tout joyeux à ces mots, les païens se mirent à glorifier la parole du Seigneur* » (Ac 13, 48). Contraints par les Juifs à se retirer : « *Quant aux disciples, ils étaient remplis de joie et de l'Esprit-Saint* » (Ac 13, 52). Dans l'épître aux Romains (Rm 14, 17), Paul précise : « *Le Royaume de Dieu [...] est justice, paix et joie dans l'Esprit-Saint.* » Il précise de même dans l'épître aux Galates : « *Le fruit de l'Esprit est charité, joie* » (Ga 5, 22). La joie devient le signe de la présence de Dieu dans le Saint-Esprit. Elle donnera la force aux premiers chrétiens d'affronter l'expulsion de la synagogue avant qu'ils soient aux prises avec la persécution violente de l'État romain. Pierre, dans sa lettre, soutiendra les disciples et va jusqu'à écrire : « *Mais, dans la mesure où vous participez aux souffrances du Christ, réjouissez-vous, afin que, lors de la révélation de sa gloire, vous soyez aussi dans la joie et l'allégresse. Heureux, si vous êtes outragés pour le nom du Christ, car l'Esprit de gloire, l'Esprit de Dieu repose sur vous* » (1 P 4, 13-14). Saint Paul écrira aux Colossiens : « *En ce moment je trouve ma joie dans les souffrances que j'endure pour vous, et je complète en ma chair ce qui manque aux épreuves du Christ pour son Corps, qui est l'Église* » (Col 1, 24).

Nous aurons à approfondir le sens de la joie vécue dans le drame des souffrances passées du Christ. Les apôtres témoignent donc, dans l'Esprit-Saint, de la joie qui est la leur au milieu de l'épreuve de l'évangélisation. La présence du Seigneur est bien source de joie déjà sur notre terre.

Nous nous sommes mis à l'écoute de la Révélation et, par Jésus, nous avons compris que Dieu était Amour et joie. À son contact, sa propre joie nous est communiquée. Nous pourrions, par un simple raisonnement humain, envisager le fait que le monde de Dieu soit « joie » puisque Dieu est, par définition, un Être parfait. Notre intelligence pourrait y trouver une relative satisfaction mais notre cœur souhaite plus. Par la foi, il désire expérimenter cet Amour joyeux.

Amour et joie chez les mystiques

La réponse nous est donnée par les réflexions des mystiques. Elle formule, bien au-delà de ce que nous pouvons entrevoir dans nos prières de croyants, la profondeur de la joie du Père, par le Fils dans l'Esprit-Saint. Je vous propose les témoignages de Marthe Robin, de Mariam, la petite Arabe, et de la bouleversante effusion de l'Esprit-Saint, vécue par Blaise Pascal le 23 novembre 1654.

Marthe Robin écrit dans son *Journal intime* du 13 octobre 1931 :

« Ô Puissance Infinie ! Ô Sagesse ! Ô Clémence ! Voici mon Dieu qui vient à moi en cette belle matinée d'automne.

J'en reste émue et confondue ! Comment ne pas être toute vibrante et remuée par tant de confiance, écrasée par tant d'amour. Si je considère l'immensité de ma misère je suis toute bouleversée et anéantie ! [...] si j'écoute les cris, les tendres appels de mon âme éperdue de joie, je tressaille d'amour et d'allégresse sous l'influence de l'Esprit-Saint. "Jésus-Hostie". Je sens comme une vague brûlante. [...] C'est la douce présence de mon Dieu [...] c'est sa voix bien aimée qui enivre mon âme de joie [...] mystère qui me plonge dans une profonde et longue extase [...] Quand Jésus-Hostie vient prendre possession de mon cœur [...] chant d'amour [...] Les battements de mon cœur, les enivrantes joies de mon âme sont tout une même harmonie avec l'Âme et le Cœur de l'Hôte Adoré. [...] Quelle intime ivresse pour la petite âme emportée dans l'Infini Vivant au sein de l'abîme de feu, de pouvoir [...] se réjouir des merveilles admirables que Dieu opère dans les êtres, dans les âmes, dans le monde de la nature, sur toute la terre et dans le Ciel. [...] Cette communion a été à mon âme un bonheur né dans une époque fertile en douleur, en tourments de toutes manières. »

Voici quelques confidences recueillies au cours des extases de Mariam, la petite Arabe, sœur Marie de Jésus crucifié : « Je suis en Dieu et Dieu est en moi. Je sens que toutes les créatures, les arbres et les fleurs sont à Dieu. Et tout ce qui est à Dieu est à moi. Il n'y a que l'Amour qui peut remplir le cœur de l'homme. [...] À certains moments on la croirait devant le buisson ardent. [...] "Avec qui êtes-vous ?" – Avec le Bien-Aimé. Quelle fièvre avez-vous maintenant ? – La fièvre des langueurs de l'Amour. "Ma sœur qu'avez-vous ? – J'ai l'Amour. – "Ma sœur où êtes-vous ? – Dans l'Amour" » (Amédée Brunot, *Mariam la petite Arabe bienheureuse*, Salvator, 1981).

Le 23 novembre 1654, à trente et un ans, pendant deux heures, Blaise Pascal fut transporté dans une extase qui marqua toute sa vie. Après sa mort, on trouva dans la doublure de son vêtement un texte écrit de sa main dont voici l'essentiel :

> « Depuis dix heures et demie du soir jusqu'à environ minuit et demi, feu. Dieu d'Abraham, Dieu d'Isaac, Dieu de Jacob, non des philosophes et des savants. Certitude, certitude, sentiment de joie et de paix – Dieu de Jésus Christ… – "Père Juste, le monde ne t'a pas connu, mais je t'ai connu." Joie, joie, joie, pleurs de joie… soumission totale à Jésus-Christ et à mon directeur – Éternellement joie pour un jour d'exercice sur la terre. Que je n'oublie pas tes paroles ! »

Dans toutes nos Eucharisties, l'Église nous invite à « rendre grâce à Dieu en tout temps et en tout lieu ».

III

AMOUR ET JUSTICE

Dans notre cœur il y a un conflit entre la justice et l'Amour. Quelqu'un attente-t-il à votre bien ? Il a « droit » à une sanction. Les tribunaux regorgent de réclamations pour que le « droit » soit respecté. Tout pourrait être résolu autrement si les hommes pratiquaient le pardon. Cependant, le problème est très profond au niveau des consciences. Il s'agit de l'affrontement de la société et du Royaume des Cieux, de la Justice et de l'Amour.

Le dilemme

En droit tout se paie

Depuis des millénaires les hommes ont inventé la notion de droit érigé pour rendre possible la vie en société. Chacun a des droits et des devoirs. Si le droit n'est pas respecté, la puissance des plus forts, sous des formes diverses, vient rétablir l'« ordre » prévu par la contrainte. Nous sommes plusieurs à vivre sur le même espace. Il est donc normal que nous nous organisions de manière que la vie se déroule dans l'harmonie.

Le système prévoit des sanctions. Dans chaque société (la nôtre, par exemple), il existe un Code pénal. Tout se « paie ». Nous avons appris cela à l'école. Les bases de ce mode de pensée ne sont pas les Évangiles. Les références sont tout autres. Elles s'appuient sur le fait que les hommes lésés se vengent et rétablissent leur droit par la violence personnelle. Pour éviter les abus, la société organise des services d'enquêtes policières, et la justice est rendue par les tribunaux. Ils vérifient objectivement l'exactitude des faits et prévoient les sanctions adéquates en fonction d'un barème préalablement déterminé. Un régime pénitentiaire permet l'application des peines selon un principe bien connu dans le droit en Israël : *« œil pour œil et dent pour dent »* (Mt 5, 38). Le système évite bien des débordements et s'enracine également sur le fait que si nous commettons une erreur dans notre vie nous devons en supporter les conséquences. Il nous arrive d'oublier de prendre un tournant en voiture et de nous retrouver à l'hôpital, de glisser sur une plaque de glace en hiver et d'avoir une jambe cassée, de fumer excessivement et de mourir d'un cancer. Dans nos propres comportements, tout se paie et nous sommes responsables en bien comme en mal. Je peux par une réflexion très intelligente inventer la pénicilline ou l'électricité et en tirer de nombreux bénéfices ou, à l'inverse, échouer dans les affaires faute d'un discernement affiné par l'expérience et par l'analyse approfondie de la situation. Notre conscience, certains jours, s'interroge sur le bien-fondé de cette conception.

Humainement, est-ce normal que certains salaires soient compatibles avec des inégalités qui laissent les moins doués dans le besoin ? L'échelle va de 1 à 10 ou 15, parfois 20. Les fortunes amassées au cours des cinquante dernières années se chiffrent par milliards (en première position : Rolson Walton, États-Unis = 72 millions d'euros, la seule Française à la seizième place – Liliane Bettencourt, L'Oréal = 16 millions d'euros). Un sentiment de malaise étreint le cœur. Que signifie cette justice de la société ? Les interrogations sont encore plus bouleversantes si on les situe à l'échelle du monde. Sur six milliards d'hommes, plus de deux milliards et demi sont sous-alimentés. Beaucoup meurent de faim. L'ordre officiel de notre société recouvre des injustices qui paraissent difficilement conciliables avec une harmonie de vie sociale. Au nom de cette dernière, est justifié l'emploi de la force, pour faire respecter les droits de chacun. Cependant, n'est-ce pas le bon sens que de choisir un relatif équilibre plutôt qu'un chaos destructeur ? Décidément, la société n'est pas le Royaume de Dieu ! La justice humaine inclut donc une souffrance inhérente à la force qui fait respecter le droit. En sera-t-il de même avec la Justice divine ?

Justice humaine et violence

En poursuivant notre réflexion dans tous les domaines de la société, nous nous heurtons à la même constatation : la justice des hommes ne peut se concevoir sans droit à la répression. Si nous raisonnons, non plus à partir des exigences de la vie en société mais en constatant que le fruit de notre travail nous appartient, nous établissons le droit à la propriété privée. Cet instrument que j'ai construit de mes mains, ce bureau, cette chaise que j'ai façonnée après avoir abattu un chêne et l'avoir débité en planches, est mon bien propre et non celui du voisin, encore moins celui du voleur. C'est en stricte justice que mon droit de propriété privée soit reconnu. Le travail se précisant dans un tissu de relations de plus en plus complexes, il sera nécessaire d'établir des coutumes qui seront recueillies par la suite dans le « Code du droit du travail ». Les situations s'interférant, il faudra défendre le droit des travailleurs embauchés dans une entreprise plus vaste que celle d'un simple artisan produisant son bien par lui-même. D'où l'existence de nouvelles lois qui s'imposeront à l'ensemble de la profession. Il en va de même de l'organisation de la vente des produits. Une ossature juridique sera donnée à la concurrence pour que tout se déroule dans une harmonie respectant la spécificité de chacun, d'où le « droit commercial ». Cette conception réaliste suppose que soient possibles des recours en cas de non-observation des contrats. Des avocats, des juges vont intervenir pour que la force du tribunal de commerce l'emporte sur des comportements frauduleux. À nouveau, la justice suppose une force de coercition.

Nous savons, hélas, que bien des injustices demeurent. Certains se souviennent de l'expression d'Olivier Guichard, garde des Sceaux du gouvernement du général de Gaulle, le jour où il a quitté ses fonctions : « Tout ce que j'ai appris, c'est qu'en France, le mieux est de ne jamais avoir à faire avec la justice. »

Quels que soient les droits que nous analysons, deux facteurs, l'évolution et la productivité, modifient la conception que nous avons de la justice. Elle n'est plus un absolu. Elle devient relative. Les événements changent, les relations humaines se transforment. Les contrats modifient la notion de justice même. À titre d'exemple, on trouvait juste, au début du siècle, qu'un travailleur manuel assume soixante à soixante cinq heures de travail par semaine. En 1936, des troubles sociaux graves ont été nécessaires pour qu'il fût estimé juste qu'un ouvrier travaille quarante heures par semaine, pour un salaire décent, prenne enfin quinze jours de vacances qui lui étaient refusées en dehors des fêtes chômées officiellement. Certaines personnes n'arrivaient pas à admettre la notion de vacances « payées ». Comment pouvait-on estimer juste de payer pour un travail non fait ! Cette incompréhension cachait cette douloureuse réalité sans cesse rappelée par le pape Jean-Paul II : « Le drame de notre société réside dans “l’exploitation de l’homme par l’homme”. » Karl Marx l’avait déjà dit au XIXe siècle au nom de la grandeur de l’homme. Le pape le fera au nom de la dignité sacrée des fils de Dieu.

Dans notre réflexion, nous sommes tenus à la nécessité d’assurer le minimum vital pour tous. L’agriculteur attend de son travail qu’il lui fournisse de quoi vivre. Le chasseur de même. Or voici que le dynamisme des hommes ne cesse de s’intensifier. L’enseignement étant obligatoire, les intelligences fructifient, les inventions se multiplient. Le risque de la surproduction dans tous les domaines va engendrer des lois contraignantes qui risquent d’étouffer la liberté d’entreprendre. L’homme aura plus de difficulté à s’exprimer. Il se heurtera aux limites d’une organisation nécessaire. Comment donner à chacun son dû ? Une justice sociale à l’échelle mondiale est-elle possible ?

Sur cette terre, le dilemme entre justice et amour est résolu par la loi du plus fort. Depuis que l’humanité existe, des améliorations considérables ont été réalisées ! L’anthropophagie n’existe plus, l’esclavage est aboli dans la grande majorité des États. Il demeure, hélas, dans la prostitution féminine et celle des enfants. Nous savons que la justice reste limitée, portant en elle le malaise d’une force contraignante, et qu’elle génère une profonde insatisfaction.

La justice et la guerre

Il est encore un domaine, celui de la guerre, où la justice paraît une notion irréalisable et relève de l'utopie. Beaucoup d'entre nous avons vécu les drames d'un affrontement sanglant. Sur cette terre, les hommes se sont toujours fait la guerre. Pour résoudre les conflits entre nations ou à l'intérieur d'un pays (guerre civile), la loi du plus fort l'a toujours emporté. Tous les moyens sont bons pour détruire ou anéantir. La fin justifie les moyens. Les hommes sont capables des pires turpitudes. De nos jours, la science a fait de tels progrès que la puissance de destruction est considérable. Le dernier conflit mondial entre l'Allemagne, la France et l'Angleterre s'est soldé par cinquante millions de morts. Le célèbre bombardement de Dresde en février 1945 s'est fait scientifiquement. Il y eut un lâcher de bombes brisant toitures et murs, puis une nouvelle intervention des bombardiers achevant le travail par des bombes incendiaires. La ville fut ravagée. Bilan : 150 000 morts. Sans doute la bombe atomique sur Hiroshima a-t-elle contraint le fanatisme japonais à capituler. Une deuxième bombe sur Nagasaki était-elle nécessaire ? Que penser de la notion de justice devant des millions de victimes innocentes puisque de nos jours ceux qui ne font pas directement la guerre, et que nous nommons les civils, sont considérés comme des ennemis à éliminer autant que les militaires armés et portant un uniforme distinctif ?

« *Tu ne tueras point* » (Mt 5, 21). « *Quiconque hait son frère est un homicide. Or vous savez qu'aucun homicide n'a la vie éternelle demeurant en lui* »

(1 Jn 3, 14). « Plus jamais la guerre », avait dit le pape Paul VI. L'Église va s'efforcer d'« humaniser » la guerre en n'ayant pas d'autres forces que celle de la conscience pour faire respecter les droits de l'homme. « Combien le pape a-t-il de divisions blindées ? » s'exclamait Staline.

Devant le déchaînement de la violence sous toutes ses formes est apparue la nécessité de se défendre par la force. D'où cette notion, depuis saint Augustin, du droit à la guerre. Pour qu'une guerre soit juste, l'Église a multiplié les conditions restrictives s'efforçant de retarder l'option de la force militaire. « La guerre est toujours un mal », rappelle le pape Jean-Paul II. Dès lors la cause de telle guerre est-elle juste ? A-t-on tout fait pour éviter la guerre ? L'autorité qui décide la guerre est-elle légitime et non une dictature ? Pendant des siècles, l'autorité morale de l'Église était reconnue. Elle a donc agi pour limiter, souvent en vain, les circonstances pour qu'une guerre soit déclarée « juste ». Cette conception a pratiquement disparu depuis que les hommes ont inventé, au siècle dernier, la bombe atomique. Ce fut l'équilibre de la guerre froide. Tout ne cessant d'évoluer depuis l'effondrement du régime communiste en URSS et la transformation profonde en Chine, nous sommes devant une situation nouvelle. Les textes de l'ONU (Organisation des Nations unies succédant à la SDN – Société des Nations) et de la Croix-Rouge internationale tendent à humaniser les guerres sur la planète terre qui est devenue un « village » par sa mondialisation constante. La violence en réponse à la violence ne saurait satisfaire nos aspirations profondes. Il n'y a pas des bons et des méchants. Tous les hommes sont à l'origine du mal. Décidément, il ne peut pas y avoir de guerres « justes ». Nous venons de vivre la seconde guerre du Golfe. Voici ce qu'en pense un prélat américain, le cardinal Law, archevêque de Boston :

> « Monsieur le Président [des États-Unis], vous n'avez pas dit la vérité sur les raisons qui font de nous la cible des terroristes… Vous avez dit que nous étions la cible du terrorisme parce que nous défendons la démocratie, la liberté et les droits humains dans le monde. C'est absurde, Monsieur le Président. Nous sommes la cible des terroristes parce que dans la plus grande partie du monde, votre gouvernement a défendu la dictature, l'esclavage et l'exploitation humaine. Nous sommes la cible des terroristes parce que nous sommes haïs […] parce que nous avons fait des choses odieuses […] des agents de nos gouvernements ont chassé des leaders élus par leur peuple en les remplaçant par des dictatures militaires […] Nous avons fait cela en Iran, au Chili, au Vietnam, en Irak, au Nicaragua. Les uns après les autres nous avons remplacé les leaders populaires qui voulaient répartir les richesses, par des tyrans assassins qui vendaient leur propre peuple pour que, moyennant le paiement de sommes énormes, la richesse de leurs propres terres puisse être accaparée par des sociétés américaines » (cité par Mgr Michel Dubost, *La Guerre*, Mame-Plon, 2003).

De ce survol rapide de la condition humaine, nous constatons que la violence, et non l'amour, est au centre des relations entre États et à l'intérieur des États. Il n'existe pas d'authentique justice telle que nous pouvons le souhaiter. Nous connaissons l'adage : « Le droit exigé à l'extrême devient injustice. » Il y a au moins une aspiration à plus de justice qui laisse pressentir une justice suprême et divine. Il suffirait... que chacun y mette du sien pour que la vie devienne agréable pour tous. Il suffirait... que chacun pardonne pour que la célèbre logique de la guerre s'effondre. « Oui à la vie, non à la guerre. Elle est toujours une défaite de l'humanité », disait le pape Jean-Paul II le 13 janvier 2003.

La véritable justice engendre la paix. « "La paix soit avec vous", telle est la première salutation du ressuscité à ses disciples [...] Ô Bonne Nouvelle tant attendue et tant désirée ! Ô annonce réconfortante pour celui qui est opprimé sous le poids du péché et de ses multiples structures [...] paix véritable fondée sur les solides piliers de l'Amour, de la justice, de la vérité et de la liberté. » Ainsi s'exprimait le pape Jean-Paul II dans son homélie de Pâques 2003.

Dieu va-t-il guérir le mal par le mal ?

Face à tout ce mal, que va faire Dieu ? Selon une certaine interprétation de la Révélation, Dieu est présenté comme endiguant le mal selon la méthode des hommes par la violence. *« Que le mal pourchasse l'homme violent en lui rendant coup sur coup »* (Ps 140, 12), et cette autre traduction possible : *« Que le mal pourchasse à mort le violent ! »*

La pédagogie divine tiendra compte du temps nécessaire aux hommes pour discerner une autre solution qui sera celle de la miséricorde. Mais avant d'en arriver là, les hommes seront persuadés que Dieu fait respecter ses droits et celui des créatures par l'emploi de la force. Ainsi le prophète Ézéchiel décrira-t-il la grandeur de Dieu au moment de la destruction du temple de Jérusalem en 587 et le départ des exilés vers Babylone : « *Ils approchent les fléaux de* [Jérusalem], *chacun son instrument de destruction à la main. Puis j'entendis le Seigneur dire aux autres : "Parcourez la ville à sa suite et frappez. N'ayez pas un regard de pitié, n'épargnez personne ; vieillards, jeunes gens, vierges, enfants, femmes, tuez et exterminez tout le monde. Mais quiconque portera la croix au front, ne les touchez pas. Commencez à partir de mon sanctuaire." [...] Ils sortirent et frappèrent à travers la ville* » (Ez 9, 1.5-7).

Certains n'hésiteront pas à dire que Dieu « se venge » de ses ennemis, qu'Il se met en colère. Comment est-ce possible d'attribuer à Dieu de tels sentiments ! Avant d'essayer d'interpréter ces conceptions, constatons leur existence. Le grand prophète Jérémie dira : « *Or ce jour-là est pour le Seigneur Yahvé Sabaot un jour de vengeance, pour se venger de ses adversaires : l'épée dévore, elle se rassasie, elle s'enivre de leur sang* » (Jr 46, 10). Le psaume 94 est un appel à Dieu qui rétablira la justice par la violence pour que les innocents écrasés soient vengés : « *Dieu des vengeances Yahvé, Dieu des vengeances, parais ! Lève-toi, juge de la Terre, retourne aux orgueilleux leur salaire* » (1-2). Pour nous il est inconcevable que Dieu dans sa plénitude « se mette en colère » et cependant les expressions sont multiples dans la Bible : « *ardente est sa colère, pesante sa menace. Ses lèvres débordent de fureur, sa langue est comme un feu dévorant. Son souffle est comme un torrent débordant qui monte jusqu'au cou [...] il fera sentir le poids de son bras, dans l'ardeur de sa colère accompagnée d'un feu dévorant, de la foudre, d'averses et de grêlons. [...] Le Souffle de Yahvé, comme un torrent de soufre, va embraser la paille et le bois entassés à Tophêt* » (Is 30, 27-28.30.33).

L'attente d'une intervention fulgurante de Yahvé en faveur de son peuple est apparue très tôt dans les croyances d'Israël. Amos, le premier, a employé l'expression « jour de Yahvé » sous le règne de Jéroboam II (783-743 av. J.-C.) ; ce sera hélas non un jour de lumière mais de ténèbres : « *Malheur à ceux qui soupirent après le jour de Yahvé ! Que sera-t-il pour nous le jour de Yahvé ? Il sera ténèbres et non lumière* » (Am 5, 18). D'après Sophonie, c'est un véritable jour de la colère divine : « *Jour de fureur, ce jour-là ! jour de détresse et de tribulation, jour de désolation et de dévastation, jour d'obscurité et de sombres nuages, jour de ténèbres et de nuées. [...] Je livrerai les hommes à la détresse [...] leurs cadavres* [seront] *jetés comme des ordures* » (So 1, 15.17). On retrouve le même thème dans Joël. Ce sont ces passages qui ont inspiré l'auteur médiéval du *Dies irae, Dies illa,* la séquence chantée aux messes d'enterrement d'avant le concile de Vatican II : « *Jour de fureur, jour d'épouvante, fin du monde aux cendres fumantes...* » (Jl 2, 2). Comment ne pas trembler devant une telle puissance dont les ténèbres sont plus violentes que les fureurs des hommes ! Encore faut-il essayer de mieux concevoir ce que les écrivains inspirés ont réellement voulu nous faire découvrir du mystère du Seigneur. Si leur enseignement était tel qu'il apparaît sans les lumières de son contexte et du genre littéraire utilisé, nous ne saurions y adhérer dans notre dignité d'homme. Pourquoi ferions-nous confiance à un Dieu dont le comportement est semblable à celui du plus mauvais des hommes ? Quel intérêt avons-nous à rencontrer un univers de violence divine ? La violence des hommes et le mal des hommes nous suffisent.

Le cœur a des raisons que la raison ne peut comprendre

Fort malheureusement, « le cœur a ses raisons que la raison ne connaît pas » (Pascal, *Pensées* IV, 277). Il y a l'intelligence de l'esprit, il y a celle du cœur. Si souvent, par notre péché, nous opposons l'un à l'autre. Nous vivons un combat intérieur tant que l'une des sources de la réflexion n'est pas perçue, Justice ou Amour. Notre cœur nous fait constater que la Justice est respectée lorsqu'il y a un surcroît d'amour. Le petit enfant puni pour avoir laissé sa chambre en désordre, après avoir tout rangé vient embrasser sa mère. Cette dernière, touchée dans son cœur, est comblée au-delà de l'application de la sanction qui est supprimée. La relation n'est pas uniquement au niveau d'un certain idéal de société et de principe mais s'enracine dans une communion d'amour infiniment plus profonde. J'entends encore cette mère de famille me confier sa souffrance : son enfant de dix-sept ans venait une fois encore d'être renvoyé de son collège comme cela était arrivé maintes fois ! Le rapport de la direction était des plus dur pour lui et pour elle. Sa réaction vis-à-vis de l'incompétence des éducateurs et des professeurs s'était terminée ainsi : « C'est mon fils, je le sauverai. » Dix ans plus tard nous nous sommes rencontrés… son calvaire continuait, son fils devant changer sans cesse de milieu professionnel. Le cœur ayant des raisons que la raison ne connaît pas, elle gardait non seulement l'espoir humain d'une amélioration imprévisible mais l'espérance dans le Seigneur avec qui rien n'est définitivement perdu.

Nous trouvons les mêmes réactions qui vont au-delà de la logique dans les relations de cœur qui unissent un homme et une femme mariés. Il vous est sans doute arrivé d'entendre les confidences d'un homme abandonné par sa femme. Il vous décrit longuement ses souffrances, son cœur déchiré et trahi, son drame de devoir défendre ses droits devant le juge, là où tout n'était que confiance et partage. Désarmé par la parole donnée et injustement reprise, il ne peut qu'amèrement gémir devant la calomnie, le mensonge, l'absurde. Et puis soudainement, après un profond et douloureux silence, il vous confie comme un enfant transfiguré par un rêve : « Et si elle revenait… je crois que je lui pardonnerais tout… je l'aime ! » Il en va de même de la souffrance d'une épouse abandonnée par son bien-aimé qu'elle aime encore. Le cœur a des raisons que la raison ne connaît pas

Dans *La Pastorale des santons de Provence* (Éditions du Cerf, 2001), Yvan Audouard fait dire au meunier, apprenant que sa femme Mireille allait revenir après l'avoir trahi : « Je lui ai pardonné, mais je crois que ce soir je pardonne aussi à l'Espagnol (qui me l'avait ravie)… qu'est-ce qui se passe ce soir (de Noël), nous sommes tous devenus fadas. » La situation de conflit se trouve dépassée au-delà de la justice. L'amour ne supprime pas la justice mais l'accomplit autrement.

Dans un tout autre contexte, le père Varillon écrira :

« J'imagine un homme, véritable super cerveau, compétent en beaucoup de disciplines, qui a l'explication du monde autant qu'il est possible à un homme de l'avoir. Si sa femme vient à le trahir, ce savant est capable de se suicider parce que, pour lui, la vie n'a plus de signification, n'a plus de sens, il n'a plus de raison pour vivre. Le sens de sa vie n'était pas l'explication qu'il trouvait dans la science, mais dans l'amour de sa femme. » (père François Varillon, *Joie de croire, joie de vivre*, *op. cit.*)

Dieu ne serait-il pas capable d'être au moins comme un homme de cœur ? Les prophètes vont s'apercevoir que si Dieu punit le mal c'est en vue du bien de ceux qu'Il corrige. Il saura arrêter sa fureur à la troisième ou à la quatrième génération. Parallèlement à ce genre de raisonnement, l'intuition de la miséricorde divine va grandir dans la conscience du peuple, ouvrant la porte à la surabondance de l'Amour jaillissant du Cœur de Jésus : *« Pardonne-leur : ils ne savent pas ce qu'ils font »* (Lc 23, 34).

Au cours de ces étapes d'approfondissement, le prophète Osée, au VIIIe siècle, perçoit à travers son drame conjugal personnel le mystère des relations entre Dieu et son peuple. Il avait épousé une femme qu'il aimait et qui l'avait quitté. Continuant à l'aimer, il l'a reprise après l'avoir éprouvée. À travers sa souffrance personnelle, Osée a entrevu le drame de Yahvé : Israël a été épousée par Yahvé. Elle s'est conduite comme une prostituée et a provoqué la jalousie et la fureur de son époux divin. Yahvé continuant à aimer Israël fera tout pour ramener l'épouse infidèle vers Lui et lui rendre les joies de son premier amour : « *J'obstruerai sa route pour qu'elle ne trouve plus ses sentiers [...] elle dira : je veux retourner vers mon premier mari, car j'étais plus heureuse autrefois qu'aujourd'hui [...] je vais la séduire, je la conduirai au désert et je parlerai à son cœur* » (Os 2, 8-9.16). Chez ce même prophète, on trouve cette magnifique expression : « *Je ne donnerai pas cours à l'ardeur de ma colère, je ne détruirai plus Éphraïm car je suis Dieu et non pas homme : au milieu de toi, je suis le Saint et je n'aime pas détruire* » (Os 11, 9). Après l'exil, un sage écrira *Le Cantique des cantiques* où les relations entre Dieu et son peuple ne sont plus perçues dans une recherche de « Justice divine » mais dans le désir passionné, de part et d'autre, de vivre une communion d'Amour réciproque.

Toutefois un certain mal demeure car il y a une alternance de présence et d'absence qui augmente la joie de se retrouver. Il faudra encore de nombreux siècles pour que nous comprenions que la transcendance de Dieu, dont l'Amour est absolu, ne peut en rien être à l'origine d'un mal même en vue d'un plus grand bien. La force des interventions divines ne saurait résider dans une agressivité supérieure à celle des hommes. C'est la douceur infinie de « l'agneau » qui ébranle le cœur des loups.

L'Amour l'emporte

L'Amour supérieur à la justice

La voie tracée par les hommes n'est pas celle de Dieu : *« Si votre Justice ne surpasse pas celle des scribes et des pharisiens, vous n'entrerez pas dans le Royaume des Cieux »* (Mt 5, 20). Les rapports entre Dieu et nous, ainsi qu'avec les autres hommes, ne sauraient s'exprimer en termes de justice : *« Vous avez entendu qu'il a été dit : œil pour œil et dent pour dent. Eh bien ! moi je vous dis de ne pas tenir tête au méchant : au contraire, quelqu'un te donne-t-il un soufflet sur la joue droite, tends-lui encore l'autre »* (Mt 5, 38-39). *« Vous avez entendu qu'il a été dit : Tu aimeras ton prochain et tu haïras ton ennemi, eh bien moi je vous dis : aimez vos ennemis, priez pour vos persécuteurs »* (Mt 5, 43-44). *« Soyez parfaits comme votre Père céleste est parfait »* (Mt 5, 48). Luc écrira : *« Soyez miséricordieux comme votre Père est miséricordieux »* (Lc 6, 36). La supériorité de l'Amour sur la Justice sera telle que Jésus demandera à son Père de pardonner à ceux qui le torturent jusqu'à la mort, avant même que ses bourreaux, aux multiples visages, lui demandent pardon ! *« Lorsqu'ils furent arrivés au lieu appelé Crâne, ils l'y crucifièrent ainsi que les malfaiteurs, l'un à droite et l'autre à gauche. Et Jésus disait : "Père, pardonne-leur : ils ne savent pas ce qu'ils font"* » (Lc 23, 33-34).

Dieu pardonnant avant toute démarche de réconciliation met en valeur l'absolu du pardon sur la justice. Le Seigneur dans sa Révélation personnelle de Lui-même affirme et nous dit clairement que son être n'est pas d'abord justice mais Amour. Seul son Amour donne un sens possible à la justice. Dans l'univers divin, seul règne l'Amour. Toute autre considération s'enracine dans le mystère infini de l'Amour. Le mal n'existe plus. Tout est transfiguré dans l'Amour. C'est pourquoi le Père, après avoir retrouvé son fils prodigue, va Lui-même au-devant du Fils aîné qui *« s'est mis en colère et qui refuse d'entrer »* (Lc 15, 28). Le Père n'attend pas que son fils change de sentiment. Il va au-devant de lui animé par les seuls sentiments de pardon. Son Amour paternel jaillit de Lui-même : *« Son père sortit l'en prier* [de bien vouloir rentrer]. *[...] Toi, mon enfant, tu es toujours avec moi, et tout ce qui est à moi est à toi. [...] ton frère que voilà était mort et il est revenu à la vie ; il était perdu et il est retrouvé »* (Lc 15, 28.31-32). Avec son deuxième fils revenant à la maison pour trouver de quoi manger, la description de la parabole nous présente le Père, nourri de sentiments *a priori* d'Amour pour son enfant qui l'a renié. *« Je ne mérite plus d'être appelé ton enfant »* (Lc 15, 19). Le Père l'attendait... donc l'Amour l'emportait. *« Tandis qu'il était encore loin, son père l'aperçut et fut pris de pitié ; il courut se jeter à son cou et l'embrassa tendrement »* (Lc 15, 20). Aucun reproche... aucune demande d'explication, aucune nécessité de regret… la miséricorde paternelle seule est créatrice de vie. Rien ne peut empêcher le Père d'engendrer son enfant qui revient à Lui. Dieu demeure éternellement jaillissement d'Amour. Lorsque le fils prodigue s'approche de lui, renfermé sur son égoïsme, il est enveloppé par l'Amour miséricordieux de son Père qui l'embrasse longuement (Lc 15, 21). Combien sont lointaines nos considérations sur la justice des hommes quand nous pénétrons dans un autre Royaume et que nous acceptons librement cet amour infini qui touche notre cœur ! « *Je leur ai fait connaître ton nom […] pour que l'amour dont tu m'as aimé soit en eux et moi en eux* » (Jn 17, 26).

Puissance de la paternité divine

L'injustice ne se résout pas par la force et l'expiation douloureuse, mais par un surcroît d'amour. Bien au-delà de la justice, la puissance du Cœur de Dieu se manifeste par la plénitude de son Amour. Rien ne peut arrêter le Seigneur voulant nous donner son Amour sinon notre refus de l'accepter. Sans attendre notre assentiment, le Père nous submerge par la capacité infinie de son Amour respectueux. Il garde, dans tous les domaines, l'initiative. « *Quant à nous, aimons, puisque lui nous a aimés le premier* » (1 Jn 4, 19). « *C'était Dieu qui dans le Christ se réconciliait le monde* » (2 Co 5, 19). « *Il faut que le monde reconnaisse que j'aime le Père et que je fais comme le Père m'a commandé* » (Jn 14, 31). « *Il n'y a pas de plus grand Amour que de donner sa vie pour ses amis* » (Jn 15, 13). Nous sommes donc loin d'une interprétation déviante du sacrifice de la Croix qui, sous la pression du jansénisme, mettait la lumière unilatéralement sur le sacrifice sanglant et expiatoire. Dieu ne se venge pas en punissant son Fils mais en manifestant un Amour miséricordieux plus fort que la justice. Là où les hommes ont engendré la mort, le Père n'a cessé d'engendrer la vie dans le mystère de la Résurrection. Seul en apparence le mal l'emporte, mais *« gardez courage ! J'ai vaincu le monde »* (Jn 16, 33). Dans le silence du Royaume des Cieux, la douceur de la miséricorde divine touche les cœurs qui se convertissent et s'ouvrent enfin au véritable Amour.

L'Amour plus puissant que la violence de la justice

Si nous poussons plus avant l'analyse, nous percevons que la véritable justice ne consiste pas à rétablir les droits du créateur sur ses créatures par la contrainte. C'est par une démarche de conversion intérieure et d'ouverture au Royaume de l'Amour que se trouve l'unique solution. Les relations de justice sont complètement dépassées quand on se situe dans un univers d'Amour. Dans la notion de droit, il y a toujours la trace d'un égoïsme individuel. La justice sur cette terre est entachée nécessairement d'égocentrisme. Elle n'est pas parfaite. Il y a des zones d'ombre qui la dénaturent. L'Amour en Dieu n'est pas compatible avec le moindre mal puisque « Dieu et Amour ». C'est donc une autre relation qui s'établit avec Dieu grâce à la puissance de sa paternelle miséricorde. La surabondance et l'intensité de la bonté divine vont permettre aux enfants de retrouver leur Père du Ciel. Les droits du Seigneur sont sauvegardés, dépassés. Le dessein de sa bienveillance se réalise dans le respect de la dignité des hommes qui, librement, se laissent hausser au niveau de la transparence infinie… Les calculs de l'Amour ne sont pas les mêmes que ceux des hommes car l'échelle des valeurs divines est infinie : « *Mon ami monte plus haut. […] Car quiconque s'élève sera abaissé et celui qui s'abaisse sera élevé* » (Lc 14, 10-11). Ou encore, dira Jésus : « *Lorsque tu donnes un déjeuner ou un dîner, ne convie ni tes amis, ni tes frères, ni tes parents, ni tes riches voisins, de peur qu'eux aussi ne t'invitent à leur tour et qu'on ne te rende la pareille. Mais lorsque tu donnes un festin, invite des pauvres, des estropiés, des boiteux, des aveugles ; heureux seras-tu de ce qu'ils n'ont pas de quoi te rendre ! Car cela te sera rendu lors de la résurrection des justes* » (Lc 14, 12-14).

Dans le Royaume des Cieux, les valeurs ne sont plus les mêmes que celles d'une société en quête de justice sociale : « *Oui, il y a des derniers qui seront premiers, et il y a des premiers qui seront derniers* » (Lc 13, 30). Le mode de raisonnement du Seigneur est particulièrement éclairant dans la parabole des ouvriers envoyés travailler à la vigne : « *Mon ami, je ne te lèse en rien : n'est-ce pas d'un denier que nous sommes convenus ? Prends ce qui te revient et va-t'en. Il me plaît de donner à ce dernier venu autant qu'à toi : n'ai-je pas le droit de disposer de mes biens comme il me plaît ? Ou faut-il que tu sois jaloux parce que je suis bon ? Voilà comment les derniers seront premiers, et les premiers seront derniers* » (Mt 20, 13-16). Notre tentation est de confondre souvent les deux domaines. Jésus nous met en garde : « *Rendez à César ce qui est à César et à Dieu ce qui est à Dieu* » (Mt 22, 21).

Sainteté, justice, amour miséricordieux

Plutôt que d'opposer Justice et Amour, sainte Thérèse de l'Enfant-Jésus a opté pour la dimension miséricordieuse de l'Amour trinitaire. Docteur de l'Église, elle nous ouvre la voie à une meilleure compréhension de l'Amour divin. Voici dans quelles circonstances.

Sous l'influence du jansénisme

Comment aider les âmes à recevoir le salut que le Père ne cesse de leur offrir ? Par la recherche de la souffrance répond une certaine spiritualité, l'offrande de sa vie aux rigueurs de la justice divine. Un ouvrage servait, au Carmel, à la formation des novices :

> « La fin de l'ordre du Carmel est d'honorer l'Incarnation et les anéantissements du Sauveur, de s'unir plus étroitement au verbe fait chair, et de glorifier Dieu par l'imitation de sa vie cachée, souffrante et immolée. C'est encore de prier pour les pécheurs, de s'offrir pour eux à la justice divine et de suppléer par les rigueurs d'une vie austère et crucifiée à la pénitence qu'ils ne font pas. [...] Cet ordre demande donc des âmes généreuses, [...] mortifiées, [...] zélées qui se renoncent à elles-mêmes et se substituent courageusement comme des victimes à la place de notre maître, devenu impassible, pour être immolées comme lui à la gloire de son Père et au salut des âmes » (Pierre Descouvemont, *Sainte Thérèse de Lisieux, sa vie en images*, Éditions du Cerf, 1995).

Le mode de raisonnement était le suivant : pour réparer l'injustice faite à Jésus, l'Innocence par excellence, à qui les hommes ont infligé les souffrances de la haine, chacun pourra accepter les souffrances de l'Amour d'un cœur bouleversé par le drame du Calvaire. Ainsi la Justice divine pouvait être rétablie. Jésus n'avait pas refusé d'aimer, préférant souffrir plutôt que de répondre à la souffrance par la violence. Le Seigneur avait averti Sœur Marie de Saint-Pierre, du Carmel de Tours, que les âmes consacrées pouvaient participer à cette œuvre de salut par leur propre sacrifice.

Plusieurs Carmélites de Lisieux s'offrirent en victime à la justice divine. Thérèse entendait exalter leurs mérites. On savait que c'était le cas de Sœur Marie de la Croix qui, par la suite, perdit la raison. Le faire-part annonçant la mort de Sœur Marie de Jésus, Carmélite de Luçon, était arrivé le 8 juin 1895. Il traduisait la même théologie :

> « Cette sœur s'était souvent offerte comme victime à la justice divine. Son agonie le vendredi saint avait été terrible. La mourante avait laissé échapper ce cri d'angoisse : "Je porte les rigueurs de la justice divine... la justice divine !... la justice divine !..." Et encore : "Je n'ai pas assez de mérites, il faut en acquérir". »

Il en fut de même pour la cofondatrice du Carmel de Lisieux qui, après avoir fait cet acte d'offrande à la justice divine, mourut dans d'atroces souffrances en 1890. La démarche de sainte Thérèse de l'Enfant-Jésus fut tout autre. Attirée par l'Amour de Dieu, la justice sera transfigurée par l'Amour.

> « Cette année le 9 juin fête de la Sainte Trinité, j'ai reçu la grâce de comprendre plus que jamais combien Jésus désire être aimé.
> Je pensais aux âmes qui s'offrent comme victimes à la Justice de Dieu afin de détourner et d'attirer sur elles les châtiments réservés aux coupables, cette offrande me semblait grande et généreuse, mais j'étais loin de me sentir portée à la faire. "Ô mon Dieu ! m'écriai-je au fond de mon cœur, n'y aura-t-il que votre Justice qui recevra des âmes s'immolant en victimes ?... Votre Amour Miséricordieux n'en a-t-il pas besoin lui aussi ?... De toutes parts il est méconnu, rejeté ; les cœurs [...] se tournent vers les créatures [...] au lieu de se jeter dans vos bras et d'accepter votre Amour infini... [...] Si votre Justice aime à se décharger, elle qui ne s'étend que sur la terre, combien plus votre Amour Miséricordieux désire-t-il embraser les âmes, puisque votre Miséricorde s'élève jusqu'aux Cieux... [...] que ce soit moi cette heureuse victime, consumez votre holocauste par le feu de votre Divin Amour !..." » (sainte Thérèse de Lisieux, *Œuvres complètes, op. cit.*, 1996.)

La contemplation de la Justice en Dieu devait être revue dans sa présentation. Dieu parce qu'il est juste doit tenir compte, disait Thérèse de l'Enfant-Jésus, de nos limites humaines. La sainteté ne réside pas dans des actions d'éclat héroïques mais dans une humble et totale confiance en la Miséricorde divine. Georges Bernanos l'avait bien compris.

« La sainteté n'est pas un sport où triomphent les héros mais une aventure où sont comblés les petits et les humbles. Elle est la conviction joyeusement acceptée d'une misère profonde que la miséricorde infinie de Jésus sauve continuellement » (*Prions en Église* du 20 septembre 2003). Le prophète Daniel en avait eu le pressentiment : « *Tu nous as traités en toute justice car nous avons péché, nous n'avons pas écouté tes commandements. [...] Et pour l'honneur de ton nom traite-nous selon la richesse de ta miséricorde* » (Dn 3, 28-29.34).

Thérèse s'est donc résolue à l'offrande de son cœur à la Miséricorde divine :

> « À moi Il [le Seigneur] a donné sa Miséricorde infinie et c'est à travers elle que je contemple et adore les autres personnes Divines !... Alors toutes m'apparaissent rayonnantes d'amour, la Justice même (et peut-être encore plus que toute autre) me semble revêtue d'amour...
> Quelle douce joie de penser que le Bon Dieu est Juste, c'est-à-dire qu'Il tient compte de nos faiblesses, qu'Il connaît parfaitement la fragilité de notre nature. De quoi donc aurais-je peur ? Ah ! le Dieu infiniment juste qui daigna pardonner avec tant de bonté toutes les fautes de l'enfant prodigue, ne doit-il pas être Juste aussi envers moi qui "suis toujours avec Lui" ?... » (sainte Thérèse de Lisieux, *ibid.*)

En priant sur le texte de l'« Offrande de moi-même comme Victime d'Holocauste à l'Amour Miséricordieux du Bon Dieu », nous pourrons mieux recueillir les grâces jaillissantes d'une saine compréhension des sentiments du Seigneur révélés en Jésus :

« Ô mon Dieu ! Trinité Bienheureuse, je désire vous Aimer et vous faire Aimer, travailler à la glorification de la Sainte Église en sauvant les âmes qui sont sur la terre et [en] délivrant celles qui souffrent dans le purgatoire. Je désire accomplir parfaitement votre volonté et arriver au degré de gloire que vous m'avez préparé dans votre royaume, en un mot, je désire être Sainte, mais je sens mon impuissance et je vous demande, ô mon Dieu ! d'être vous-même ma Sainteté.
Puisque vous m'avez aimée jusqu'à me donner votre Fils unique pour être mon Sauveur et mon Époux, les trésors infinis de ses mérites sont à moi, je vous les offre avec bonheur, vous suppliant de ne me regarder qu'à travers la Face de Jésus et dans son Cœur brûlant d'Amour.
Je vous offre encore tous les mérites des Saints (qui sont au Ciel et sur la terre), leurs actes d'Amour et ceux des Saints Anges ; enfin je vous offre, ô Bienheureuse Trinité ! l'Amour et les mérites de la Sainte Vierge, ma Mère chérie, c'est à elle que j'abandonne mon offrande la priant de vous la présenter. Son divin Fils, mon Époux Bien-Aimé, aux jours de sa vie mortelle, nous a dit : "Tout ce que vous demanderez à mon Père, en mon nom, Il vous le donnera !"
Je suis donc certaine que vous exaucerez mes désirs ; je le sais, ô mon Dieu ! (plus vous voulez donner, plus vous faites désirer). Je sens en mon cœur des désirs immenses et c'est avec confiance que je vous

demande de venir prendre possession de mon âme. Ah ! je ne puis recevoir la Sainte Communion aussi souvent que je le désire, mais, Seigneur, n'êtes-vous pas Tout-Puissant ?... Restez en moi, comme au tabernacle, ne vous éloignez jamais de votre petite hostie...
Je voudrais vous consoler de l'ingratitude des méchants et je vous supplie de m'ôter la liberté de vous déplaire, si par faiblesse je tombe quelquefois qu'aussitôt votre Divin Regard purifie mon âme consumant toutes mes imperfections, comme le feu qui transforme toute chose en lui-même...
Je vous remercie, ô mon Dieu ! de toutes les grâces que vous m'avez accordées, en particulier de m'avoir fait passer par le creuset de la souffrance. C'est avec joie que je vous contemplerai au dernier jour portant le sceptre de la Croix ; puisque vous [avez] daigné me donner en partage cette Croix si précieuse, j'espère au Ciel vous ressembler et voir briller sur mon corps glorifié les sacrés stigmates de votre Passion...
Après l'exil de la terre, j'espère aller jouir de vous dans la Patrie, mais je ne veux pas amasser de mérites pour le Ciel, je veux travailler pour votre seul Amour, dans l'unique but de vous faire plaisir, de consoler votre Cœur Sacré et de sauver des âmes qui vous aimeront éternellement.
[...]

À vos yeux le temps n'est rien, un seul jour est comme mille ans, vous pouvez donc en un instant me préparer à paraître devant vous...
Afin de vivre dans un acte de parfait Amour, je m'offre comme victime d'holocauste à votre Amour

miséricordieux, vous suppliant de me consumer sans cesse, laissant déborder en mon âme les flots de tendresse infinie qui sont renfermés en vous et qu'ainsi je devienne Martyre de votre Amour, ô mon Dieu !...
Que ce martyre après m'avoir préparée à paraître devant vous me fasse enfin mourir et que mon âme s'élance sans retard dans l'éternel embrassement de Votre Miséricordieux Amour...
Je veux, ô mon Bien-Aimé, à chaque battement de mon cœur vous renouveler cette offrande un nombre infini de fois, jusqu'à ce que les ombres s'étant évanouies je puisse vous redire mon Amour dans un Face à Face Éternel !... »
Marie, Françoise, Thérèse de l'Enfant-Jésus et de la Sainte-Face. Fête de la Très Sainte-Trinité, le 9 juin de l'an de grâce 1895 » (sainte Thérèse de Lisieux, *ibid.*).

Thérèse a parfaitement compris que Dieu est Amour et que tous les attributs de Dieu, y compris sa Justice, doivent être pénétrés d'Amour.

N'a-t-elle pas écrit, à fin de l'année 1895, dans son acte d'abandon :

« Toutes nos justices ont des taches à vos yeux : Je veux donc me revêtir de votre propre justice et recevoir de votre Amour la possession éternelle de votre amour » ?

Elle devra donc vivre une transformation profonde de son être et être plongée dans cet océan de feu et d'Amour qu'est le Cœur de Dieu. D'où l'expression « victime d'holocauste » ! Ce mot signifie « entièrement brûlée ». Dans l'Ancien Testament, la victime d'holocauste (un animal) offerte en sacrifice était brûlée entièrement en l'honneur de Dieu (Ex 29). Il ne s'agit plus d'une expiation mais d'une transfiguration dans et par l'Amour divin. C'est une offrande jaillissant librement du cœur de Thérèse, dont le désir est d'être totalement saisie par le feu de l'Amour divin. Thérèse vit l'expérience de la Miséricorde qui « brûle » en elle les scories de ses imperfections et de ses faiblesses. Tout son être devient amour. Son expérience mystique s'exprimera, comme celle de la stigmatisation de Marthe Robin, en termes de joie et de souffrance qui seront vécues comme un signe du mystère divin.

Mère Agnès lui ayant demandé de raconter ce qui lui était arrivé après son Acte d'Offrande, Thérèse lui répondit :

> « Eh bien, je commençais mon chemin de croix et voilà que tout à coup, j'ai été prise d'un violent amour pour le Bon Dieu et je ne puis expliquer cela qu'en disant que c'était comme si on m'avait plongée tout entière dans le feu. Oh ! quel feu et quelle douceur en même temps ! Je brûlais d'Amour et je sentais qu'une minute, une seconde de plus je n'aurais pu supporter cette ardeur sans mourir. Je compris alors ce que disent les saints de ces états qu'ils ont expérimentés si souvent. Pour moi, je ne l'ai éprouvé qu'une fois, qu'un instant et je suis retombée aussitôt dans ma sécheresse habituelle » (sainte Thérèse de Lisieux, *ibid.*).

Le feu de l'Amour de Dieu et des âmes passionnera sainte Thérèse au point qu'elle offrira la nuit de la foi pour les athées de la libre pensée. Elle restera fidèle pendant les six derniers mois de sa vie en la donnant pour que la lumière se fasse : « Je veux t'aimer, Jésus », avait-elle écrit sur la porte de son infirmerie qu'elle pouvait voir depuis son lit de malade. La traversée du désert se terminera par un ultime sourire de la Vierge lui ouvrant le ciel.

Mahomet, au VIIe siècle après Jésus-Christ, ouvrait le Coran par sa première sourate :

« Au nom de Dieu, le Clément, le Miséricordieux,
Louange à Dieu, Seigneur des univers,
Le Clément, le Miséricordieux,
Le Roi du jour de l'allégeance,
C'est toi que nous adorons, Toi dont nous implorons le secours. »

IV

RÉDEMPTION ET AMOUR

Les circonstances, dirait un agnostique, la Providence, affirmeraient les croyants en Jésus, m'ont conduit auprès d'une personne malade, Marthe Robin, avec laquelle j'ai collaboré au mystère de l'Évangélisation de septembre 1955 à sa mort le 6 février 1981. Cette chrétienne était stigmatisée. Toutes les semaines, sauf exception, elle vivait dans une extase mystique prolongée (du jeudi au dimanche) les étapes de la passion et de la résurrection du Christ. À son contact, j'ai été amené à approfondir le sens de la Rédemption.

Il est vraiment ressuscité

Nous écoutons le Christ nous révélant son Amour aujourd'hui.

La rédemption a lieu aujourd'hui

« J'ai mieux compris que Jésus avait posé un acte-éternel dans lequel, quotidiennement, le Seigneur nous offre son Amour miséricordieux. Sur les cent personnes vivant aujourd'hui les signes de la stigmatisation, une cinquantaine sont reconnues comme authentiques » (Joachim Bouflet, *Les Stigmatisés*, Éditions du Cerf, 1996). Aujourd'hui 300 000 à 400 000 personnes sur terre vont vivre leur ultime étape terrestre et vont être amenées à librement boire le Sang de la Nouvelle Alliance pour la rémission de leurs péchés. Les stigmatisés nous rappellent l'action présente de Jésus à travers son Corps « mystique » (ses frères et sœurs baptisés) qui vient proposer sa miséricorde et son Amour infini à ceux qui ont à faire l'option définitive d'une joie et d'une plénitude éternelles. *« De même en effet que les souffrances du Christ abondent pour nous, ainsi, par le Christ, abonde aussi notre consolation.*

Sommes-nous dans la tribulation ? C'est pour votre consolation et salut. Sommes-nous consolés ? C'est pour votre consolation, qui vous donne de supporter avec constance les mêmes souffrances que nous endurons, nous aussi » (2 Co 1, 5-6). Les stigmatisés, par leur témoignage vécu dans l'humilité et la discrétion, mettent en relief le message de saint Paul : « *Dieu qui est riche en miséricorde, à cause du grand Amour dont il nous a aimés, alors que nous étions morts par suite de nos fautes, nous a fait revivre avec le Christ, c'est grâce à Lui que vous êtes sauvés ! Avec Lui, il nous a ressuscités et fait asseoir aux cieux dans le Christ Jésus* » (Ep 2, 4-6).

De nouveau, nous voici aux prises avec le problème de la souffrance : pourquoi Marthe Robin vivait-elle le jeudi soir les angoisses de l'agonie du Christ ? Innocente, était-il nécessaire d'affronter l'univers terrible du mystère d'iniquité ? Après un combat épuisant où Marthe portait le poids énorme du péché des hommes et l'appel du Seigneur à aimer, elle prononçait les paroles dramatiques de Jésus : « *Mon Père, si cette coupe peut passer sans que je la boive, que ta volonté soit faite* » (Mt 26, 42) puis elle s'enfonçait dans le mystère divin... Nous la « retrouvions » le dimanche dans l'après-midi...

Jésus ne souffre plus, Il est dans la joie

Marthe avait conscience que Jésus ne souffrait plus. Elle le disait très clairement à Jean Guitton : « Jésus ne souffre plus... mais il demeure éternellement pardon dans l'offrande... » Par contre, nous pouvons souffrir de la souffrance de notre péché, du péché des hommes en union avec l'Amour de Jésus.

Par sa résurrection, Jésus est entré dans la plénitude du ciel. « *Les disciples furent remplis de joie à la vue du Seigneur* » (Jn 20, 20). De leur côté, les deux disciples qui se rendaient à Emmaüs se dirent l'un à l'autre : « *Notre cœur n'était-il pas tout brûlant au-dedans de nous quand il nous parlait en chemin, quand il nous expliquait les Écritures ?* » (Lc 24, 32). Luc précise que, le soir de Pâques, « *dans leur joie,* [les apôtres] *ne croyaient pas encore, et demeuraient saisis d'étonnement, il leur dit : "Avez-vous ici quelque chose à manger ?"* » (Lc 24, 41). Cette joie pascale de Jésus nous prépare à entrevoir un monde divin sans souffrance : « *Puis je vis un ciel nouveau, une terre nouvelle [...] "Viens, que je te montre la Fiancée, l'Épouse de l'Agneau." Il me transporta donc en esprit sur une montagne de grande hauteur, et me montra la Cité sainte, Jérusalem, qui descendait du ciel, de chez Dieu, avec en elle la gloire de Dieu. Elle resplendit telle une pierre très précieuse, comme une pierre de jaspe cristallin* » (Ap 21, 1.9-11). La mort et la souffrance ne l'ont pas emporté : Jésus est bien le vivant dans la joie éternelle du ciel.

Jésus manifeste son Amour à travers l'action de ses disciples

Combien il nous est difficile d'accepter la réalité historique ! Ce sont les hommes qui font souffrir Jésus, et non le contraire. « *Que ta volonté soit faite* » (Mt 6, 9). Seul le Saint-Esprit peut nous donner, après la Pentecôte, l'intelligence de la pédagogie divine. Dieu, par Amour, va épargner les « siens » en acceptant d'aimer sans répondre à la violence par la violence. Jésus est venu au monde pour révéler et manifester son Père dans le Saint-Esprit.

« En envoyant dans la plénitude des temps son Fils unique et l'Esprit d'Amour, Dieu révèle son secret le plus intime » (*Catéchisme de la foi catholique*, n° 221). Dieu en la personne du Saint-Esprit éclaire notre pensée de sa Lumière divine : « *Le Paraclet, l'Esprit-Saint que le Père enverra en mon nom, lui, vous enseignera tout ce que je vous ai dit* » (Jn 14, 26). Le comble de l'aberration serait de penser que le Père a besoin de souffrance. Il vient en son Fils transfigurer la souffrance. L'Esprit de Sagesse va nous dévoiler que Dieu combat la souffrance, la transforme par la puissance miséricordieuse et par la douceur de sa résurrection. Marthe Robin, comme les autres stigmatisés, nous livre que la souffrance, fruit du péché des hommes et de leur manque d'Amour, est assumée par la surabondance de l'Amour et de la grâce.

Joie et souffrance chez les stigmatisés

Beaucoup ont entendu parler des souffrances de Marthe Robin expiant ainsi nos péchés. Peu ont connaissance de l'expérience de joie divine que vivait Marthe. J'ai été particulièrement éclairé par les notes rédigées par Jean Guitton lors de conversations avec Marthe sur la stigmatisation. Je cite l'essentiel de ce que rapporte Jean Guitton avec beaucoup de clarté :

> « J. Guitton : … dans les analyses que j'ai lues sur la stigmatisation et la transverbération, j'ai toujours remarqué une observation faite par ceux qui étaient à la fois des favorisés et des victimes, et qui disaient que c'était en même temps douloureux et délicieux. Comment le douloureux et le délicieux peuvent-ils aller ensemble ?

Marthe : Quand vous dites “délicieux”, vous pensez sans doute à quelque chose de sensible, à un plaisir, à une joie humaine. Ce n’est pas du tout cela. C’est une joie vive, mais c’est une joie divine, plutôt c’est une joie intérieure. C’est une souffrance extrême, insupportable mais c’est une souffrance qui est très douce.
J. Guitton : Avez-vous senti quelque chose comme ce que les mystiques appellent un dard, une sorte de pointe de feu ?
Marthe : Oui, j’ai senti le feu brûlant, parfois un feu extérieur, mais surtout un feu intérieur. C’était un feu qui sortait de Jésus… Je n’avais pas de goût pour ce qui était extérieur. L’intérieur, c’était Jésus, Jésus dans sa vie divine. Bien sûr, Jésus ne souffre plus depuis qu’il est dans sa gloire, mais il est toujours présent dans son offrande. Et nous, nous pouvons souffrir encore comme il a souffert…
J. Guitton : On a l’impression que Jésus souffre en vous, hors du temps, hors de l’espace, mais Jésus dans sa gloire.
Marthe : Maintenant j’ai dépassé tout cela. Je dirai même que cela ne m’intéresse plus. Ce qui m’intéresse, c’est la Passion, c’est Jésus seul. Je ne sais pas comment vous expliquer cela… Ces choses-là sont si douloureuses que, si Dieu ne vous soutenait pas, on mourrait. Et pourtant c’est délicieux » (Jean Guitton, *Portrait de Marthe Robin*, Grasset, 1985).

Nous retenons de ce témoignage de Marthe les deux aspects fondamentaux qui sont une grande souffrance et en même temps une joie divine indescriptible.

Souffrance, Joie et Amour

Si invraisemblable que puisse paraître cette présentation, elle rejoint celle des béatitudes : « *bienheureux les pauvres... bienheureux ceux qui souffrent... bienheureux ceux qui pleurent* » (Mt 5). Les antinomies des béatitudes se résorbent partiellement si nous les décryptons en y voyant exprimée la spécificité d'un cœur qui aime. Le jeune homme qui aime devient dépendant de sa bien-aimée, il s'en remet à ses désirs. Il renonce à sa volonté personnelle pour faire la sienne. Un imprévu survient, le voici inquiet et les soucis chassent la sérénité de son cœur. De même sa bien-aimée constate qu'on ne peut aimer sans se « dépasser ». Les larmes sont là qui attestent la souffrance au cœur d'une joie née de la réciprocité naissante.

Donc la joie et la souffrance coexistent bien. Il n'en est pas de même pour la joie et le mal car le mal ne peut que détruire, alors que l'Amour transfigure le mal en souffrance. Cette dernière devient joie puisque l'Amour l'emporte. Nous sommes devant un « mystère ». Nous appelons mystère une lumière de Dieu qui permet à notre intelligence d'assimiler la pensée divine sans pouvoir la faire nôtre totalement. Dieu est Amour infini. Nous ne pouvons pas enfermer l'infini dans un raisonnement humain. Par la lumière de la foi nous pouvons accepter ce qui reste de zones d'ombre pour nous, par une confiance totale en l'Amour de Jésus. Humainement, il est incompréhensible que joie et souffrance puissent être perçues dans un même mouvement. Le masochisme s'explique par la déviance des cellules nerveuses. Nous avons introduit un troisième élément, même s'il n'est pas explicitement formulé dans les béatitudes, celui de l'« Amour ». L'Amour se heurte au mal, le transfigure en le dépassant et permet à la joie inhérente à l'Amour de l'emporter.

Si, nous-mêmes, pouvons approcher la réalité de ce paradoxe, combien cela est plus concevable lorsque nous nous situons dans l'univers de Dieu. Marthe Robin avait fait remarquer à Jean Guitton qu'il s'agissait d'une joie divine et non d'un bonheur humain. Que veut dire joie divine ? Nous ne pourrons répondre en vérité qu'au ciel : *« lorsque nous lui serons semblables parce que nous le verrons tel qu'Il est »* (1 Jn 3, 2). Ce paradoxe n'est qu'une évocation du mystère fondamental de la révélation : *« Dieu est Amour »* (1 Jn 4, 8).

Douceur et dureté chez Padre Pio

Les mystiques ont une expérience de Dieu qui nous dépasse mais leur témoignage et leur intercession nous éclairent. Padre Pio, canonisé le 16 juin 2002, a vécu les mêmes perceptions du Cœur de Jésus crucifié qui furent celles de Marthe Robin, en laissant le Seigneur s'approcher de lui. Dureté et douceur expriment l'expérience de l'Amour infini du Seigneur. Il évoque ce que sainte Thérèse d'Ávila appelle « l'excessive suavité de cette indicible douleur » due à une « blessure d'Amour » (Joachim Bouflet, *Padre Pio*, Presses de la Renaissance, 2001).

« C'était le matin du 20 septembre du mois dernier [septembre 1918], au chœur, après la célébration de la sainte messe. Je fus alors surpris par un repos semblable à un “doux” sommeil. Tous mes sens internes et externes se trouvaient dans une quiétude indescriptible. Accompagnée d’un silence total autour de moi et en moi ; une grande paix lui succéda aussitôt et je m’abandonnai à la complète privation de tout [...] je me vis devant un mystérieux personnage [...] qui avait les mains et les pieds ruisselants de sang. [...] je m’aperçus que mes pieds et mes mains étaient transpercés et saignaient abondamment. Imaginez la torture que j’éprouvais » (Padre Pio, lettre au père Benedetto, 22 octobre 1918, cité in J. Bouflet, *Padre Pio, op. cit.*).

À un de ses confrères il dit qu’il avait demandé à Jésus de l’associer à sa Passion.

« Tout s’est produit dans un profond assoupissement ou extase d’Amour » (*ibid.*).

Il précisera au père Benedetto :

«... quelle épine acérée, je sens au centre de mon esprit, qui me cause jour et nuit une torture d’Amour ! Quelle souffrance aiguë que j’expérimente aux extrémités et au côté du cœur, douleur qui me tient dans une continuelle défaillance ! Si douce que soit celle-ci, elle n’en est pas moins vraiment douloureuse [...] Au milieu d’un tel supplice tout à la fois d’Amour et de douleur [...] je me sens la force de prononcer le *fiat* douloureux. Oh ! *fiat* ! comme tu es doux et amer à la fois, tu blesses et tu guéris, tu ouvres les plaies et tu les refermes, tu donnes la mort en même temps que tu prodigues aussi la vie ! Oh ! doux tourments ! pourquoi êtes-vous à la fois intolérables et si chers ? Oh ! suaves blessures ! Pourquoi, étant si douloureuses, vous faites-vous en même temps onction pour l'esprit, le préparant à se soumettre à de nouvelles épreuves ? » (*ibid.*).

Comment ne pas nous émerveiller devant le trop-plein, la surabondance de la miséricorde divine ?

Résurrection et Amour

Cet univers divin se manifeste très fortement dans la résurrection de Jésus.

Contrairement à ce que nous pourrions envisager dans nos conceptions humaines, nous ne trouvons aucun signe de volonté de puissance lors de la Résurrection du Christ. Au lieu d'être devant une victoire écrasante de Jésus sur ses ennemis qui l'ont fait mourir, nous sommes devant un vivant qui laisse deviner sa présence. Le jour des Rameaux, la foule l'avait acclamé avec audace dans les rues de Jérusalem : *« Déjà il approchait de la descente du mont des Oliviers quand, dans sa joie, toute la multitude des disciples se mit à louer Dieu d'une voix forte pour tous les miracles qu'ils avaient vus. Ils disaient : "Béni soit celui qui vient, le Roi, au nom du Seigneur !" »* (Lc 19, 37-38). Au matin de Pâques, il eût été facile de faire rassembler, par les apôtres, une foule devant l'esplanade du Temple. Elle s'y serait rendue d'elle-même si Jésus s'était présenté. Jésus aurait pu témoigner alors de sa victoire sur la mort, convaincre ses adversaires de leur faiblesse et multiplier les miracles à la vue de tout le monde. Il avait de quoi confondre Ponce Pilate, Hérode, Caïphe. Jésus ne saurait se situer dans des rapports de force. Pour lui, il n'y a ni vainqueur ni vaincu, seul compte le monde de l'Amour. L'ancien monde s'en est allé. Un monde nouveau apparaît. Il ne s'agit pas d'un combat, au premier abord inégal, entre Dieu et l'homme, mais de révéler au monde un autre univers que celui façonné par les égoïsmes des hommes. Le Cœur de Dieu, parce qu'il est Amour, est Vie éternelle. Jésus ne cherche point à anéantir ses ennemis mais il leur propose d'expérimenter qu'Il est la Vie éternelle. C'est pourquoi il n'apporte pas des preuves contraignantes de sa résurrection mais des signes éclairant les cœurs humblement en quête de lumière.

La résurrection porte l'empreinte de la discrétion et de la transcendance, elle n'est pas une réanimation. Au matin de Pâques, ce n'est pas le cœur humain de Jésus qui s'est remis à battre, son sang à circuler, ses poumons à respirer. Par contre ce fut le cas de Lazare qui dut par la suite mourir une deuxième fois, bien que, dans le récit, Jean emploie le terme de résurrection pour évoquer le sens profond de l'épisode. Au matin de Pâques, ce n'est pas la vie qui reprend comme par le passé et qui rendait possible l'écrasement des ennemis de Jésus.

C'est ainsi que Marie Madeleine ne le reconnaît pas tout de suite : *« "Femme, pourquoi pleures-tu ?" Elle leur dit : "Parce qu'on a enlevé mon Seigneur, et je ne sais pas où on l'a mis." Ayant dit cela, elle se retourna, et elle vit Jésus qui se tenait là, mais elle ne savait pas que c'était Jésus »* (Jn 20, 13-14). De même lors de l'apparition au bord du lac de Tibériade : *« Or, le matin déjà venu, Jésus se tint sur le rivage ; pourtant les disciples ne savaient pas que c'était Lui »* (Jn 21, 4). Jésus rejoint les deux disciples en route vers Emmaüs *« mais, leurs yeux étaient empêchés de le reconnaître »* (Lc 24, 16), jusqu'au moment où, à la fraction du pain, *« leurs yeux s'ouvrirent et le reconnurent »* (Lc 24, 31). Puisque Jésus est reconnu par ses disciples, ils constatent que c'est bien la même personne avec laquelle ils avaient vécu avant sa mort. Cependant c'est un être différent qui se manifeste dans la dimension divine de son existence. C'est à la Lumière de la foi que Jésus sera reconnu par les *« témoins de l'invisible »* (He 11, 27). *« La foi est la garantie des biens que l'on espère, la preuve des réalités qu'on ne voit pas »* (He 11, 1).

Lorsque nous l'analysons, cette résurrection est une onction d'Amour. Elle n'est pas réservée à des privilégiés. Elle s'adresse à tous les hommes qui acceptent de faire confiance aux témoins choisis par le Christ. *« Parce que tu me vois, Thomas, tu crois, heureux ceux qui n'ont pas vu et qui ont cru »* (Jn 20, 29). Ainsi, après avoir reçu la force de l'Esprit-Saint, les apôtres sont devenus les *« témoins à Jérusalem et dans toute la Judée et jusqu'aux extrémités de la terre »* (Ac 1, 8). Pierre met en évidence la vision en l'invisible : *« Sans l'avoir vu vous l'aimez ; sans le voir encore, mais en croyant vous tressaillez d'une joie indicible et pleine de gloire, sûrs d'obtenir l'objet de votre foi : le salut des âmes »* (1 P 1, 8-9). Si les apôtres et disciples – *« plus de cinq cents frères à la fois »* (1 Co 15, 6) – ont la grâce d'une apparition, c'est pour transmettre leur Lumière à tous les hommes. L'Amour ne saurait exclure quiconque. La tradition vivante de l'Église l'interprétera ainsi en inscrivant dans le credo : *« Il est descendu aux enfers. »* C'est ainsi que Jésus ouvre la « Résurrection » aux multitudes qui sont mortes avant lui.

L'Amour porte en lui l'ardent désir d'une présence qui ne sera jamais retirée. Ainsi en est-il du Ressuscité : *« Voici que je suis avec vous tous les jours jusqu'à la fin du monde »* (Mt 28, 20).

Tant que Jésus séjournait en Palestine, son action se limitait aux horizons du pays et aux contraintes de son corps. Désormais il peut être omniprésent à tout homme ouvrant son cœur. Son corps de ressuscité n'est plus un obstacle à la rencontre de ceux qui l'aiment. *« Le soir, ce même jour, le premier de la semaine, et les portes étant closes, là où se trouvaient les disciples, par peur des Juifs, Jésus vint et se tint au milieu et il leur dit : "Paix à vous !" »* (Jn 20, 19). Son Corps glorieux n'est plus un objet de relation, mais un sujet de communion d'Amour dans une liberté que rien, hormis le péché, ne peut arrêter. *« Qui nous séparera de l'amour du Christ ? La tribulation, l'angoisse, la persécution, la faim, la nudité [...] Mais en tout cela nous sommes les grands vainqueurs par celui qui nous a aimés »* (Rm 8, 35.37).

Le récit des évangélistes nous relate la résurrection dans un climat de sérénité, de paix et de miséricorde. Lorsqu'Il se manifeste dans une apparition, Jésus plonge les apôtres dans la paix. Déjà, il avait annoncé à ses disciples inquiets devant le drame de la Passion qui se préparait : *« Je vous laisse ma paix, c'est ma paix que je vous donne* » (Jn 14, 27). De même le soir de Pâques : « … *"Paix à vous !" Ayant dit cela, il leur montra ses mains et son côté. Les disciples furent remplis de joie à la vue du Seigneur. Il leur dit alors, à nouveau : "Paix à vous !"* (Jn 20, 19-21). Huit jours plus tard, dans les mêmes conditions, il dira : « *Paix à vous* » (Jn 20, 26). Les apôtres ne sont pas parvenus à convaincre Thomas de l'authenticité de la Résurrection du Christ qu'ils ont vu huit jours plus tôt. Jésus ne leur fait aucun reproche. Il cherche à les soutenir dans leur effort pour assumer un nouveau mode de relation avec Lui. Les apôtres doivent franchir une étape intérieure capitale qui les désoriente autant que l'arrestation de Jésus. Il leur transmet son courage et sa sérénité.

La délicatesse de son Amour apparaît quand il s'approche de Marie Madeleine à l'aube de Pâques. Il la trouve en pleurs à l'entrée du tombeau *: « Femme, pourquoi pleures-tu ? Qui cherches-tu ?* » (Jn 20, 15). Marie Madeleine, le prenant pour le jardinier, ne l'a toujours pas reconnu. Sans lui faire aucun grief de son manque de lucidité, il vient à son secours et l'appelle par son prénom, Marie, (Jn 20, 16). Le timbre de la voix, la chaleur de l'affection lui rappellent le « Rabbouni » (Jn 20, 16). Dans la profondeur de sa bonté, Jésus lui confirme sa présence et lui fait totalement confiance : « *Va trouver mes frères et dis-leur* » (Jn 20, 17).

Nous nous souvenons de la scène de réconciliation de Jésus avec Pierre. Il s'est approché des apôtres qui ont travaillé toute la nuit sur le lac de Tibériade, sans prendre aucun poisson : « *Or, le matin déjà venu, Jésus se tint sur le rivage ; pourtant les disciples ne savaient pas que c'était lui* » (Jn 21, 4). « *Jésus leur dit : "Venez déjeuner." Aucun des disciples n'osait lui demander : "Qui es-tu ?" sachant que c'était le Seigneur* » (Jn 21, 12). C'est alors que le Ressuscité invite Pierre à renaître dans la confiance, fruit de sa miséricorde : « *Seigneur [...] tu sais que je t'aime [...] Pais mes agneaux [...] une deuxième fois : "Simon, fils de Jean, m'aimes-tu [...] Pais mes brebis"* » (Jn 21, 15-16). La puissance créatrice de la résurrection transfigure Pierre par la miséricorde. Son amitié pour le Seigneur est devenue : « Agapè ». Pierre est le roc de miséricorde sur lequel repose l'Église : « *Les portes de l'Hadès ne tiendront pas contre elle* » (Mt 16, 18). Nous sommes loin d'une victoire où le vaincu n'aurait plus qu'à capituler. C'est la rencontre de deux cœurs.

Humilité et Kenôse

Paul voit dans la Rédemption la grande manifestation de l'Humilité divine. Dieu n'est pas un conquérant qui affirmerait ses droits contestés par les hommes. Humblement il est la transparence de l'Amour. Paul exprime sa pensée en reprenant sans doute une hymne liturgique de la première communauté chrétienne et en l'étoffant :

« *Lui, de condition divine,*
ne retint pas jalousement
le rang qui l'égalait à Dieu.
Mais il s'anéantit lui-même,
prenant condition d'esclave,
et devenant semblable aux hommes.
S'étant comporté comme un homme,

il s'humilia plus encore,
obéissant jusqu'à la mort,
et à la mort sur une croix !
Aussi Dieu l'a-t-il exalté
et lui a-t-il donné le Nom
qui est au-dessus de tout nom,
pour que tout, au nom de Jésus,
s'agenouille, au plus haut des cieux,
sur la terre et dans les enfers,
et que toute langue proclame,
de Jésus-Christ, qu'il est Seigneur,
à la gloire de Dieu le Père » (Ph 2, 6-11).

Paul encourage les Philippiens *« à tenir ferme dans un même esprit [...] et d'un cœur unanime pour la foi de l'Évangile* » (Ph 1, 27). Il les conjure de mettre le comble à sa joie par l'accord dans le sentiment. *« Ayez le même Amour, une seule âme, un seul sentiment [...] que chacun par l'humilité estime l'autre supérieur à soi* » (Ph 2, 2-3). *« Ayez entre vous les mêmes sentiments qui sont dans le Christ Jésus* » (Ph 2, 5). Paul invite cette Église naissante à prendre exemple sur l'humilité du Christ, dans son Incarnation et sa Passion, qui doit être vécue par tous les frères entre eux.

Paul reste marqué par l'expérience spirituelle du chemin de Damas : *« Je suis Jésus que tu persécutes* » (Ac 9, 5). Il comprend que l'Incarnation est la première manifestation de l'humilité de son Seigneur, d'où la référence à l'hymne liturgique : *« Lui, de condition divine, ne retint pas jalousement le rang qui l'égalait à Dieu. Mais il s'anéantit lui-même, prenant condition d'esclave, et devenant semblable aux hommes* » (Ph 2,

6-7). L'humilité de Dieu est source de sa Grandeur. Le Christ s'abaisse volontairement. Dieu l'exalte souverainement (Ph 2, 8-11). L'humilité du Seigneur traduit un Amour transparent lors de la création : « *Il est l'image du Dieu invisible* » (Col 1, 15).

Cette humilité sera extrême dans le drame de la Passion : « *Il s'humilia plus encore obéissant jusqu'à la mort, et à la mort sur une croix* » (Ph 2, 8). Pour toucher nos cœurs et ébranler notre orgueil, Jésus ne pouvait pas trouver condition plus effacée. Esclave, il n'a pas le droit d'être considéré comme un homme et reconnu comme tel. Il est devenu un objet sur lequel le Maître a tous les droits. La croix était réservée aux esclaves qui se révoltaient. Jésus n'aura pas droit à la noblesse d'une mort par lapidation qui aurait souligné la grandeur de son intelligence, fût-elle considérée comme hérétique par rapport à la pensée du Sanhédrin. Personne ne peut se sentir menacé par un esclave. Dieu ne pouvait pas descendre plus bas dans l'échelle sociale de cette époque. Il a réellement pris la dernière place : « *Aussi Dieu l'a-t-il exalté et lui a donné le nom qui est au-dessus de tout nom* » (Ph 2, 9).

Comment Dieu peut-il prendre la dernière place parmi les hommes ? Se trouvant par son Incarnation au milieu des hommes, quelle serait notre interrogation si Jésus avait opté pour se situer parmi les puissants, les surdoués, « ceux d'en haut » ? La multitude n'oserait pas approcher de lui. Nous savons combien notre société reste marquée par des inégalités sociales inadmissibles qui provoquent des explosions fréquentes et dramatiques. Cet énorme péché des « structures », selon l'expression du pape Jean-Paul II, Dieu ne pouvait la cautionner d'aucune manière. Par sa mort, il a vécu la situation des « exploités » et nous prouve que face à la volonté de puissance humaine, il y a l'humilité divine qui ouvre les cœurs à l'Amour.

Sa Résurrection lui permet de nous présenter un visage divin qui nous déconcerte car instinctivement nous le recherchions parmi les « dieux du stade » à la musculature étonnante, à la santé éblouissante, au visage radieux. Or, il n'en est rien : *« Seigneur, quand nous est-il arrivé de te voir affamé ou assoiffé, étranger ou nu, malade ou prisonnier, et de ne te point secourir ? Alors il leur répondra : "En vérité, je vous le dis* [= cela signifie la stricte vérité], *dans la mesure où vous ne l'avez pas fait à l'un de ces plus petits, à moi non plus vous ne l'avez pas fait" »* (Mt 25, 44-45). Un monde nouveau est en train de naître où *« beaucoup de premiers seront les derniers et les derniers seront premiers »* (Mc 10, 31).

Si Jésus partage le drame de cette situation lamentable, ce n'est pas pour maintenir un état de fait mais pour éveiller les cœurs à ce scandale intolérable de l'égoïsme humain. Son humilité n'est pas effacement mais force vitale qui veut ébranler un immobilisme qui cache l'odieuse souffrance de ceux qui n'ont pas la faculté d'en sortir. *« Je suis doux et humble de cœur »* (Mt 11, 29), avait dit Jésus qui, selon l'apôtre Jean, avait fait précéder le discours d'après la Cène non par des paroles de la Consécration mais par l'exemple du lavement des pieds. *« C'est un exemple que je vous ai donné pour que vous fassiez, vous aussi, comme moi j'ai fait pour vous »* (Jn 13, 15).

Transformer les rapports de force en une communion d'Amour souligne la volonté de Dieu de sauver ceux qu'Il aime. Si impensable que cela puisse paraître, la puissance de l'humilité divine l'emporte à sa manière sur toutes les forces adverses. Jésus nous donne la joie de goûter, dès ce monde, à l'Amour invisible du Cœur de Celui qui nous transmet sa vie « éternelle ».

Douceur divine

La rédemption n'est pas d'abord une action, elle est avant tout une personne, le Verbe incarné, Jésus : *« Un Sauveur nous est né qui est le Christ Seigneur »* (Lc 2, 11). *« En son Fils nous trouvons la Rédemption »* (Col 1, 14) et encore : *« Le Dieu vivant, le Sauveur de tous les hommes »* (1 Tm 4, 10). En venant au monde, Jésus dans sa personne est déjà celui qui sauve et qui apporte la vraie vie. Les bergers entourent un *« nouveau-né enveloppé de langes et couché dans une crèche »* (Lc 2, 12). Les bergers auraient pu imaginer une naissance dans un palais (il y en avait plusieurs à Jérusalem...). C'est un Sauveur qui est né dans les mêmes conditions que celles de leurs propres enfants. Cependant les anges chantent : *« Gloire à Dieu au plus haut des cieux et sur la terre paix aux hommes qu'il aime »* (Lc 2, 14). Déjà la douceur émanait de l'enfant et ceux qui entendirent parler les bergers *« furent étonnés de ce qu'ils disaient »* (Lc 2, 18). Dieu ne se manifeste pas dans la puissance des éclairs et du tonnerre, mais dans la transparence d'une naissance source de paix.

Pendant trente ans, la rédemption a été portée par Jésus en communion filiale avec Marie et Joseph, dans l'humble condition de Nazareth : *« De Nazareth peut-il sortir quelque chose de bon ? »* (Jn 1, 46). Inconnu et incompris de ses contemporains, Jésus dans la douceur de l'Amour silencieux affronte déjà le drame de l'orgueil, de l'égoïsme et de la suffisance des hommes. *« D'où lui viennent cette sagesse et ces miracles ? Celui-là n'est-il pas le fils du charpentier ? N'a-t-il pas pour mère la nommée Marie ? »* (Mt 13, 54-55). Devant tant d'incompréhension, la « Sainte Famille » souffre en silence dans la docilité, signe de la plénitude de leurs Cœurs. L'Immaculée et le Verbe incarné entraînent Joseph dans l'approfondissement du mystère de la souffrance qui devient rédemptrice par l'intensité d'Amour qui les habite.

La délicatesse de l'Amour divin va se révéler à chacune des principales étapes de la Passion. Jean insiste longuement sur les efforts de Jésus pour inviter Judas au repentir. Il lui fait réaliser qu'il est démasqué : *« En vérité, en vérité je vous le dis, l'un de vous me livrera »* (Jn 13, 21). Répondant à Jean : *« C'est celui à qui je donnerai la bouchée que je vais tremper »* (Jn 13, 26) et il la donne à Judas. Ce dernier serait-il ébranlé par tant d'attention et de bonté ? L'adversaire réagit : *« Alors Satan entra en lui »* (Jn 13, 27). La dernière parole pour que Judas comprenne qu'il est démasqué : *« Ce que tu fais, fais le vite »* (Jn 13, 27). C'est l'ultime effort pour toucher un cœur qui se repentira à sa manière en rendant l'argent de la trahison et en se suicidant (Mt 27, 5).

Lors de l'arrestation de Jésus, il y a un épisode déconcertant qui ne peut être interprété qu'à la Lumière de la Foi comme l'enseignement d'une théophanie de la puissance divine dans la douceur :

« *Quand Jésus leur eut dit "C'est moi", ils reculèrent et tombèrent à terre* » (Jn 18, 6). « *Si donc c'est moi que vous cherchez, laissez ceux-là s'en aller* » (Jn 18, 8) afin que s'accomplît la parole qu'il avait dite : « *Ceux que tu m'as donnés, je n'en ai pas perdu un seul* » (Jn 18, 9). La force divine est d'une autre nature que la volonté de puissance des hommes. C'est pourquoi Jésus dit à Pierre : « *Rentre le glaive dans le fourreau, la coupe que m'a donnée le Père, ne la boirai-je pas ?* » (Jn 18, 11).

Jésus connaissant l'issue dramatique de sa vie aurait pu fuir de Jérusalem comme cela arriva plusieurs fois pour échapper à ses ennemis. « *Entendant cela, tous dans la synagogue furent remplis de fureur. Et, se levant, ils le poussèrent hors de la ville et le menèrent jusqu'à un escarpement de la colline sur laquelle leur ville était bâtie, pour l'en précipiter. Mais lui, passant au milieu d'eux, allait son chemin…* » (Lc 4, 28-30). « *Son heure n'était pas encore venue* » (Jn 2, 4). De même, après une longue discussion de Jésus avec ses adversaires sur l'authenticité de son témoignage, ils l'entendent affirmer : « *"Avant qu'Abraham existât, Je Suis." Ils ramassèrent alors des pierres pour les lui jeter, mais Jésus se déroba et sortit du temple* » (Jn 8, 58-59). La bonté de Jésus l'habite pleinement quand la volonté de son Père lui trace la route de la Croix. Il ne fuit pas mais il s'engage résolument : « *Avant la fête de la Pâque, Jésus sachant que son heure était venue de passer de ce monde vers le Père, ayant aimé les siens qui étaient dans le monde, il les aima jusqu'à la fin* » (Jn 13, 1).

Lors du procès devant le Sanhédrin, la violence de la réaction du grand prêtre souligne la colère d'un homme puissant en face de la force douce et humble du serviteur : « *Es-tu le Fils du Dieu vivant ? "Tu l'as dit, lui dit Jésus. D'ailleurs je vous le déclare : dorénavant, vous verrez le Fils de l'homme siégeant à droite de la Puissance et venant sur les nuées du ciel." Alors le grand prêtre déchira ses vêtements [...] il mérite la mort* » (Mt 26, 63-66). Jésus, devant Pilate, est habité par la ferme certitude que la vérité l'emportera. « *Quiconque est de la vérité écoute ma voix. [...] alors ils vociférèrent de nouveau en disant : "Pas lui mais Barrabas"* » (Jn 18, 37.40).

Jésus en croix, épuisé, torturé, agonisant dans des douleurs intenses, n'a aucune parole agressive. Elles sont toutes imprégnées d'une douceur miséricordieuse : « *Père, pardonne-leur : ils ne savent pas ce qu'ils font* » (Lc 23, 34). « *Aujourd'hui tu seras avec moi dans le Paradis* » (Lc 23, 43). Nous nous souvenons également de ces paroles : « *Femme, voici ton fils. [...] Voici ta mère* » (Jn 19, 26-27). « *"C'est achevé" et, inclinant la tête, il remit l'esprit* » (Jn 19, 30).

Nous avons déjà vu comment, au matin de Pâques, tout se déroule dans l'Amour et la bienveillance d'un Dieu qui veut, peu à peu, aider ses apôtres à ne pas être décontenancés par la vue du ressuscité. « *Saisis de frayeur et de crainte,* [les apôtres] *pensaient voir un esprit. Mais il leur dit : "Pourquoi tout ce trouble, et pourquoi des doutes montent-ils en votre cœur ? Voyez mes mains et mes pieds ; c'est bien moi ! Palpez-moi et rendez-vous compte qu'un esprit n'a ni chair ni os, comme vous voyez que j'en ai." [...] "Avez-vous ici quelque chose à manger ?" Ils lui présentèrent un morceau de poisson grillé. Il le prit et le mangea devant eux* » (Lc 24, 37-39.41-43).

Jésus a vécu ce qu'Il avait enseigné : « *Heureux, vous les pauvres, car le Royaume de Dieu est à vous* » (Lc 6, 20). Comme l'avait chanté le psaume : « *Les humbles posséderont la terre, réjouis d'une grande paix* » (Ps 37, 11). Ainsi, se réalisait la promesse faite à Abraham : « *Tout le pays que tu vois, je le donnerai à toi et à ta postérité pour toujours* » (Gn 13, 15).

« Aujourd'hui tu seras avec moi en Paradis »

Ainsi Jésus introduit un criminel repentant dans la joie du ciel.

Assumés dans l'unité divine

Jésus nous révèle lui-même le sens de son Œuvre de Rédemption en nous faisant partager sa propre prière. Jean nous la rapporte dans le chapitre 17 comme couronnement à la fois du testament du Seigneur et de la construction de son Église dans les chapitres 13 à 16.

Le grand dessein du Père est dévoilé dans la prière de Jésus : *« Comme toi, Père, tu es en moi et moi en toi, qu'eux aussi soient un en nous, afin que le monde croie que tu m'as envoyé. [...] qu'ils soient un comme nous sommes un : moi en eux et toi en moi, afin qu'ils soient parfaits dans l'unité, et que le monde reconnaisse que tu m'as envoyé et que tu les as aimés comme tu m'as aimé »* (Jn 17, 21-23).

Le Seigneur en créant l'homme l'avait gratuitement désiré avant son enfantement. Il lui offrait la joie d'une communion intime et réciproque dans la vie éternelle de la famille divine. L'homme, les hommes ont refusé. Dieu s'est incliné mais continue à penser qu'un jour la surabondance de son Amour parviendra à toucher les cœurs. Cette action divine est ce que nous appelons la rédemption. Le « péché » est le rejet du dessein d'Amour du Père. Il est division, refus, là où le Seigneur voit communion et unité. L'unité divine n'est pas absorption ou faiblesse numérique (en mathématique le 1 est inférieur au 2) mais richesse et synthèse. Le péché se caractérise par la rupture de l'harmonie, le rejet de Dieu.

Nous constatons qu'à travers les millénaires les hommes se détournent de Dieu et repoussent leurs semblables. « L'enfer, c'est les autres », nous rappelait étrangement Jean-Paul Sartre. La désunité règne en chacun de nous, avec nous-mêmes, avec les autres, et l'exploitation de l'homme par l'homme l'emporte sur les joies de la réciprocité possible des cœurs prenant le chemin de l'Amour. Jésus est venu pour nous assurer de la miséricorde éternelle du Père et nous donner de communier dès ici-bas à la construction du Royaume intérieur dans l'unité et dans l'Amour. Un monde nouveau est en train de naître.

Jésus, Fils de Dieu, et Dieu lui-même, nous entraîne dans sa propre prière, c'est-à-dire dans sa relation d'Amour avec son Père dans l'Esprit-Saint. *« Père saint, garde-les dans ton nom que tu m'as donné, pour qu'ils soient un comme nous »* (Jn 17, 11). Dans le cœur de Jésus la réconciliation est totale : *« C'est pour eux que je prie [...] pour ceux que tu m'as donnés, car ils sont à toi, et tout ce qui est à moi est à toi, et tout ce qui est à toi est à moi, et je suis glorifié en eux* » (Jn 17, 9-10). Il est tonifiant pour nous de pouvoir nous appuyer sur cette prière qui se poursuit à travers les millénaires. Notre confiance en la réalisation de notre unité prend sa source dans la prière de Jésus qui soutient nos efforts et rend possible ce qui humainement ne l'est pas. Le Seigneur lui-même construit en nous cette unité. « *Laissez vous réconcilier avec Dieu* », disait saint Paul (2 Co 5, 20).

Cette œuvre réalisée dans la douleur sera source de souffrances. Sur cette terre les doux sont exclus, d'où la parole de Jésus : « *Pour eux, je me sanctifie moi-même, afin qu'ils soient eux aussi sanctifiés dans la vérité* » (Jn 17, 19). Certaines traductions écrivent : « *Je me sacrifie moi-même* », d'autres : « *Je me consacre moi-même* ». Quel que soit le choix de la traduction, apparaît l'idée d'une souffrance et d'une expiation. Dieu n'a pas besoin de souffrance ou d'expiation. Mais les hommes, par leurs péchés, repoussent le Cœur de Dieu. Ce dernier s'offre à leur place : « *Laissez ceux-là s'en aller* » (Jn 18, 8). L'Amour du Seigneur s'accroît pour nous dans cette souffrance inhumaine des hommes déchaînés contre lui. Le signe du suprême Amour a été donné à l'humanité dans la réalisation de la prophétie de Zacharie : « *ils regarderont vers moi. Celui qu'ils ont transpercé [...] ils le pleureront comme on pleure un premier-né* » (Za 12, 10).

Plénitude d'une éternité d'Amour

La contemplation de l'Amour rédempteur dilate notre cœur et nous ouvre un monde nouveau, de plénitude dans une éternité d'Amour. Nous n'avons pas demandé à naître. Après neuf mois, nous avons été projetés dans un monde inconnu que nous ne cessons de découvrir à travers des perceptions différentes en fonction de nos âges. Ce monde est à la fois passionnant et décevant. Le néant l'environne de partout. Nous portons en nous des pressentiments d'un monde différent du nôtre où les relations entre humains s'établiraient dans l'Amour et dans la joie. La Révélation divine nous dit : « *Puis je vis un ciel nouveau, une terre nouvelle – car le premier ciel et la première terre ont disparu, et de mer, il n'y en a plus* » (Ap 21, 1). Isaïe l'avait annoncé : « *Car voici que je vais créer des cieux et une terre nouvelle* » (Is 65, 17) ; « *Car, de même que les cieux nouveaux et la terre nouvelle que je fais subsistent devant moi, oracle de Yahvé, ainsi subsistera votre race et votre nom* » (Is 66, 22).

La contemplation de Jean dans l'Apocalypse nous confirme l'existence de ce ciel et de ses caractéristiques : « *Et je vis la Cité sainte, Jérusalem nouvelle, qui descendait du ciel, de chez Dieu [...] J'entendis alors une voix clamer, du trône : "Voici la demeure de Dieu avec les hommes. Il aura sa demeure avec eux ; ils seront son peuple, et lui, Dieu-avec-eux, sera leur Dieu"* » (Ap 21, 2-3). Pour Jean, la plénitude ne peut exister que dans la communion avec Dieu. Elle sera enfin totalement réalisée dans l'au-delà. Mais nous savons que, dans l'Apocalypse, le ciel est déjà commencé sur la terre et que, dès ici-bas, la rencontre et la vie avec Celui qui est Tout-Amour commencent par le baptême. Déjà, nous pouvons approcher cette plénitude qui se réalise à un degré insaisissable pour la majorité d'entre nous. Ainsi, quelques-uns de nos frères et sœurs en Jésus parviennent à vivre, dans un mariage mystique, des épousailles divines.

Dans cet « univers nouveau » (Ap 1, 5) la souffrance disparaîtra enfin. « *Puis l'Ange me montra le fleuve de Vie, limpide comme du cristal, qui jaillissait du trône de Dieu et de l'Agneau. Au milieu de la place, de part et d'autre du fleuve, il y a des arbres de Vie qui fructifient douze fois, une fois chaque mois ; et leurs feuilles peuvent guérir les païens. De malédiction, il n'y en aura plus ; le trône de Dieu et de l'Agneau sera dressé dans la ville, et les serviteurs de Dieu l'adoreront ; ils verront sa face, et son nom sera sur leurs fronts. De nuit, il n'y en aura plus ; ils se passeront de lampe ou de soleil pour s'éclairer, car le Seigneur Dieu répandra sur eux sa lumière, et ils régneront pour les siècles des siècles* » (Ap 22, 1-5). Jean, depuis la Pentecôte, sait que les prophéties étaient réalisées en Jésus : « *Ils arriveront à Sion criant de joie, portant avec eux une joie éternelle. La joie et l'allégresse les accompagneront, la douleur et les plaintes cesseront* » (Is 35, 10). Un ami me confiait qu'une des difficultés de son acte de foi consistait à recevoir du Seigneur ce monde nouveau où il n'y aurait plus de souffrance. Son univers personnel était marqué depuis son enfance par la douleur. Parvenu à l'âge adulte, ayant résolu comme chacun ses propres problèmes, il était aux prises, jour après jour, avec les souffrances de cette terre qui se renouvellent sans cesse. Seule une transformation de sa personne lui permettrait d'accueillir une joie qui n'en finira jamais. Saint François d'Assise appelait « la mort, sa sœur ». Lui, aurait dit plus volontiers : « La souffrance est ma sœur. »

Il devait se préparer intérieurement à vivre, un jour, uniquement d'Amour et de joie absolue. L'Esprit-Saint lui ferait goûter à la « Joie divine ».

Mais comment l'existence de ce monde nouveau, de plénitude, peut-elle se confronter avec celle de l'enfer ? Nous sommes en présence de l'enseignement de l'Église et de la Révélation qui nous entraîne à mieux intérioriser la grandeur de l'Amour de Dieu. Certains refusent de croire en l'existence de l'enfer. Le magistère, au contraire, l'affirme, ainsi que la tradition vivante de l'Église.

Croire en l'Amour du Seigneur, c'est se reconnaître pécheur. La gravité de notre refus d'aimer, la légèreté de nos sentiments atteignent le Cœur de Dieu. Parce que le Seigneur nous aime gratuitement nous le faisons souffrir par nos « peccadilles ». Les couples mariés savent combien on peut se faire souffrir dans des comportements de détails quotidiens. « Si tu m'aimais vraiment, tu pourrais ne pas négliger... de m'acheter des fleurs ! » Nous avons tôt fait d'oublier que nous-mêmes avons massacré Jésus dans le drame mystique du Calvaire. Trop longtemps, parmi les chrétiens, on a dit que les juifs étaient « déicides » alors que ce sont nos péchés qui sont responsables de la souffrance et de la mort au Calvaire. Il nous est bon de méditer en vérité, et longuement, le visage du Sauveur à travers l'image du saint Suaire gardé à Turin, pour mieux nous pénétrer de la gravité de nos égoïsmes qui engendrent la mort du Sauveur : *« [Il] est mort pour nos péchés »* (1 Co 15, 3). *« Il a pris sur lui le péché du monde »* (1 Jn 2, 2).

Dans cette prise de conscience, nous reconnaissons qu'envisager un « enfer éternel » nous plonge dans une angoisse dramatique que notre raison ne parvient même pas à imaginer. L'enfer est l'expression du respect extrême que le Seigneur porte à notre liberté. Jamais il n'imposera son Amour. L'Église souligne à la fois la grandeur et le tragique de notre responsabilité (*Catéchisme de l'Église catholique*, n° 1036-1037). Nous implorons la miséricorde de Dieu sachant qu'Il veut « que personne ne périsse et que tous arrivent au repentir » (2 P 3, 9).

Avec l'Église, dans la prière eucharistique n° 1, nous avons l'audace de dire : « Voici l'offrande que nous présentons devant toi, nous, tes serviteurs et ta famille entière : dans ta bienveillance accepte-la, assure toi-même la paix de notre vie, arrache-nous à la damnation et reçois nous parmi tes élus. »

Si nous considérons, avec de nombreux théologiens actuels, que l'enfer est une possibilité qui s'ouvre à chacun de nous, nous sommes émerveillés de la profondeur de l'Amour que Dieu nous porte. Lui, ne nous contraindra jamais à ouvrir notre cœur. Dieu respectera toujours notre réponse. Il prend le risque de nous perdre définitivement mais, en même temps, il cherche à nous séduire par la richesse de son Amour et de sa Lumière

Marthe Robin nous disait qu'elle se tiendrait au ciel, à la porte de l'enfer, afin que personne ne puisse y pénétrer ! Dégageons-nous de fausses interprétations de la parabole du Jugement dernier (Mt 25, 31). L'enfer n'est pas un camp de concentration où Dieu se vengerait de ses ennemis, mais un état de refus dans lequel vit tout homme qui ne veut accepter l'Amour que Dieu lui porte. Cette éventualité met en valeur à la fois la grandeur, l'authenticité de l'Amour de Dieu et celle de l'homme qui est créé à la ressemblance de l'Amour. La certitude d'un choix réel, engageant une éternité, nous fait constater à quel point nous sommes dépassés par la pensée infinie de Dieu : *« Je te rends grâce [...] d'avoir caché cela aux sages et aux intelligents, et de l'avoir révélé aux tout-petits »* (Mt 11, 25). Que des hommes, dans notre monde moderne, soient capables de créer des camps de concentration qui soient de véritables enfers, comment est-ce possible ? Dieu se présente à nous comme étant du côté des victimes. Que de crimes ne commettons-nous pas au nom de la justice ! Les génocides au Rwanda, au Soudan, au Congo, etc. étaient-ils nécessaires ? *« Combien, Seigneur, tes pensées ne sont pas mes pensées »* (Is 55, 8). *« Que tes pensées sont insondables »* (Ps 92, 6).

Un univers sans souffrance : mieux, un univers de joie. Le Seigneur vient épanouir le cœur de ses enfants. Les prophètes avaient annoncé la venue du Sauveur en termes de joie messianique, c'est-à-dire de joie, fruit d'une délivrance. Les références sont multiples : *« Les plus misérables seront dans la joie »* (Is 29, 19). *« Leur joie sera éternelle »* (Is 61, 7). Zacharie dira : *« Tressaillez d'allégresse, fille de Sion, criez de joie, fille de Jérusalem »* (Za 9, 9). Les prophéties se réaliseront en Jésus : *« Voici que je vous annonce une grande joie, qui sera celle de tout un peuple : aujourd'hui un Sauveur vous est né »* (Lc 2, 10). Marie avec sa cousine Élisabeth priera : *« Mon âme exalte le*

Seigneur et mon esprit tressaille de joie en Dieu mon Sauveur » (Lc 1, 46-47).

Dans le ciel, la joie s'exprimera en louanges : « *Ils* [ceux qui entourent l'agneau] *ne cessent de répéter jour et nuit : "Saint, Saint, Saint, Seigneur, Dieu Maître-de-tout, Il était, Il est et Il vient"* » (Ap 4, 8). Ils lancent leurs couronnes devant le trône en disant : « *Tu es digne, ô notre Seigneur et notre Dieu, de recevoir la gloire, l'honneur et la puissance, car c'est toi qui créas l'univers ; par ta volonté, il n'était pas et fut créé* » (Ap 4, 11). Sur terre, déjà la louange est au cœur de la rédemption eucharistique : « *Il est bon de te rendre grâce en tout temps, et en tout lieu, Père très saint, Dieu éternel et Tout-Puissant* » (Préface temps ordinaire II). La prière des saints au ciel nous entraîne dans l'alliance divine. C'est la joie de se savoir aimé du Seigneur, de « voir » son Amour. Joie de pouvoir au ciel aimer et soutenir ceux qui sont sur terre. Comme Thérèse de Lisieux, Marthe Robin nous avait écrit qu'elle passerait son ciel à faire du bien sur la terre :

> « Oui, jusqu'à la fin du monde je serai l'apôtre de l'Amour ; aussi longtemps qu'il restera sur la terre des hommes qui souffriront, qui lutteront, qui chemineront dans l'erreur, j'intercéderai en leur faveur, je viendrai les aimer, les secourir, leur montrer leur véritable Patrie. Ma tendresse pour les âmes disposera sans épuisement de toutes les Grâces du Bon Dieu. Si je jette les yeux sur les années écoulées je me dis : je pourrais être sainte, je devrais l'être… cependant les divines miséricordes continuent. Je ne vis que par l'ardent désir

d'y répondre pleinement, de tout faire par amour, pour mourir d'amour ! Les souffrances physiques, les tortures morales agissent si bien sur mon activité spirituelle, je compte surtout sur ma Mère bien-Aimée pour me garder plus que jamais humble, docile, confiante et bien petite afin que le Bon Dieu soit bien libre en mon âme ; car l'humilité, l'abandon à la volonté divine c'est la base et le centre de l'union intime et féconde avec Jésus.
Obscure et ignorée, ce sera mon privilège dans le Ciel. Sans nom, sans Gloire connue de la terre, je veillerai sur les miens si chers, sur tous, uniquement parée de la belle couronne de ma grande mission qui se poursuivra plus rayonnante, plus vaste encore. Connue seulement de ceux que je viendrai visiter, fortifier, encourager, relever, et encore ne sauront-ils pas toujours que c'est moi… si souvent je leur demeurerai invisible.
J'ai tout donné à Dieu sans garder de réserve, jetant tout à la minute présente dans son Sein Paternel. Quand j'irai vers Lui je retrouverai tout un trésor non simplement centuplé mais mille fois multiplié à répandre dans les âmes » (Marthe Robin, *Journal intime*, 7 septembre 1931).

Elle rejoignait la doctrine de l'Église qui nous précise le sens des paroles de Jésus et de Jean. *« C'est la gloire de mon Père que vous portiez beaucoup de fruit »* (Jn 15, 8) :

« L'union de ceux qui sont encore en chemin avec leurs frères qui se sont endormis dans la paix du Christ ne connaît pas la moindre intermittence ; au contraire, selon la foi constante de l'Église, cette union est renforcée par l'échange des biens spirituels » (*Catéchisme de l'Église catholique,* n° 955).

« Étant en effet plus intimement liés avec le Christ, les habitants du ciel contribuent à affermir plus solidement l'Église en sainteté [...]. Ils ne cessent d'intercéder pour nous auprès du Père, offrant les mérites qu'ils ont acquis sur terre par l'unique Médiateur de Dieu et des hommes, le Christ Jésus [...]. Ainsi leur sollicitude fraternelle est du plus grand secours pour notre infirmité » (*Catéchisme de l'Église catholique,* n° 956, LG 49). « Je passerai mon ciel à faire du bien sur la terre » (sainte Thérèse de l'Enfant Jésus, *op. cit.*).

« *Dans l'unique famille de Dieu.* "Lorsque la charité mutuelle et la louange unanime de la Très Sainte Trinité nous font communier les uns aux autres, nous tous, fils de Dieu qui ne faisons dans le Christ qu'une seule famille, nous répondons à la vocation profonde de l'Église" » (*Catéchisme de l'Église catholique,* n° 959, LG 51).

La Rédemption se poursuit au ciel dans la joie des vendanges et dans la puissance d'intercession de ceux qui ne cessent de répandre sur terre les trésors d'Amour qui habitent en leurs cœurs illuminés, par la Tendresse miséricordieuse du Seigneur.

Unifiés dans l'Amour

Les fruits de l'Amour rédempteur sont perçus par saint Paul dans la réalisation effective du dessein de

Dieu. Le Seigneur transforme dès ici-bas les cœurs. Les relations humaines sont transfigurées par l'Amour, et la rencontre du Christ se traduit par la joie et par la paix d'un Amour fraternel entre tous. Saint Paul ose écrire dans sa lettre aux Éphésiens : « *Je viens vous supplier [...] de mener une vie digne de votre vocation : soyez très humbles, très doux, soyez patients, supportez-vous mutuellement dans la charité, ayez souci de garder, dans la paix qui vous lie tous ensemble, l'unité de l'Esprit. Vous ne faites qu'un seul corps et qu'un seul esprit, de même que votre vocation vous a appelés à partager une seule espérance. Il n'y a qu'un seul Seigneur, une seule foi, un seul baptême ; un seul Dieu qui est Père de tous. Il est au-dessus de tous, agit en tous et habite en nous tous* » (Ep 4, 1-6).

Saint Paul n'a pas connu Jésus alors que ce dernier parcourait les routes de Palestine. Il n'a pas, comme les autres apôtres et disciples, écouté le Seigneur leur annonçant la bonne nouvelle des béatitudes. Après la résurrection de Jésus, alors « qu'[il] a persécuté l'Église » (1 Co 15, 9) il est touché par une lumière divine sur le chemin de Damas : « *Il faisait route et approchait de Damas, quand soudain une lumière venue du ciel l'enveloppa de sa clarté. Tombant à terre, il entendit une voix qui lui disait : "Saul, Saul, pourquoi me persécutes-tu ?" – "Qui es-tu, Seigneur ?" demanda-t-il. Et lui : "Je suis Jésus que tu persécutes. Mais relève-toi, entre dans la ville, et l'on te dira ce que tu dois faire. [...] On le conduisit par la main pour le faire entrer à Damas* » (Ac 9, 3-6.8). Dans la troisième version de sa conversion, devant le roi Agrippa à Césarée, Paul donnera les précisions suivantes : « *Car voici pourquoi je te suis apparu : pour t'établir serviteur et témoin de la vision dans laquelle tu viens de me voir et de celles où je me montrerai encore à toi* » (Ac 26, 16). Paul ne connaissait pas encore Jean et ignorait que Jésus avait dit : « *Dans la maison de mon Père, il y a de nombreuses demeures ; sinon, je vous l'aurais dit ; je vais vous préparer une place. Et quand je serai allé et que je vous aurai préparé une place, à nouveau je viendrai et je vous prendrai près de moi, afin que, là où je suis, vous aussi, vous soyez* » (Jn 14, 2-3). Paul a conscience d'avoir vécu une apparition du Christ dans son Corps glorieux de ressuscité. Ananie, en le confiant au Saint-Esprit, le lui confirme : « *Saul, mon frère, celui qui m'envoie, c'est le Seigneur, ce Jésus qui t'est apparu sur le chemin par où tu venais ; et c'est afin que tu recouvres la vue et sois rempli de l'Esprit-Saint* » (Ac 9, 17). Cette présence de Jésus se manifeste à travers ses disciples. Désormais le lieu de sa demeure sera non seulement dans la Maison du Père mais dans son Église. Paul n'avait pas encore la foi et ne pouvait discerner la présence invisible du Seigneur dans les chrétiens de Damas. La voix venait de lui révéler : « *Je suis Jésus que tu persécutes* » (Ac 9, 5). « *Je suis avec vous pour toujours jusqu'à la fin du monde* » (Mt 28, 20). « *Demeurez en moi comme moi en vous* » (Jn 15, 4). « *Je suis la vigne ; vous, les sarments. Celui qui demeure en moi, et moi en lui, celui-là porte beaucoup de fruit ; car hors de moi vous ne pouvez rien faire* » (Jn 15, 5).

Pour Paul, la réalisation de la Rédemption sera la victoire du Christ sur la mort. Désormais, Jésus est vivant dans ses disciples qui deviennent l'image, l'icône de son Corps glorieux : « *Ne savez-vous pas que vos corps sont des membres du Christ ?* » (1 Co 6, 15). « *Ou bien ne savez-vous pas que votre corps est un temple du Saint-Esprit qui est en vous et que vous tenez de Dieu ?* » (1 Co 6, 19). Rien n'arrête l'audace de Paul qui écrira aux Corinthiens : « *Vous êtes, vous, le Corps du Christ et membres chacun pour sa part* » (1 Co 12, 27). Les chrétiens sont devenus membres les uns des autres dans le Christ : « *Car, de même que notre corps en son unité possède plus d'un membre et que ces membres n'ont pas tous la même fonction, ainsi nous, à plusieurs, nous ne formons qu'un seul corps dans le Christ, étant, chacun pour sa part, membres les uns des autres* » (Rm 12, 4-5). C'est Jésus qui nous donne sa vie, c'est le Sauveur qui fait de nous des vivants. L'action libératrice n'est pas une hypothèse plausible de notre existence, elle est la réalité quotidienne de nos vies ouvertes à l'Amour. Le dessein de Dieu commence à se réaliser sur cette terre malgré la lourdeur du péché et de la souffrance. Déjà les mystiques goûtent les joies divines dans leur cœur à cœur avec Celui qui est tout Amour. Saint Paul disait aux Philippiens : « *Réjouissez-vous sans cesse dans le Seigneur, je le dis encore, réjouissez-vous. Que votre sérénité soit connue de tous les hommes. Le Seigneur est proche. N'entretenez aucun souci ; mais en tout besoin recourez à l'oraison et à la prière, pénétrées d'action de grâces, pour présenter vos requêtes à Dieu. Alors la paix de Dieu, qui surpasse toute intelligence, prendra sous sa garde vos cœurs et vos pensées, dans le Christ Jésus* » (Ph 4, 4-7).

Nous savons comment sainte Thérèse d'Ávila a longuement décrit son évolution spirituelle en se laissant envahir par la Lumière de l'Amour divin. Elle écrivait en 1571 :

« Le mardi qui suit l'Ascension, je suis restée un instant en oraison après avoir communié. Mon âme vint s'enflammer, il me sembla comprendre clairement la présence de toute la sainte Trinité en vision intellectuelle et une certaine forme de représentation [...] qui [...] fit comprendre à mon âme comment Dieu est Trinité et unité, ainsi il me semblait que toutes les trois personnes me parlaient et elles se représentaient dans mon âme distinctement, me disant : "Qu'à partir de ce jour je verrais trois choses s'amender en moi, car chacune de ces personnes m'accorderaient une grâce : L'une la charité et de souffrir avec joie et de sentir l'âme s'enflammer de charité." Je connais les paroles que disait le Seigneur : "les trois personnes divines seront avec l'âme qui est en état de grâce" et je les voyais en moi comme je l'ai dit. [...] Je vis clairement tout ce que le Seigneur a fait depuis mon enfance pour m'attirer à lui par des moyens fort efficaces que je n'ai pas toujours mis à profit. Ainsi m'est apparu l'amour excessif que Dieu manifeste en nous pardonnant tout cela quand nous voulons revenir à Lui [...] Ces trois personnes que je vis en un seul Dieu se gravèrent, semble-t-il, si profondément dans mon âme, que si cette faveur se prolongerait, il serait impossible de ne jamais sortir de recueillement en si divine compagnie » (Thérèse d'Ávila, *Œuvres complètes*, Desclée de Brouwer, 1995).

Ce mystère du ciel ne fait que commencer sur terre : *« Nous-mêmes qui possédons les prémices de l'Esprit, nous gémissons nous aussi intérieurement dans l'attente de la rédemption de notre corps. Car notre salut est objet d'espérance [...] Mais espérer ce que nous ne voyons pas, c'est l'attendre avec constance. Pareillement l'Esprit vient au secours de notre faiblesse...* » (Rm 8, 23-26).

Étape de purification

L'Église nous atteste que nous ne pouvons pas vivre éternellement avec Dieu sans une étape de purification, le purgatoire :

> « Ceux qui meurent dans la grâce et l'amitié de Dieu, mais imparfaitement purifiés, bien qu'assurés de leur salut éternel, souffrent après leur mort une purification, afin d'obtenir la sainteté nécessaire pour entrer dans la joie du ciel » (*Catéchisme de l'Église catholique*, n° 1030).

L'Église a formulé la doctrine de la foi relative au purgatoire surtout aux conciles de Florence et de Trente (*Catéchisme de l'Église catholique*, n° 1031).

Nos frères protestants refusent cette étape préliminaire au moment où le ciel s'ouvre à nous. La difficulté vient de l'absence de texte explicite dans l'Écriture. L'épisode des Maccabées est toujours cité : « *Le jour suivant, on vint trouver Judas pour relever les corps de ceux qui avaient succombé et les inhumer avec leurs proches dans le tombeau de leurs pères. Or ils trouvèrent sous la tunique de chacun des morts des objets consacrés aux idoles de Iamnia et que la Loi interdit aux Juifs. [...] Tous [...] se mirent en prière pour demander que le péché commis fût entièrement pardonné [...] Car, s'ils n'avaient pas espéré que les soldats tombés dussent ressusciter, il était superflu et sot de prier pour les morts [...] Voilà pourquoi il fit faire ce sacrifice expiatoire pour les morts, afin qu'ils fussent délivrés de leur péché* » (2 Mac 12, 38-42.44-45).

Saint Paul écrit : « *Si son œuvre est consumée, il en subira la perte ; quant à lui, il sera sauvé, mais comme à travers le feu* » (1 Co 3, 15). Les autres passages (Mt 5, 25 et 12, 31 ainsi que Lc 12, 59) ne sont qu'une possible évocation du purgatoire. Par contre la tradition vivante a toujours maintenu la prière pour les morts. Cette démarche liturgique s'enracine dans la certitude que Dieu étant Amour, Il ne peut être en communion parfaite avec un cœur de pécheur qu'à condition que ce dernier devienne « uniquement Amour ». Nous-mêmes, ouverts à la lumière divine par l'Esprit-Saint, nous avons le pressentiment d'une telle exigence du Seigneur. La communion avec l'Amour absolu de Dieu ne peut se concevoir que dans la limpidité d'un cœur transfiguré. Toute forme d'égoïsme, de volonté de puissance, d'instinct de possession ne peut que rendre impossible une authentique communion avec ce Cœur qui a tant aimé les hommes. La radicalité de l'Amour ne peut accepter qu'une purification totale et non partielle du péché : « *Que ton oui soit oui* » (Jc 5, 12).

Cherchons donc à connaître en quoi consiste cette expérience de l'amour purificateur. L'Église reste très réservée sur les diverses présentations que nous pouvons avoir dans notre imagination ou à travers des révélations privées. Voici ce qui est communément admis : le purgatoire n'est pas un lieu mais un état d'âme. Il n'y a pas de chronologie comparable à la nôtre mais le purgatoire a sa propre durée avec des purifications successives. Le feu suggéré par des textes bibliques évoque l'intensité de l'Amour divin qui purifie et tonifie l'âme. En un instant nous serons plongés en Dieu comme dans un océan d'Amour, de feu et de vérité.

La tradition latine a pensé le purgatoire en termes de justice, donc de châtiment et de souffrance purificatrice. La tradition orientale met en valeur la purification mystique de l'épouse par un surcroît d'amour. L'âme a vu Dieu. Elle a la certitude d'une éternité d'amour avec Dieu. Elle est en voie d'achèvement dans une situation joyeuse de salut. La souffrance, transfigurée par l'Amour et l'espérance, entraîne l'âme dans la limpidité absolue de la communion éternellement divine.

Nous participons à cette espérance des âmes du purgatoire, en les prenant dans notre prière, car nous pouvons les aider à l'épanouissement de leur âme, par notre intercession. Nous supplions le Seigneur de faire en sorte que la puissance miséricordieuse de la messe dilate leurs cœurs. Thérèse de Lisieux avait conscience que nous « faisons notre purgatoire sur terre » et qu'en fonction de notre générosité, ayant vécu profondément dans la foi, l'Amour et l'espérance, nous serions aptes à recevoir les grâces ultimes de la Miséricorde pour être plongés aussitôt dans la pleine béatitude.

Nous ne serons pas privés de la présence de Dieu dans l'attente d'être jugés dignes mais nous vivrons avec Lui une montée dans son Amour et dans son énergie divine. Marie, Immaculée Conception, nous suivra par sa présence libératrice et épanouissante dans son œuvre maternelle (Jn 19, 25) et, avec Elle, déjà, nous goûterons les premiers rayons de la Lumière du ciel tandis que seront chassées les dernières ombres des nuages.

V

LA SOUFFRANCE ET L'AMOUR

Nous sommes contraints de constater que la certitude de l'Amour de Dieu ne supprime pas la souffrance dans laquelle nous sommes depuis notre enfance. L'Amour peut-il nous apprendre comment souffrir ? Le Seigneur Lui-même peut-Il nous éclairer sur la manière dont Il vit le drame de la souffrance ?

Drame de la souffrance des hommes

Dieu est-il indifférent à la souffrance des hommes ?

Certains en arrivent à penser que Dieu est indifférent. Il n'est pas atteint par la souffrance des hommes. C'est la raison pour laquelle Dieu n'interviendrait pas. Il laisse les plus grandes monstruosités se produire. Tout le monde a dans le cœur les camps de concentration, la Shoah, les cinquante millions de morts de la Seconde Guerre mondiale, les millions d'êtres qui meurent de famine, de maladies non soignées... Lorsqu'un tremblement de terre vient de se produire ou une grave inondation, soudain tout s'arrête et un spectacle de rare désolation baigne dans un silence lourd et terne. La voix de Dieu ne se fait pas entendre, à croire que Lui-même n'a rien entendu, n'a rien vu, et que ce spectacle ne saurait L'atteindre en rien.

Face à ce raisonnement nous savons, par la foi, que Dieu ne peut être indifférent puisqu'il est Amour. La compassion habitant son cœur, nous devons pouvoir en trouver des signes sur notre terre. Le Seigneur cherche à nous rejoindre et à nous manifester son Amour.

J'ai écouté le témoignage d'un père de famille, parti de Paris en 1975 pour ranimer un mouvement syndical à Saigon et collaborer avec le gouvernement en vue du bien commun. Par la suite, les troupes communistes envahirent la ville et un an plus tard il fut fait prisonnier. Homme actif, il découvrit l'oraison. Sa famille, restée en France, priait pour lui ainsi que ses amis. Il partagea alors l'expérience spirituelle qu'il avait été amené à vivre certains jours. Il ressentait une énergie divine qui le soutenait et l'encourageait à défier les situations particulièrement éprouvantes qui étaient son lot quotidien.

Il y a aussi cette magnifique conversion de cet homme qui, à travers les signes du Seigneur, fut touché, lors d'un pèlerinage à Lourdes, par l'efficacité de la Miséricorde divine libérant son cœur de l'angoisse de la haine :

> « C'était en 1944, dans un village français… un homme est accusé injustement par un de ses camarades d'enfance d'avoir collaboré avec l'occupant… il est condamné à vingt ans de prison.
> Le prisonnier sombre alors dans le désespoir. À sa femme qui vient le voir de temps en temps, il demande qu'elle ne lui parle ni de Dieu, ni de religion. Quelques années plus tard, leur fils unique est tué en Indochine. Et voici que sa femme meurt à son tour, emportée par la maladie et le chagrin.
> En 1957, il bénéficie d'une réduction de peine. Il retrouve sa maison fermée depuis des mois. Or, sa femme lui a laissé une lettre. Il l'ouvre : "Je sais qu'il ne faut plus te parler du Bon Dieu, mais je te

demande, par amour pour moi, de revenir une fois à Lourdes, comme nous le faisions chaque année."

En 1958, l'année du centenaire, il se décide. Arrivé à Lourdes, il entre dans le domaine de la Grotte. Au moment où il passe devant la fontaine, une jeune fille lui tend un gobelet. Il la dévisage, s'étonne et boit.

Il erre près de la grotte et entre dans une église, un prêtre prêche sur le Notre Père. Lorsqu'il entend la phrase : "Pardonne-nous comme nous pardonnons", son sang ne fait qu'un tour... à grands pas il quitte l'église, il est midi.

L'après-midi, pour tuer le temps, il revient visiter la nouvelle basilique Saint-Pie X qui vient d'être achevée. Le cœur torturé, il s'appuie un moment le dos contre une des balustrades qui bordent la rampe d'accès. Un prêtre le remarque : "Monsieur, vous avez l'air préoccupé. Que puis-je faire pour vous ?" Quelque chose l'empêche de refuser ce dialogue. Son cœur est trop gonflé. Il raconte... et de conclure : "Vous comprenez bien qu'il m'est impossible de pardonner. Ma venue à Lourdes n'est qu'un simulacre. Ce n'est pas cela que ma femme aurait souhaité."

Après un long silence, le prêtre lui dit seulement : "Promettez-moi, pour votre femme, de revenir à la grotte avant de reprendre le train." Il promet.

Dès qu'il se trouve à la grotte, on l'aborde à nouveau. Quelle surprise, c'est la jeune fille qui, ce matin, lui tendait son gobelet.

"Monsieur, vous avez l'air plus paisible.

— Mademoiselle, pourquoi ce gobelet ce matin ?

— Je vous ai vu tellement torturé. J'ai dit à la Vierge : 'Oublie pourquoi je suis venue : j'offre mon pèlerinage pour cet homme !' Je vais d'ailleurs vous dire

pourquoi j'étais venue à Lourdes. Mon père est en train de mourir. Ce n'est pas sa guérison que je demande. Mais il meurt avec un terrible remords, celui d'avoir fait condamner injustement un de ses amis d'enfance.
— Mais alors tu es Jacqueline ?
— Comment le savez-vous ?
— Le condamné, c'est moi."
La jeune fille prend peur... il la retient... "Ne m'abandonne pas, je ne puis encore le dire moi-même, mais tu vas réciter le Notre Père, jusqu'au bout, de ma part... Et maintenant allons ensemble, je veux essayer de dire mon pardon à ton père" » (*Journal de la grotte de Lourdes*).

Jésus nous fait clairement comprendre qu'Il n'est pas venu rétablir le paradis terrestre mais nous ouvrir le chemin de l'amour. Il ne guérit pas tous les malades mais donne des signes qui orientent la recherche d'un monde nouveau. Ainsi les miracles de Lourdes sont, bien sûr, la guérison chaque année de quelques malades incurables, mais aussi le retour chez eux de milliers de malades non guéris, qui repartent dans l'espérance. Ces personnes comblées par Dieu mais non guéries sont l'expression de l'extraordinaire miracle, ou signe, qui nous confirme que Dieu n'est nullement indifférent. Le racisme ravageait déjà le peuple élu et Israël considérait ses voisins comme des ennemis. C'est pourquoi la fureur éclate contre Jésus lorsque, revenant pour la troisième fois à Nazareth, il déclare : *« Assurément, je vous le dis, il y avait beaucoup de veuves en Israël aux jours d'Élie, lorsque le ciel fut fermé pour trois ans et six mois, quand survint une grande famine sur tout le pays ;*

et ce n'est à aucune d'elles que fut envoyé Élie, mais bien à une veuve de Sarepta, au pays de Sidon. Il y avait aussi beaucoup de lépreux en Israël au temps du prophète Élisée ; et aucun d'eux ne fut purifié, mais bien Naaman, le Syrien. Entendant cela, tous dans la synagogue furent remplis de fureur. Et, se levant, ils le poussèrent hors de la ville et le menèrent jusqu'à un escarpement de la colline sur laquelle leur ville était bâtie, pour l'en précipiter. Mais lui, passant au milieu d'eux, allait son chemin... » (Lc 4, 25-30). Le comportement du Christ est à l'opposé de la haine. Parler d'indifférence, c'est nier la présence des autres. Le petit enfant que nous avons été n'avait pas besoin uniquement de lait pour vivre mais aussi d'amour, d'entendre les paroles affectueuses de sa mère et de son père. Notre cerveau s'est mis à fonctionner au contact de ceux qui nous entouraient de leur amour. Si cela ne s'est pas produit ainsi, nous en avons hélas été marqués pour toute notre vie. Nous sommes des êtres de relation d'une manière ou d'une autre. Nous existons, soit dans une communion soit dans un affrontement. Lorsqu'une personne vit totalement seule, sans aucune relation avec quiconque, dans un repliement excessif sur elle-même, nous disons que ce n'est plus un homme mais un ours. Le langage populaire dit même « un ours mal léché » pour évoquer sans doute l'absence de relations avec sa mère. L'amour est absolument à l'opposé de l'indifférence puisqu'il consiste à établir une relation avec une personne différente de la nôtre.

Dieu le Père ne peut « nier » ses enfants sous prétexte qu'Il est le « Tout Autre » et que nous sommes différents de lui. Malheureusement, nous sommes malades dans notre cœur. Notre capacité d'aimer est limitée par notre liberté. Considérer Dieu comme lointain, c'est le rejeter, c'est pécher. Si nous estimons Dieu insensible à la souffrance humaine, la tentation sera forte d'être soi-même fermé à la souffrance d'autrui. « *Si quelqu'un, jouissant des biens de ce monde, voit son frère dans la nécessité et lui ferme ses entrailles, comment l'amour de Dieu demeurerait-il en lui ?* » (1 Jn 3, 17). Le Royaume du Seigneur est à l'opposé de l'indifférence : « *Alors le Roi dira à ceux de droite : Venez, les bénis de mon Père, recevez en héritage le Royaume qui vous a été préparé depuis la fondation du monde. Car j'ai eu faim et vous m'avez donné à manger, j'ai eu soif et vous m'avez donné à boire, j'étais un étranger et vous m'avez accueilli, nu et vous m'avez vêtu, malade et vous m'avez visité, prisonnier et vous êtes venus me voir. Alors les justes lui répondront : Seigneur, quand nous est-il arrivé de te voir affamé et de te nourrir, assoiffé et de te désaltérer, étranger et de t'accueillir, nu et de te vêtir, malade ou prisonnier et de venir te voir ? Et le Roi leur fera cette réponse : En vérité je vous le dis, dans la mesure où vous l'avez fait à l'un de ces plus petits de mes frères, c'est à moi que vous l'avez fait* » (Mt 25, 34-40).

Saint Paul, cet homme de feu, avait parfaitement compris l'absolu de l'amour et le néant de l'inertie : « *Quand je parlerais les langues des hommes et des anges, si je n'ai pas la charité, je ne suis plus qu'airain qui sonne ou cymbale qui retentit. Quand j'aurais le don de prophétie et que je connaîtrais tous les mystères et toute la science, quand j'aurais la plénitude de la foi, une foi à transporter des montagnes, si je n'ai pas la charité, je ne suis rien. Quand je distribuerais tous mes biens en aumônes, quand je livrerais mon corps aux flammes, si je n'ai pas la charité, cela ne me sert de rien* » (1 Co 13, 1-3). Parler de charité, d'amour et d'agapè, c'est saisir à quel point Dieu ne saurait être considéré comme lointain.

Si Dieu est indifférent, comment évoquer son existence ?

En poursuivant plus loin le raisonnement, nous arrivons dans une impasse. Si Dieu est indifférent : il ne se manifeste pas. Alors nous ne pouvons le connaître ? Il est donc impossible de savoir s'il existe. C'est pourquoi nombreux se disent agnostiques. L'indifférence de Dieu paraît une hypothèse théoriquement possible mais engendre une vision du monde dans laquelle il n'y a plus de place pour le Seigneur.

L'appel à un absolu demeure. Chaque être humain est habité par la conscience du bien et du mal, diraient les philosophes. Il y a aussi une conscience collective qui se révolte devant les atrocités commises en toute impunité. Le 8 août 1945, a été créé le tribunal de Nuremberg pour juger les responsables de « crimes de guerre » alors qu'aucune loi civile ne les définissait. Actuellement, le tribunal international de La Haye pourchasse les auteurs de génocides. Les chrétiens voient dans cet appel à plus grand que l'homme une des manifestations de la Lumière du Christ, « *qui éclaire tout homme venant en ce monde* » (Jn 1, 9). La raison raisonnante se base sur le concept de « conscience » pour interpréter la pensée des chrétiens qui croient que le Verbe incarné est « *la véritable lumière* »

(Jn 1, 9). L'analyse de cette réaction mondiale peut laisser pressentir que Dieu ne saurait être « indifférent ».

Pour se faire comprendre, Jésus essaie de toucher notre cœur par la parabole du mauvais riche et du pauvre Lazare (Lc 16, 19). « *Ce qui est élevé pour les hommes est objet de dégoût devant Dieu* » (Lc 16, 15). « *Vous ne pouvez servir Dieu et l'Argent* » (Lc 16, 13). Nous engageons notre pensée sur Dieu dans la mesure où nous aimons notre prochain. Dieu nous dit comment le pauvre Lazare, rejeté par le mauvais riche, est reçu dans le ciel alors que le riche n'y a pas de place. C'est un appel urgent à la conversion que Jésus prononce devant l'indifférence du juste qui ne s'est pas repenti pendant qu'il était encore temps sur cette terre : « *Du moment qu'ils n'écoutent pas Moïse et les Prophètes, même si quelqu'un ressuscite d'entre les morts, ils ne seront pas convaincus* » (Lc 16, 31).

En se manifestant dans les consciences en faveur des victimes de l'indifférence et du péché des hommes, Dieu nous donne le signe de son Amour.

Dieu ne saurait se diluer dans un « Nirvana » insaisissable

Devant la réalité quotidienne de la souffrance, nous avons la tentation de nous évader dans un autre univers. Il y a une certaine paix que nous trouvons dans la prière, une certaine sérénité qui nous aide à refaire nos forces. Dieu, dans sa plénitude, nous communique sa paix. Encore convient-il d'être exigeant sur l'authenticité de cette sérénité. En effet, nous sommes amenés à nous défier de notre imagination et de notre autosuggestion. Le seul critère est notre effort à aimer le prochain. Si, après un temps réservé à la prière, nous sommes décidés à mieux aimer notre prochain, y compris notre ennemi, nous pouvons être rassurés : notre prière a été authentique. « *À cela nous savons que nous sommes en lui. Celui qui prétend demeurer en lui doit se conduire à son tour comme celui-là s'est conduit* » (1 Jn 2, 5-6). « *Celui qui prétend être dans la lumière tout en haïssant son frère est encore dans les ténèbres* » (1 Jn 2, 9). Jean insiste très clairement : « *Nous savons, nous, que nous sommes passés de la mort à la vie, parce que nous aimons nos frères. [...] Quiconque hait son frère est un homicide [...] À ceci nous avons connu l'Amour : celui-là a donné sa vie pour nous* » (1 Jn 3, 14-16).

Nous avons tous entendu parler du Nirvana vers lequel tendent certains adeptes du bouddhisme. Leurs méditations doivent les conduire à un détachement de tout et ainsi pouvoir les aider à vivre dans un état de relative indifférence par rapport aux changements de ce monde. À l'étape ultime de son expérience, l'homme touche à la sérénité du Corps et de l'Esprit. Le visage de Bouddha traduit une indifférence à la douleur et à la souffrance. L'esquisse d'un lointain sourire laisse deviner la profondeur d'une vie dans un autre monde. Le père Joseph-Marie Verlinde témoigne de son expérience vécue auprès d'un gourou qu'il avait suivi jusqu'en Inde alors qu'il était en pleine recherche dans un univers européen matérialiste et agnostique. Après toute une évolution, il fut ramené à la réalité à travers les épisodes suivants qu'il raconte :

« Au petit jour, nous étions descendus de voiture pour nous rendre au bord du Gange [...] voilà que, dans la pénombre, je heurte du pied ce qui me semble être un corps humain. [...] Je me penche vers lui et m'apprête à demander de l'aide, lorsque j'entends le gourou m'appeler en me disant : *"Viens, laisse-le..."* Et comme il me voit hésiter, il ajoute : *"... c'est son karma."* Je suis resté un moment pétrifié » (Joseph-Marie Verlinde, *L'Expérience interdite*, Saint Paul, 1998).

Il cite également cet autre épisode :

« [...] un spectacle ahurissant me sortit brutalement de ma torpeur : [...] des silhouettes humaines se tenaient par l'épaule [...] j'ai tout à coup compris qu'il s'agissait de lépreux [...] Et tandis que je demeurais perplexe devant ce spectacle hallucinant, j'entendis le gourou me dire : *"Éloigne-toi, laisse-les aller le chemin de leur karma."*
Quelle ne fut pas mon émotion, plus tard, de découvrir que ce fut à l'occasion d'une telle rencontre que François d'Assise prit résolument le chemin de la sainteté. Lui aussi croisa un lépreux [...] dominant son aversion, il le rejoignit et l'embrassa » *(ibid.)*.

Face aux interrogations sur le Nirvana et la réincarnation, l'auteur écrivait :

« On avait beau me répéter que la souffrance était le fruit de l'illusion et l'illusion la fille de l'ignorance, je ne pouvais pas être indifférent à la détresse réelle de ces frères qui faisaient irruption dans ma vie » *(ibid.)*.

Si Dieu est indifférent, la même indifférence règne chez les hommes

Là où l'on perd le sens de Dieu, on perd également le sens de l'homme. Sans évoquer les déviations conceptuelles d'un Dieu despote et sanguinaire, nous constatons que reléguer Dieu dans un statut d'indifférence, c'est s'exposer à laisser l'indifférence s'établir entre les hommes. Il serait facile d'évoquer l'exemple que donne en ce moment notre pays. Je ne parle pas de l'Europe, car la tradition n'en est qu'à ses débuts et chaque nation reste enracinée dans des traditions différentes.

Devant l'absence du respect des autres, la vie devient difficile, la sécurité est ébranlée, la loi du plus fort et de tous les égoïsmes l'emporte. La solution de multiplier les lois pour préserver les droits des personnes peut apporter une certaine amélioration, mais seul un changement de mentalité peut être un remède efficace. On parle actuellement de responsabiliser chacun. C'est une avancée philosophique réelle qui situe la relation des personnes à un autre niveau. Il reste que n'est même pas nommé Celui qui est la source de toutes responsabilités et auquel nous avons des comptes à rendre. Les philosophes parlent d'écouter la « conscience ». Nous sommes sur le chemin tracé par le Seigneur. Rencontrer le Seigneur de l'Évangile, c'est devenir peu à peu responsable. Saint-Exupéry, dans un passage classique du *Petit Prince* découvrant des fleurs, écrira : « Tu es pour toujours responsable de ta rose. »

« Où est ton frère Abel ? […] Caïn, qu'as-tu fait de ton frère ? » (Gn 4, 9-10).

Il est déconcertant que l'on puisse croire être en communion avec celui qui est Amour et vivre indifférent aux situations des hommes. Le pape Jean-Paul II a trouvé normal de demander pardon au nom de l'Église. Jésus a corrigé les erreurs de ses contemporains. Dans l'application de la loi du Deutéronome (Dt 6, 5) et du Lévitique (Lv 19, 18), Jésus attire l'attention sur la puissance d'indifférence des hommes malgré leur démarche religieuse. Un homme se fait rouer de coups par des brigands (Lc 10, 30). *« Un prêtre vint à descendre par ce chemin-là ; il le vit et passa outre »* (Lc 10, 31) *« Un Samaritain* [rejeté par les Juifs qui n'ont pas de relation avec les Samaritains] *arriva près de lui, le vit et fut pris de compassion… »* (Lc 10, 33) *« Va et toi aussi fais de même »* (Lc 10, 37). Dieu n'est pas au service de la société. Mais dans la société (le « monde », dit saint Jean [Jn 17, 6]), Il veut qu'un témoignage d'Amour soit donné par ses disciples : *« Comme tu m'as envoyé dans le monde, moi aussi, je les ai envoyés dans le monde »* (Jn 17, 18). *« Celui qui aime son frère demeure dans la lumière et il n'y a en lui aucune occasion de chute »* (1 Jn 2, 10) *« À ceci tous reconnaîtront que vous êtes mes disciples : si vous avez de l'amour les uns pour les autres »* (Jn 13, 35).

Dieu souffre-t-Il ?

Il y a une forme de raisonnement qui élimine toute souffrance passée. Parce qu'Il est l'Être suprême, parfait, l'absolu en soi, la souffrance qui est une imperfection ne peut être présente en Lui. La Révélation nous dit qu'Il est Amour. Il vit donc la compassion en constatant la souffrance de ses enfants. Approchons-nous de ce mystère.

À l'Incarnation Dieu souffre

Ceux qui ont côtoyé Jésus de Nazareth ont perçu à quel point il était un homme comme eux. À sa mort, après la résurrection et la Pentecôte, ils ont été touchés par la Lumière de sa Divinité. Les évangélistes parsèment leur méditation sur les paroles du Seigneur en évoquant, au détour d'un événement, les limites de ses capacités humaines. Jean nous précise que : « *Jésus, fatigué par la marche, se tenait donc assis près du puits* [de Jacob]. *C'était environ la sixième heure* [c'est-à-dire midi] » (Jn 4, 6). La puissance de la grâce, son énergie divine ne supprimaient pas les conditions dans lesquelles il a vécu le partage de l'incarnation. Les limites inhérentes à la finitude de la créature doivent être assumées par Jésus qui, vaincu par la fatigue, s'endormira dans une barque. « *Et voici qu'une grande agitation se fit dans la mer, au point que la barque était couverte par les vagues. Lui cependant dormait. […] "Pourquoi avez-vous peur ?"* » (Mt 8, 24.26).

La tentation serait d'imaginer un retour paradisiaque du Seigneur sur terre. Sa vie se serait déroulée comme un rêve éveillé, n'ayant pas les mêmes contraintes que nous, alors que la vérité révélée nous dit le contraire. Les tentations de Jésus d'après Luc en sont l'expression : « *Si tu es Fils de Dieu, dis à cette pierre qu'elle devienne du pain* » (Lc 4, 3). « *Si tu es Fils de Dieu, jette-toi d'ici en bas* [le pinacle du temple] *; car il est écrit : Il donnera pour toi des ordres à ses anges, afin qu'ils te gardent. Et encore : Sur leurs mains, ils te porteront, de peur que tu ne heurtes du pied quelque pierre* » (Lc 4, 9-11). Par Amour, Jésus partage nos souffrances physiques et morales hormis le péché. Ses souffrances sont bien différentes des nôtres parce que vécues dans un cœur qui ignore le péché.

Dieu souffre à la Passion

Le drame éclate. Jésus est arrêté, jugé, flagellé, crucifié. Jésus répond à la haine des hommes par son offrande et sa clémence. Quoique les évangélistes soient très sobres sur l'évocation de la montée au Calvaire et les divers supplices, de nombreux auteurs nous ont documentés sur ce dramatique épisode.

Je voudrais rappeler que la grande souffrance de Jésus est celle de l'Amour qui n'est pas aimé. L'intensité de cette douleur de compassion a eu lieu à l'agonie. Jésus a perçu dans l'éternel présent de Dieu le drame de ceux qui ne seraient pas convaincus par le témoignage d'Amour de sa propre mort. Beaucoup refuseront de se laisser toucher par l'ultime signe de l'Amour : *« Il n'y a pas de plus grand amour que de donner sa vie pour ses amis »* (Jn 15, 13). « À quoi cela va-t-il servir ? » priait Marthe Robin pendant l'agonie d'une semaine sainte. Elle évoquait la douleur divine devant le rejet des hommes qui n'acceptent pas de se laisser aimer.

Catherine de Sienne, s'unissant à l'agonie de Jésus, entrevoit la souffrance du Christ qui désire passionnément le salut du monde au point que, pour elle, la vraie passion du Christ a été la « passion du désir » de toucher les cœurs de son Amour miséricordieux. Il rencontre la résistance de nos libertés humaines. Le paroxysme de la souffrance s'exprime en Judas qui refuse l'invitation du maître à la conversion. À l'agonie, la douleur est telle que Jésus verse les premières gouttes de sang, avant que les soldats n'aient porté aucun coup sur son corps : *« En proie à la détresse, il priait de façon plus instante, et sa sueur devint comme de grosses gouttes de sang qui tombaient à terre »* (Lc 22, 44).

La célèbre phrase : *« Père, si tu le veux, éloigne de moi cette coupe ! Cependant, que ce ne soit pas ma volonté, mais la tienne qui se fasse ! »* (Lc 22, 42), ne veut pas dire que Jésus ait eu peur de la réalisation du dessein divin. N'avait-il pas dit : *« J'ai désiré avec ardeur manger cette Pâque avec vous avant de souffrir »* (Lc 22, 15) ? Le Seigneur fit comprendre à Catherine de Sienne que Jésus, depuis sa naissance, avait bu au

« calice du désir de sauver l'humanité » et qu'il s'offrait à souffrir tous les retards qu'il plairait au Père d'apporter à l'accomplissement de son désir. Voici ce passage de *Vie de sainte Catherine de Sienne* par le bienheureux Raymond de Capoue (P. Lethielleux, 1904) :

> « Il est en effet certain, me disait-elle, que le Médiateur entre Dieu et les hommes, cet homme qui est le Christ Jésus, a été, dès le premier instant de sa conception, rempli de grâce, de sagesse et de charité. [...] Mais parce qu'il aimait très parfaitement Dieu et le prochain et parce qu'il voyait Dieu privé de son honneur et le prochain de sa fin, il fut cruellement tourmenté, jusqu'à ce que sa Passion eût rendu à Dieu le culte de l'obéissance et le salut au prochain. Ce tourment du désir, disait encore la sainte, n'était pas légère affliction [...] c'était la plus grande croix du Sauveur. [...] Elle disait que les forts et les parfaits ne doivent pas donner à ces mots : *"Mon Père, faites que ce calice s'éloigne de moi"* (Mt 26, 39) le sens qu'y trouvent les âmes faibles et craintives. Le Sauveur ne demandait pas que sa Passion fût différée ou éloignée ; dès l'instant de sa conception, il avait bu au calice du désir de sauver l'humanité, et plus le terme approchait, plus il y buvait, avec la soif de voir bientôt s'accomplir, ce qu'il souhaitait avec tant d'ardeur [...] et de vider la coupe, à laquelle il s'était abreuvé toute sa vie. Il ne demandait donc pas que sa Passion et sa mort fussent différées, mais hâtées. [...] Ce calice du désir était pour Notre Seigneur bien amer à boire [...] Il s'offrait ainsi à souffrir tous les retards qu'il plairait à son Père d'apporter à l'accomplissement de son désir.

D'après ce commentaire, les paroles de Notre Seigneur, "Éloignez ce calice", ne devraient donc pas s'entendre du calice de sa Passion future, mais de celui de ses souffrances passées et présentes. Je fis observer à Catherine que les Docteurs donnaient habituellement une autre explication de ce passage. D'après eux, Notre Seigneur aurait ainsi prié, comme quelqu'un qui est vraiment homme, et dont la sensibilité craint naturellement la mort. [...] Puisque les faibles trouvent, dans la prière du Sauveur, la consolation de leur faiblesse, il semble bien que les parfaits et les forts doivent pouvoir y trouver la confirmation de leur force. »

Frère Thomas raconte :

« Catherine apprit dans une extase que le Sauveur avait éprouvé sa tristesse, sué le sang, et prié au Jardin des Oliviers pour ceux qu'il prévoyait ne devoir pas participer aux fruits de Sa Passion. Mais, dans son amour pour la justice, il ajouta à sa prière cette condition : "Que votre volonté soit faite et non la mienne."
Catherine me disait encore et enseignait qu'aucun homme ne pourrait supporter les souffrances endurées pour notre salut par Celui qui était Fils de Dieu et Fils de l'homme sans mourir mille fois si c'était possible. L'amour que le Sauveur nous portait, et qu'il nous porte encore, étant au-dessus de ce que nous pouvons penser, les souffrances endurées sous les ordres et la motion de cet amour dépassent, elles aussi, notre imagination. [...] L'amour souverain qui était l'unique motif de ces souffrances a su trouver

de souveraines douleurs pour se manifester parfaitement à nous. Car une des principales causes de la Passion fut la manifestation de l'amour très parfait du Fils de Dieu pour nous, et cet amour ne pouvait mieux nous être montré. Ce ne sont pas les clous qui ont tenu Notre Seigneur attaché à la croix, c'est l'amour ; ce ne sont pas les hommes qui ont vaincu, c'est l'amour ; comment les hommes auraient-ils vaincu Celui qui, d'un mot, les aurait tous renversés par terre. [...] Elle affirmait que le plus grand supplice du Sauveur en croix avait été la dislocation des os de la poitrine. [...] Les os du thorax, dont la fonction naturelle semble être de protéger le cœur et les poumons, ne peuvent se disjoindre sans une grande souffrance de ces mêmes organes ; et peut-être faudrait-il un miracle pour que tout autre homme pût souffrir, sans mourir, pareille violence. »

Dieu souffre-t-il en lui-même ?

Par son incarnation, Dieu faisant homme son Fils, nous comprenons qu'à travers sa nature humaine Dieu puisse dire son Amour de compassion à nos propres souffrances. Dans le drame de sa passion, Jésus nous rejoint dans les douleurs de notre vie. Mais peut-on concevoir que Dieu, en Lui-même, parce qu'Il est Amour, puisse être atteint par la souffrance de ses enfants qu'il aime ? Si Dieu existe, dans un raisonnement philosophique, il est éternel et immuable. L'Église, dans sa longue tradition, a toujours admis l'immuabilité divine. Cependant la miséricorde et la compassion de Dieu nous sont révélées par la parabole du fils prodigue. Les théologiens ont toujours cherché à multiplier les distinctions pour que notre intelligence puisse mieux approcher ce qui reste un mystère.

Le père De Lubac, dans son étude sur Origène (*Histoire et esprit, l'intelligence des Écritures d'après Origène*, Aubier, 1950, cité par le père Varillon), cite l'homélie sur Ézéchiel 6, 26 d'Origène :

> « Quelle est cette compassion qu'il a d'abord subie pour nous ? C'est la passion de l'Amour. Mais le Père Lui-même, Dieu de l'univers, lui qui est débordant de longanimité, de Miséricorde et de pitié, est-ce qu'il ne souffre pas en quelque sorte ? Ou bien ignores-tu que, lorsqu'il s'occupe des choses humaines, il souffre une passion humaine ? car le Seigneur ton Dieu a pris sur lui tes mœurs, comme celui qui prend sur lui son enfant (Dt 1, 31). Dieu prend donc sur lui nos mœurs, comme le Fils de Dieu prend nos passions. Le Père lui-même n'est pas impassible ! Si on le prie, il a pitié et compassion. Il souffre une Passion d'Amour. »

Saint Bernard dira dans son commentaire du *Cantique des cantiques* :

> « Si Dieu est impassible, il n'est pas dénué de compassion, puisque rien ne lui est plus inhérent que d'avoir pitié et de pardonner. »

Les contemporains chercheront à formuler ce qui demeure un mystère en parlant de la compassion en Dieu sans passion : « De même que le père Damien n'avait pas besoin d'être lépreux pour aimer les lépreux... Combien davantage Dieu doit-il pénétrer les soucis de la créature sans perdre sa perfection divine ! » (Maurice Nédoncelle, *La Pensée religieuse de Friedrich von Hügel,* Vrin, 1935, cité par Varillon, *La Souffrance de Dieu*, *op. cit.*).

L'auteur poursuit sa réflexion :

« Pourquoi refuser à mettre en Dieu une immense vie de sentiment, alors qu'on n'hésite pas à lui attribuer une immense vie de l'intelligence ? Si, malgré son attache matérielle, la pensée humaine nous paraît une participation de Dieu, pourquoi en serait-il autrement de la sensibilité la meilleure ? »

L'amour est un don de soi

Ce que nous appelons amour est l'attitude de la personne qui sort d'elle-même pour exprimer un réconfort à une autre. Pour cela, elle prendra sur son temps personnel pour venir vous visiter si vous êtes malade. Elle utilisera son argent pour vous offrir un cadeau, des fleurs, de la nourriture. Elle est donc amenée à sortir de son univers pour communier au vôtre. Ainsi apparaît la notion de renoncement, de sacrifice, de gratuité dans le don de soi-même. La source de cette démarche est l'amour que cette personne vous porte. Dans certains cas, il y a l'oubli de soi, un dépassement de soi-même, une relative souffrance. Quel intérêt sinon la joie de dire votre amitié et de permettre au malade de puiser, dans cette visite, un regain de vie et d'espérance ! Au-delà de l'oubli de vous-même, vous goûtez à la joie d'aider votre ami, vous appréciez la profondeur de ses confidences.

Nous expérimentons le mystère de cette souffrance qui jaillit au cœur d'une démarche d'amour. Nous retrouvons la tragédie de Dieu qui n'est pas aimé. Tout pourrait se passer autrement, mais nous nous heurtons à notre égocentrisme viscéral qui exige une purification concrète de nous-mêmes. Nous renonçons à une promenade pour rendre visite à un malade.

Il nous arrive parfois de rêver à ce que pourrait être notre vie présente si chacun acceptait d'agir avec bonne volonté, ne recherchant que le bien de l'autre, des autres ! Il n'y aurait plus de guerres... plus de personnes qui auraient faim... qui seraient rejetées ou méprisées... mais pourquoi rêver ?... «*Les pauvres, en effet, vous les aurez toujours avec vous* » (Jn 12, 8).

Par contre, toute « sortie de soi » n'est pas nécessairement souffrance ni sacrifice. Il y a des activités qui nous demandent le meilleur de nous-mêmes mais répondent à un désir qui se réalise avec notre action. L'incarnation elle-même n'était pas en soi souffrance, si Dieu ne s'était heurté au mal sous toutes ses formes. Sans doute Dieu vivait-Il une limitation de Lui-même inhérente à la finitude humaine, mais celle-ci n'était pas nécessairement douleur. Dieu pouvait réaliser une création dans le Christ où tout ne serait qu'Amour. Pénétrant dans un univers de refus, Dieu a dû affronter la souffrance.

Si sur cette terre l'amour est habité par la douleur, qui n'étouffe pas toujours la joie d'aimer, dans le ciel nous serons dans un « monde nouveau » où tout ne sera qu'Amour. Nous pourrons rencontrer l'Amour sans souffrance et dans une joie qui ne finira pas.

Paix et souffrance divine

Dans la violence de la stigmatisation il y a une joie qui est au-delà de ce que nous pouvons concevoir et formuler.

Pour mieux envisager la plénitude divine, dans l'affrontement du mal, essayons de comprendre que la souffrance passée du Christ est différente de la nôtre.

Notre perception de la douleur évolue tout au long de notre vie. Il y a la souffrance inconsciente du bébé, puis celle de l'enfance, de l'adolescence, de la maturité, de la vieillesse. Je laisse à chacun le soin d'en décrire l'expérience personnelle.

Étant différents les uns des autres, la description d'une même souffrance n'est pas identique. Le même bombardement, la même maladie en cas d'épidémie sont perçus différemment.

Il y a ce que nous sommes, ce que nous croyons être, ce que nous paraissons. De même notre souffrance : ce qu'elle est en réalité, ce que nous croyons qu'elle est, ce qu'elle paraît aux autres.

Reconnaissons aussi que la même souffrance est perçue autrement suivant que nous sommes aimés ou non, que nous avons été agressés ou non (souffrance infligée par autrui) ou que nous en sommes responsables (accident).

Quand nous communions à la souffrance d'autrui, nous la devinons avec bien des nuances suivant qu'elle atteint notre enfant, notre épouse, nos parents, nos amis, nos adversaires. Comment Dieu, le « Tout Autre », souffre-t-il ? Comme nous ? En un sens oui par son incarnation, sa passion. En un sens non, car il est tout Amour, il n'y a en lui aucune nuance de mal et encore moins de péché. Jésus vit sa souffrance soutenue par le Père, l'Esprit-Saint : « *Je ne suis pas seul : le Père est avec moi* » (Jn 16, 32), et Marie maternellement l'entoure : « *Or près de la croix de Jésus, se* [tenaient] *[...] Marie* » (Jn 19, 25).

Une douleur assumée est moins lourde qu'une douleur subie. Or, Jésus s'est engagé librement par Amour dans l'Incarnation : « *Alors j'ai dit : Voici, je viens* » (He 10, 7). De même dans le drame de la Passion : « *C'est pour cela que le Père m'aime, parce que je donne ma vie, pour la reprendre. Personne ne me l'enlève ; mais je la donne de moi-même. J'ai pouvoir de la donner et j'ai pouvoir de la reprendre ; tel est le commandement que j'ai reçu de mon Père* » (Jn 10, 17-18). Il nous est impossible d'apprécier la dimension infinie de la qualité de l'Amour divin. Si nous en demandons la grâce, l'Esprit-Saint peut nous en donner quelques pressentiments. Plus nous avons conscience de l'Amour que Dieu nous porte, plus nous pouvons être touchés par son Cœur « transpercé par nos péchés ». Mais, il convient de garder l'équilibre intérieur, en nous rappelant que Dieu est plénitude d'Amour qui dépasse toute connaissance : « *Ô abîme de la richesse, de la sagesse et de la science de Dieu ! Que ses décrets sont insondables et ses voies incompréhensibles !* » (Rm 11, 33).

Dieu n'a pas besoin de souffrance

Nous constatons que nous sommes dans un monde de souffrance. D'une manière ou d'une autre, nul n'échappe à la souffrance sous toutes ses formes. L'enseignement de l'Église nous précise que Dieu n'est pas l'auteur de la souffrance, mais que les hommes sont à l'origine du mal ainsi que ce mystérieux adversaire du Royaume. Nous pouvons même endiguer le mal beaucoup plus que nous ne le faisons, si nous le voulons. Pourquoi ne pas faire la paix tout de suite puisque la guerre se terminera par un traité de paix !

Dieu aurait pu créer un univers où tout ne serait qu'Amour : *« Dieu vit que cela était bon »* (Gn 1, 10) est le leitmotiv du récit de la Genèse. Les hommes refusant son Amour, la souffrance est apparue sur terre. Blessé, le Seigneur n'a cessé d'être Lui-même un jaillissement d'Amour pour ses enfants, les hommes. Sa Miséricorde infinie absorbe le mal et prépare chacun à ouvrir son cœur au moment de l'ultime étape, entrant enfin dans la joie d'être aimé et d'aimer.

Dès maintenant, nous pouvons admettre que Dieu n'a pas besoin de la souffrance, même s'Il y communie par Amour pour ses enfants qui affrontent la douleur. Il nous arrive de vivre des étapes heureuses où nous goûtons la tendresse de Dieu dans nos prières, où nous apprécions les joies d'un amour fraternel partagé avec d'authentiques membres du Corps mystique du Christ. Dieu ne cesse de nous engendrer. La création se poursuit. Le terme hébreu (*bara*) que nous traduisons par « créer » signifie « être expulsé hors de soi ». Selon une interprétation très suggestive, nous sommes mis au monde par une « expulsion créatrice ». Nous venons du Cœur de Dieu. C'est aujourd'hui même que nous tenons notre existence de celui qui « Est » et qui est l'Amour même. Cette éclosion d'amour qui vient nous faire vivre est tout aussi limpide et transparente qu'au premier jour de notre naissance. Nous pouvons donc nous épanouir dans l'amour en dehors d'une souffrance qui s'estompe provisoirement. Saint Ignace parlait de « consolation et de désolation ».

Nous pouvons nous préparer à rencontrer au ciel un univers qui ne sera qu'Amour, parce que nous-mêmes serons enfin dans l'amour : *« En effet, tous ceux qu'anime l'Esprit de Dieu sont fils de Dieu. [...] vous avez reçu un esprit de fils adoptifs qui nous fait nous écrier : Abba ! Père ! L'Esprit en personne se joint à notre esprit pour attester que nous sommes enfants de Dieu. Enfants, et donc héritiers ; héritiers de Dieu, et cohéritiers du Christ »* (Rm 8, 14-17). *« Vous avez été marqués d'un sceau par l'Esprit de la Promesse, cet Esprit-Saint qui constitue les arrhes de notre héritage, et prépare la rédemption du Peuple que Dieu s'est acquis, pour la louange de sa gloire »* (Ep 1, 13-14).

Les disciples souffrent par amour

« Bien sûr Jésus ne souffre plus puisqu'il est dans la gloire, mais il est toujours présent dans son offrande et nous pouvons souffrir comme il a souffert », rappelait Marthe à Jean Guitton (*Portrait de Marthe Robin*, *op. cit.*).

De fait, comment ne pas souffrir en constatant qu'en nous, et autour de nous, « dans le monde », celui que nous aimons n'est pas aimé : « *Je suis crucifié avec le Christ ; et ce n'est plus moi qui vis, mais le Christ qui vit en moi* » (Ga 2, 19-20) ?

Puisqu'il s'agit d'une souffrance vécue avec le Christ, il importe de bien rappeler que la souffrance n'est pas première. Ce qui est premier, c'est l'amour. Par conséquent, le disciple du Seigneur vit une souffrance d'un caractère particulier, dans laquelle la paix, la joie, l'espérance et la patience vont lui donner une imprégnation des plus spécifique. Cette souffrance est transfigurée par l'Esprit-Saint dont le fruit est : « *Charité, [...] paix, patience, [...] bonté, confiance dans les autres, douceur, maîtrise de soi* » (Ga 5, 22-23).

Le témoignage de Paul est des plus éclairant. Il parlera de « joie ». « *En ce moment je trouve ma joie dans les souffrances que j'endure pour vous, et je complète en ma chair ce qui manque aux épreuves du Christ pour son Corps, qui est l'Église* » (Col 1, 24). Paul ne prétend pas ajouter quoi que ce soit à la valeur proprement dite du mystère de la Croix, à laquelle rien ne saurait manquer. Il s'associe aux « épreuves » de Jésus, c'est-à-dire à ses difficultés apostoliques.

Paul parlera de consolations au milieu de ses désolations. Dans la deuxième épître aux Corinthiens, nous trouvons neuf fois le mot « consolation » et le verbe « consoler » en cinq versets ! « *Béni soit le Dieu et Père de notre Seigneur Jésus-Christ, le Père des miséricordes et le Dieu de toute consolation, qui nous console dans toute notre tribulation, afin que, par la consolation que nous-mêmes recevons de Dieu, nous puissions consoler les autres en quelque tribulation que ce soit. De même en effet que les souffrances du Christ abondent pour nous, ainsi, par le Christ, abonde aussi notre consolation. Sommes-nous dans la tribulation ? C'est pour votre consolation et salut. Sommes-nous consolés ? C'est pour votre consolation, qui vous donne de supporter avec constance les mêmes souffrances que nous endurons, nous aussi. Et notre espoir à votre égard est ferme : nous savons que, partageant nos souffrances, vous partagerez aussi notre consolation* » (2 Co 1, 3-7).

Quelles que soient les circonstances douloureuses, Paul commencera toujours ses lettres par l'évocation de la Paix : « *À vous grâce et paix de par Dieu notre Père et le Seigneur Jésus-Christ !* » (Rm 1, 7). « *À vous grâce et paix de par Dieu, notre Père, et le Seigneur Jésus-Christ ! Je rends grâce à Dieu sans cesse à votre sujet pour la grâce de Dieu qui vous a été accordée dans le Christ Jésus* » (1 Co 1, 3-4). Jésus dans son testament avait prévenu les apôtres : « *Je vous laisse la paix ; c'est ma paix que je vous donne* » (Jn 14, 27). « *Votre joie nul ne pourra vous la ravir* » (Jn 16, 22). « *Je vous dis cela pour que ma joie soit en vous et que votre joie soit parfaite* » (Jn 15, 11).

Les disciples ont appris une nouvelle manière d'aimer malgré les souffrances inhérentes à l'action de l'adversaire contrecarrant le rayonnement de Jésus avant et après la Pentecôte.

Dans son apostolat, Marthe Robin a porté un même témoignage d'amour nourri de souffrance et de joie. La certitude d'agir pour le salut des âmes l'emportait sur les douleurs rencontrées dans le don d'elle-même.

Elle écrit le 28 mars 1930 :

« Je connais maintenant la joie la plus pure, la plus douce que l'on puisse connaître : celle de vivre pour les autres et pour leur bonheur.
Que c'est bon, d'être dure pour soi-même, de ne se permettre aucun apitoiement décevant, rien qui affaiblisse et qui nuise au résultat de l'épreuve qui doit être de fortifier, d'élever, de grandir, de rendre meilleur et plus saint ; c'est pourquoi jusque dans les plus petites choses, comme d'avoir soif, d'allumer la nuit, je résiste. Il faut savoir rester seule et forte aussi bien la nuit que le jour. Moi qui aimais tant les nuits claires, les nuits parées d'étoiles... Mais tout cela est déjà si loin.
[...] En méditant les souffrances de Jésus-Christ [...] je suis parvenue à m'unir à Lui dans une communion intime et constante [...] j'ai demandé à Jésus avec ferveur [...] de me faire accepter ma croix et qu'elle soit pour moi le gage d'une vie toute d'amour pour Dieu et mon prochain !
[...] on peut donner son cœur, son âme, sa sympathie. Une chose reste toujours, elle est à la portée de chacun : la joie des autres [...] donner un peu de calme, de courage, d'espoir, provoquer un sourire, tout cela est un doux travail et il n'est pas nécessaire d'être debout, ni en santé pour le faire. Au contraire rien ne se comprend mieux qu'une grande douleur. Puis reste la prière.
Que puis-je faire pour tous ? me disais-je [...] Et l'horizon s'est tout à coup éclairé. Un surcroît de bonheur et de paix m'est revenu en pensant que je pouvais beaucoup pour eux, par la prière, par l'offrande

de mes souffrances [...], par le rayonnement de ma vie toute d'amour, par le contentement, la joie » (Marthe Robin, *Journal intime*, 28 mars 1930).

Jésus n'est plus en Croix

Les apôtres ont été stupéfiés par la résurrection. Le mort est bien vivant ! Il ne souffre plus et ne peut plus souffrir : « *Sur l'heure même, ils* [les disciples d'Emmaüs] *partirent et s'en retournèrent à Jérusalem. Ils trouvèrent réunis les Onze et leurs compagnons, qui dirent : "C'est bien vrai ! le Seigneur est ressuscité et il est apparu à Simon !" Et eux de raconter ce qui s'était passé en chemin, et comment ils l'avaient reconnu à la fraction du pain* » (Lc 24, 33-35). « *Pourquoi cherchez-vous le Vivant parmi les morts ? Il n'est pas ici, Il est ressuscité* » (Lc 24, 5-6).

S'il est vivant, il ne souffre plus puisque s'est réalisée la promesse faite par le Père : « *Et maintenant, Père, glorifie-moi auprès de toi de la gloire que j'avais auprès de toi, avant que fût le monde* » (Jn 17, 5). Avec Jésus, la plénitude du ciel nourrit l'espérance dans le cœur des disciples : « *Je leur ai donné la gloire que tu m'as donnée, pour qu'ils soient un comme nous sommes un : moi en eux et toi en moi, afin qu'ils soient parfaits dans l'unité, et que le monde reconnaisse que tu m'as envoyé et que tu les as aimés comme tu m'as aimé* » (Jn 17, 22-23).

Désormais Jésus vit son action rédemptrice sans l'ombre d'une souffrance puisque, tout en étant dans l'intimité du Père, il agit avec et par ses disciples : « *Je ne vous laisserai pas orphelins. Je viendrai vers vous.*

[...] Ce jour-là, vous reconnaîtrez que je suis en mon Père et vous en moi et moi en vous » (Jn 14, 18.20). « *En vérité, en vérité, je vous le dis, celui qui croit en moi fera, lui aussi, les œuvres que je fais ; et il en fera même de plus grandes, parce que je vais vers le Père* » (Jn 14, 12). « *Et tout ce que vous demanderez en mon nom, je le ferai, afin que le Père soit glorifié dans le Fils* » (Jn 14, 13). « *Encore un peu de temps et le monde ne me verra plus. Mais vous, vous verrez que je vis et vous aussi, vous vivrez* » (Jn 14, 19).

Le Sauveur ne porte pas en lui un univers de souffrance mais de plénitude : « *Si quelqu'un m'aime, il gardera ma parole, et mon Père l'aimera et nous viendrons à lui et nous nous ferons une demeure chez lui* » (Jn 14, 23). Jésus donne à ses disciples son Amour insondable : « *C'est la gloire de mon Père que vous portiez beaucoup de fruit et vous serez alors mes disciples. Comme le Père m'a aimé, moi aussi je vous ai aimés. Demeurez en mon amour* » (Jn 15, 8-9). Certes les disciples vont se heurter au déchaînement de la Passion que va subir le Christ. Mais depuis la fête de Pâques ils seront comblés de joie par la vue et la présence du « Seigneur », comme ils aimeront à nommer Jésus. Ils se heurteront aux persécutions de la part des Juifs puis des Romains. Quant au Seigneur qui est dans l'ivresse éternelle, il soutient son « Corps mystique » par la présence de son Cœur transfiguré.

Rappelons-nous que, pendant plusieurs siècles, les chrétiens n'ont pas eu l'idée de dresser des croix en y suspendant une sculpture représentant le Christ souffrant sa propre mort. Évoquer ce terrible supplice, inventé pour punir les esclaves révoltés et permettre aux riches Romains d'être rassurés par un climat social obtenu par la violence, ne pouvait être imaginé par les premières générations chrétiennes. L'attention se portait sur le Ressuscité intensément vivant dans leurs cœurs. Pendant trois siècles, jusqu'en 325, tout baptisé était déclaré hors la loi et risquait d'être arrêté et exécuté. La messe était célébrée dans les maisons particulières avec une extrême discrétion. Actuellement encore, « l'Église souterraine » de Chine reste pourchassée par le gouvernement qui ne tolère que l'Église officielle reconnue par l'État qui en assume la direction.

À certaines étapes de leur catéchuménat, les chrétiens se réunissaient dans les catacombes et dessinaient éventuellement une croix sur un mur sans évoquer le Corps de Jésus. Ce n'est que vers 328 que sera construite la première basilique de Sainte Marie Majeure. Elle sera la cathédrale de l'évêque de Rome, le catholicisme devenant religion d'État. Jésus étant vivant, invisible, descendu de la croix, ce n'est qu'à partir du Ve siècle qu'apparaissent des Christ en Croix. Pour éviter toute équivoque, on parlera de croix « glorieuse ». En 629, la Croix gardée par sainte Hélène sur le mont du Calvaire a été emmenée en Perse et ramenée par Héraclius. Déjà à cette époque, on considérait la Croix comme glorieuse, affirmant la victoire de Jésus par sa résurrection.

Ainsi se réalise ce qu'avait annoncé le prophète Jean-Baptiste : *« Le temps est accompli et le règne de Dieu est tout proche »* (Mc 1, 15). Jésus qui ne souffre plus commence à régner sur terre à travers le mystère de son Église qui porte la douleur du refus des hommes. Dire que « le Christ est en agonie jusqu'à la fin du monde », selon le mot de Pascal, c'est dire que dans son Corps mystique il est en agonie. Il est source de paix et son action personnelle est plénitude.

VI

L'AMOUR MISÉRICORDIEUX

Devant l'échec apparent de la réalisation du bienveillant dessein d'Amour du Père, nous voulons croire à son succès final. Encore convient-il que nous goûtions les richesses de la Miséricorde infinie en la situant au cœur de l'histoire du monde.

Purification et Amour

L'Amour divin porte en lui une limpidité absolue qui ne peut supporter ni brume ni nuage qui voileraient sa luminosité.

L'Amour appelle la transcendance

Le véritable amour humain a lui-même une exigence de grandeur et de perfection. Je n'ai jamais rencontré de fiancés envisageant un amour conjugal au rabais. C'est au nom de leur amour réciproque que l'un et l'autre nourrissent des désirs de perfection dans la réalisation de l'unité de leur couple et de leur communion.

Cette exigence de la transcendance de l'Amour de Dieu est un absolu. Ainsi, Jésus déclare : « *Nul n'est bon que Dieu seul* » (Lc 18, 19). Un notable s'était approché du Seigneur et lui avait dit : « *Bon maître, que me faut-il faire pour avoir en héritage la vie éternelle ? Jésus lui dit : "Pourquoi m'appelles-tu bon ?"* » (Lc 18, 18-19). Cette bonté est telle qu'elle ne peut tolérer un cœur partagé. « *Puisque tu as observé les commandements. [...] Une chose encore te fait défaut : Tout ce que tu as, vends-le et distribue-le aux pauvres, et tu auras un trésor dans les cieux ; puis viens, suis-moi. Mais lui, entendant cela, devint tout triste, car il était fort riche* » (Lc 18, 20.22-23).

Dieu nous offre son Amour. Encore faut-il que notre cœur soit totalement ouvert. Dieu nous propose sa bonté qui est unique, en nous offrant une totale communion avec Lui dans l'Esprit-Saint. C'est pourquoi Jésus étonnera son auditoire en déclarant : « *Comme il est difficile à ceux qui ont des richesses de pénétrer dans le Royaume de Dieu ! Oui, il est plus facile à un chameau de passer par un trou d'aiguille qu'à un riche d'entrer dans le Royaume de Dieu ! Ceux qui entendaient dirent : "Et qui peut être sauvé ?" Il dit : "Ce qui est impossible pour les hommes est possible pour Dieu"* » (Lc 18, 24-27). Les termes employés par Jésus sont d'une exigence telle qu'ils nous révèlent la transcendance de l'Amour. L'homme est totalement dépassé. Seul l'Amour peut s'approcher de nous : « *Nul serviteur ne peut servir deux maîtres : ou il haïra l'un et aimera l'autre, ou il s'attachera à l'un et méprisera l'autre. Vous ne pouvez servir Dieu et l'Argent* » (Lc 16, 13). Le Seigneur nous propose un choix radical, non comme un tyran qui écrase mais comme un cœur immense qui propose l'Infini de sa délicatesse. Une simple fausse note détruit la grandeur du chef-d'œuvre musical réalisé par l'orchestre.

On ne peut pas tromper Dieu : « *Que ton oui, soit oui. Que ton non, soit non* » (Mt 5, 37). C'est pourquoi la transcendance de l'amour doit se réaliser dans notre propre cœur : « *L'homme bon, du bon trésor de son cœur, tire ce qui est bon, et celui qui est mauvais, de son mauvais fond, tire ce qui est mauvais ; car c'est du trop-plein du cœur que parle sa bouche* » (Lc 6, 45). Nous connaissons les exigences de la sainteté décrite dans le discours des béatitudes (Mt 5 et 6). La transparence de l'amour ne peut qu'évoquer la grandeur de Dieu : « *Soyez parfaits comme votre Père est parfait* » (Mt 5, 48).

Dieu a pris tous les risques en nous créant dans l'Amour à son image. Notre réponse ne peut être que d'offrir notre vie pour Lui : « *Si* [le grain de blé] *tombé en terre meurt, il porte beaucoup de fruit. Qui aime sa vie la perd ! et qui hait sa vie en ce monde la conservera en vie éternelle* » (Jn 12, 24-25).

Dans sa clémence, Jésus nous ayant tout donné, attend tout de nous. Nous comprenons mieux le sens de l'obole de la veuve : « *Vraiment, je vous le dis, cette veuve qui est pauvre a mis plus qu'eux tous. Car tous ceux-là ont mis de leur superflu dans les offrandes, mais elle, de son dénuement, a mis tout ce qu'elle avait pour vivre* » (Lc 21, 3-4).

L'amour nous entraîne vers les hauteurs des cimes, au-delà des abîmes insondables. Ce qui inclut une profonde purification du cœur.

Amour et désir

Au cœur de l'amour humain, le désir vient créer de surcroît une attente. Il est un élément constitutif de la vie. Le jour où il n'y a plus de désir, l'amour est bien près de mourir, la vie de disparaître. Le désir s'exprime en attente et en espérance. Il en est de même dans la perception de l'amour divin qui grandit en nous.

L'expérience de sa miséricorde est la réponse éclatante du Père à notre soif d'absolu.

Le désir tient une place considérable dans la vie humaine. Enfant nous souhaitons grandir, adulte nous désirons réussir dans notre travail, nos relations professionnelles, sociales, politiques, nationales ou internationales. Nous aspirons à une vie conjugale et familiale tout au long des changements du monde et de notre existence personnelle. Année après année notre âge nous ouvre des horizons nouveaux. De l'enfance à la vieillesse, le désir nous stimule, il nous aide à vivre le moment présent si nous l'assumons correctement sans le confondre avec une utopie se perdant dans des rêveries illusoires. Nous sommes ainsi entraînés à la recherche d'une plénitude que nous ne trouverons que dans la Miséricorde divine.

Dieu habite notre cheminement personnel : *« Demeurez en moi, comme Moi je demeure en vous »* (Jn 15, 4). Sous la forme du désir, l'infini est présent dans notre vie, remarque Maurice Zundel (*Recherche du Dieu inconnu*, Association des amis de Maurice Zundel, 1986).

> « Dieu entre dans notre vie comme l'attraction universelle, toujours présente, s'exerçant dans toutes les directions mais tout le monde vit la vie, cependant elle n'est connue que d'un petit nombre. La religion c'est la vie, vivre sans religion c'est renoncer à la vie. »

Selon la conception bouddhiste, la perfection suprême est de « dépasser tout désir ». Dans la révélation catholique, le désir est l'expression de l'Amour divin.

Il permet d'en découvrir la richesse sur un chemin de purification et d'émerveillement

> « Emportez-nous dans la Lumière et dans l'amour, jusqu'au jour où notre âme pleinement épanouie aux illuminations divines verra toutes choses dans l'éternel amour et dans l'unité » (Marthe Robin, *Prière à Marie*).

Le désir sera l'expression même de l'Amour trinitaire dans l'intimité de la Vie divine. Il sera la joie de la réalisation de son dessein d'Amour, dans le temps et dans le cœur des hommes. Ce désir ne pourra contenir aucune forme d'insatisfaction puisque l'Amour en Dieu est plénitude. Dans l'Évangile, Jésus pleinement Dieu, pleinement homme, va vivre en Lui-même cette dimension du désir qui habite l'amour. De sa naissance à la résurrection, il assumera les diverses étapes de l'évolution de sa personne jusqu'au moment où, par haine, les hommes l'assassineront en pleine vitalité vers trente-trois ans. La Miséricorde du Père couronne son désir en le ressuscitant le jour de Pâques. *« Il faut que le monde reconnaisse que j'aime le Père »* (Jn 14, 31). C'est pourquoi il dira au cours de la Cène : *« J'ai ardemment désiré manger cette Pâque avec vous avant de souffrir »* (Lc 22, 15). L'auteur de l'épître aux Hébreux décrira le dynamisme du Cœur de Jésus ainsi : *« C'est pourquoi, en entrant dans le monde, le Christ dit : "Tu n'as voulu ni sacrifice ni oblation" [...] Alors j'ai dit : Voici je viens, [...] pour faire, ô Dieu, ta volonté »* (He 10, 5.7). Tout en vivant de l'Amour absolu du Père dans l'évolution du temps, Jésus gardait conscience de la dimension éternelle du désir divin : *« Les Juifs lui dirent alors : "Tu n'as pas 50 ans, et tu as vu Abraham !" Jésus leur dit : "En vérité, en vérité, je vous le dis, avant qu'Abraham existât, Je Suis"* » (Jn 8, 57-58).

L'œuvre de Jésus porte l'empreinte du désir divin et s'accomplira progressivement pendant son séjour en Terre sainte et ensuite dans le monde après sa résurrection. « *Celui qui a mes commandements et qui les garde, c'est celui-là qui m'aime ; or celui qui m'aime sera aimé de mon Père ; et je l'aimerai et je me manifesterai à lui* » (Jn 14, 21), ou encore : « *Si quelqu'un m'aime, il gardera ma parole, et mon Père l'aimera et nous viendrons vers lui et nous nous ferons une demeure chez lui* » (Jn 14, 23). Par étapes, s'opérera le grand désir de l'Amour : « *Mais le Paraclet, l'Esprit-Saint, que le Père enverra en mon nom, lui, vous enseignera tout et vous rappellera tout ce que je vous ai dit* » (Jn 14, 26). « *Je vous laisse la paix ; c'est ma paix que je vous donne ; je ne vous la donne pas comme le monde la donne* » (Jn 14, 27).

Les disciples sont touchés par l'Amour de Dieu qui enflamme leur cœur. Le Feu divin les entraîne à désirer ardemment à leur tour la réciprocité d'une communion où tout sera assumé dans l'Amour. Déjà, nous recevons les arrhes de l'Esprit-Saint qui nous permettent de commencer à expérimenter ce qui sera atteint un jour dans la gloire divine. « *L'amour de Dieu a été répandu dans nos cœurs par le Saint-Esprit qui nous fut donné* » (Rm 5, 5). « [Dieu] *qui nous a aussi marqués d'un sceau et a mis dans nos cœurs les arrhes de l'Esprit* » (2 Co 1, 22).

Nécessité d'une purification

La rencontre avec Jésus nous ouvre son Cœur tout Amour. Elle nous inspire et nous fait désirer une profonde transformation de notre propre cœur. Nombreuses sont les lourdeurs qui nous paralysent encore. L'Amour divin ne peut cohabiter avec notre Amour hésitant et balbutiant. Le pur et l'impur ne peuvent s'harmoniser. Nous nous rappelons la vision d'Isaïe : *« Saint, saint, saint est Yahvé Sabaot [...] le Temple était plein de fumée. Alors je dis : "Malheur à moi, je suis perdu ! car je suis un homme aux lèvres impures, j'habite au sein d'un peuple aux lèvres impures, et mes yeux ont vu le Roi, Yahvé Sabaot." L'un des séraphins vola vers moi, tenant dans sa main une braise qu'il avait prise avec des pinces sur l'autel. Il m'en toucha la bouche et dit : "Voici, ceci a touché tes lèvres, ta faute est effacée, ton péché est pardonné"* » (Is 6, 3-7).

Quelques siècles plus tard, le Seigneur évangélisera sur la montagne : *« Heureux les cœurs purs car ils verront Dieu »* (Mt 5, 8).

En présence de Jésus, ses contemporains sont souvent pris par un mouvement de conversion profonde. Lors de la pêche miraculeuse, au début de l'annonce de la Bonne Nouvelle, Pierre, qui a accepté d'avancer en eau profonde, alors qu'il n'a rien pris la nuit précédente, constate que deux barques sont remplies de poissons, *« au point qu'elles s'enfonçaient »*. À cette vue, Simon-Pierre se jeta aux pieds de Jésus en disant : *« Éloigne-toi de moi, Seigneur, car je suis un homme pécheur »* ; la frayeur, en effet, l'avait « envahi » (Lc 5, 8). Le centurion avait demandé par l'intermédiaire d'amis juifs que soit guéri son esclave « qui lui était cher ». « *Jésus faisait route avec eux, et déjà il n'était plus loin de la maison, quand le centurion envoya des amis pour lui dire : "Seigneur, ne te dérange pas davantage, car je ne mérite pas que tu entres sous mon toit ; aussi bien ne me suis-je pas jugé digne de venir te trouver. Mais dis un mot et que mon enfant soit guéri"* » (Lc 7, 6-7). La réaction de Zachée sera immédiate : « *Mais Zachée, debout, dit au Seigneur : "Voici, Seigneur, je vais donner la moitié de mes biens aux pauvres, et si j'ai extorqué quelque chose à quelqu'un, je lui rends le quadruple"* » (Lc 19, 8). Les vendeurs du Temple sont chassés : « *Ma maison sera une maison de prière. Mais vous, vous en avez fait un repère de commerce* » (Lc 19, 46).

Cette démarche de conversion est marquée par la prise de conscience que nous sommes à la fois attirés par l'intensité de l'Amour divin et incapables d'y parvenir. Nous sommes conduits à nous « tourner vers » cet océan de feu de lumière et d'amour et à vivre un changement profond par étapes successives afin qu'il ne reste en nous qu'un acquiescement d'amour à l'Amour.

De nombreuses expressions se trouvent dans la Révélation pour formuler cette démarche : Revenir vers le Seigneur, se renoncer, changer de comportement : revenir « *de tout leur cœur et de toute leur âme* » (2 Ch 6, 38). « *Dépouillons-nous des œuvres des ténèbres* » (Rm 13, 12). « *Bien-aimés, aimons-nous les uns les autres, puisque l'amour est de Dieu et que quiconque aime est né de Dieu et connaît Dieu* » (1 Jn 4, 7).

Alors que les pharisiens agressaient Jésus, les pécheurs étaient attirés vers Lui. Le pharisaïsme est à l'opposé de l'amour. Jésus aura pitié d'eux et essaiera de toucher leur cœur sans y arriver apparemment. Certains toutefois se convertiront : « *Malheureux êtes-vous, scribes et pharisiens hypocrites, qui fermez aux hommes le Royaume des Cieux ! Vous n'entrez certes pas vous-mêmes, et vous ne laissez même pas entrer ceux qui le voudraient. [...] combien de fois ai-je voulu rassembler tes enfants [...] et vous n'avez pas voulu !* » (Mt 23, 13.37). Par contre, Jésus va au-devant des pécheurs : « *En effet, je ne suis pas venu appeler les justes, mais les pécheurs* » (Mt 9, 13). On dit de Lui : « *[C'est] un ami des publicains et des pécheurs !* » (Lc 7, 34). Les foules accouraient sollicitant une guérison, pressentant l'Amour qui habitait en Lui. Les scribes et les anciens craignaient ces pécheurs qui venaient à Jésus et le soutenaient (Lc 20, 6). « *Le soir venu, quand fut couché le soleil, on lui apportait tous les malades et les démoniaques, et la ville entière était rassemblée devant la porte* » (Mc 1, 32-33). La cohabitation de l'Amour et de l'égoïsme devient possible quand il se trouve un cœur qui accepte de vivre une étape de conversion. Celle-ci durera toute notre vie terrestre. Le fils prodigue n'est pas habité par la conversion mais par la faim. Son Père va le faire renaître à la vie. L'amour est présent au pécheur égocentrique. Il peut s'épanouir dans l'Amour si son cœur est consentant.

L'Amour est un feu

Aujourd'hui, nous avons banalisé le terme « Amour » dont la consistance se dilue dans un sentimentalisme narcissique. En songeant à la passion violente d'un homme pour une femme nous approchons de la réalité. De même l'exemple d'une flamme que rien ne peut éteindre selon le dicton populaire : « Quand le feu s'enflamme entre deux cœurs, rien ne peut l'arrêter. »

Ce n'est donc pas par hasard si les mystiques décrivent leur rencontre de Dieu comme un feu brûlant à la fois purifiant et apaisant car ce feu n'est qu'Amour. Sa douceur n'est pas faiblesse mais puissance libératrice de tous nos égoïsmes : *« Tout sarment en moi qui ne porte pas de fruit, il l'enlève, et tout sarment qui porte du fruit, il l'émonde, pour qu'il porte encore plus de fruit »* (Jn 15, 2).

Saint Jean de la Croix, après avoir écrit la deuxième strophe de son traité *La Vive Flamme d'amour*, en fera le commentaire :

> « Ô brûlure suave,
> Ô plaie délicieuse,
> Ô douce main, ô touche délicate !
> Qui a la saveur de la vie éternelle,
> Qui paye toute dette,
> Qui donne la mort et change la mort en vie !

[...] Cette brûlure, avons nous dit, est attribuée au Saint-Esprit [...] Dieu est un feu consumant c'est-à-dire un feu d'Amour. [...] Comme il est un *feu d'Amour infini*, il n'a qu'à vouloir toucher l'âme avec un peu de force, et le *feu d'Amour* qui la consume sera tel, qu'il lui semblera supérieur à tous les feux de l'univers. [...] Ainsi en est-il de l'acte de l'union à Dieu, dès lors qu'il consiste dans un *feu d'Amour* plus embrasé que tous les autres, il porte le nom de brûlure [...] bien loin de lui causer le moindre ennui il la divinise dans la mesure de son Amour ; il la comble de délices en l'embrasant de ses feux et de ses ardeurs les plus suaves [...] Lorsque Dieu accorde de pareilles faveurs c'est dans le but d'exalter l'âme ; aussi il ne la fatigue pas, et il ne la resserre pas mais il la dilate et la comble de délices » (saint Jean de la Croix, *Œuvres complètes*, Le Seuil, 1929).

Dans ce texte, j'ai souligné l'expression « feu d'Amour » pour mettre en valeur l'intensité de l'expérience spirituelle de saint Jean de la Croix. Il a rencontré l'absolu. Il décrit l'impact de cette plénitude comme une communion purificatrice et radicale. Nous sommes bien loin d'un Amour édulcoré et doucereux. Par la suite il précisera, comme Marthe Robin, que ce contact fut à la fois une souffrance terrible et une joie épanouissante car toute d'Amour.

> « Or, cette brûlure étant suave comme nous l'avons dit, la plaie évidemment doit être suave aussi. De la sorte, la plaie d'une blessure suave sera pleine de délices parce que la brûlure étant d'un amour suave la plaie sera également d'un amour suave et ainsi l'âme sera comblée de suavité. [...] Elle est devenue une plaie d'Amour : elle est pleine de la santé de l'Amour parce qu'elle est transformée en Amour. [...] C'est l'Esprit-Saint qui produit cette plaie dans le seul but de combler l'âme de délices [...] Il semble à l'âme que l'univers entier est une mer immense d'Amour où elle est submergée sans qu'elle puisse voir le terme ou la fin de cet Amour [...] mais il y a

peu d'âmes qui arrivent à ce degré si éminent » (*ibid.*).

Gravité de notre égoïsme

Tout le monde n'est pas appelé à vivre la rencontre de l'Amour divin sous cette forme mais chacun de nous doit s'épanouir dans un univers d'amour. Le témoignage de saint Jean de la Croix nous montre la gravité de notre égocentrisme.

Dieu nous a donné une terrible responsabilité : la foule qui s'était rassemblée autour des apôtres à la Pentecôte fut stupéfaite : *« D'entendre* [le discours]*, ils eurent le cœur transpercé, et ils dirent à Pierre et aux apôtres : "Frères, que devons-nous faire ?" Pierre leur répondit : "Repentez-vous, et que chacun de vous se fasse baptiser au nom de Jésus-Christ pour la rémission de ses péchés, et vous recevrez alors le don du Saint-Esprit"* » (Ac 2, 37-38).

La lumière du Saint-Esprit nous plonge dans le Cœur de Dieu. Nous percevons alors combien nous ne pouvons plus vivre sans la Miséricorde divine tant nos refus sont graves et nombreux. Ils ont atteint et blessé, dans le drame mystique de la croix, le Cœur de Jésus qui n'est qu'Amour.

Nos péchés sont nombreux car la lumière de Celui qui *« est la lumière véritable qui éclaire tout homme venant en ce monde »* (Jn 1, 9) nous ouvre des horizons inconnus. Plutôt que d'être centrés sur nous-mêmes, nous nous voyons dans la lumière divine. Nous ne nous regardons plus. Nos yeux sont fixés sur Dieu. Si nous voulons devenir Amour, nous devons prendre conscience de notre mal personnel, de notre médiocrité et croire que Dieu veut bien nous communiquer son Amour si nous le lui demandons : « *Un rejeton sortira de la souche de Jessé, un surgeon poussera de ses racines. Sur lui reposera l'Esprit de Yahvé, esprit de sagesse et d'intelligence, esprit de conseil et de force, esprit de connaissance et de crainte de Yahvé : son inspiration est dans la crainte de Yahvé* » (Is 11, 1-3).

Puisque nous sommes « Temple de l'Esprit », nous sommes habités par l'Esprit d'Amour. Lorsque l'Esprit de crainte dissipe nos hésitations, nous comprenons à quel point nous sommes loin de la grandeur de cet unique amour. La crainte n'est pas la peur, mais la prise de conscience de l'abîme infini de cet Amour dont la dimension nous dépasse. Nous réduisons la transcendance de cette amitié divine à une cordialité humaine d'un niveau médiocre. Alors que nous devrions être brûlants d'Amour, nous sommes honnêtement assoupis dans une indifférence monotone et monocorde.

« L'Esprit de piété » qui devrait ranimer sans cesse l'intensité de la relation avec le Seigneur vivant en nous se heurte aux multiples raisonnements de notre intelligence engourdie par l'épaisseur de notre activité centrée sur nous-mêmes. À cette lumière nos objections s'effondrent piteusement. Comment avons-nous pu vivre en dehors de la vraie vie et exister sans prier ? Consacrer quelques minutes le matin et le soir au Seigneur nous apparaît soudain comme une injure à Celui qui donne son Cœur en totalité. La seule réponse possible serait d'envisager un don total, une prière continuelle. Nous sommes pleins de compréhension pour notre déplorable faiblesse. Le droit canon parle de notre fragilité humaine comme une des composantes normales de notre démarche spirituelle. L'Esprit de l'Amour divin nous communiquant « l'Esprit de force », nous rougissons intérieurement du piètre résultat de nos actes qui ne suivent pas nos paroles. Nous sommes clairement prévenus. La rencontre de l'Amour se vit en un combat d'une extrême rigueur où ce sont les violents qui s'emparent du Royaume de Dieu (Mt 11, 12). Soutenue, transfigurée par la force de Dieu, notre faiblesse n'est plus lâcheté mais souplesse dans l'espérance. Dans la lumière du Très-Haut, nous devinons que la puissance d'Amour peut nous entraîner infiniment au-delà de nos fragilités. « *Ainsi vous recevrez la force de comprendre, avec tous les saints, ce qu'est la largeur, la longueur, la hauteur et la profondeur, vous connaîtrez l'amour du Christ qui surpasse toute connaissance, et vous entrerez par votre plénitude dans toute la plénitude de Dieu* » (Ep 3, 18-19).

La réalité quotidienne nous contraint à une activité professionnelle ou sociale qui, peu à peu, nous envahit si nous n'y prenons garde. L'Esprit de Jésus, l'Esprit de science, soudain s'introduit en nous par la fente minuscule d'un accident de santé. L'éclair lumineux de la Pensée du Christ nous atteint en nous montrant les erreurs monumentales de notre style de vie. « *Que servira-t-il donc à l'homme de gagner le monde entier, s'il ruine sa propre vie ? Ou que pourra donner l'homme en échange de sa propre vie ?* » (Mt 16, 26). Un père de famille de cinq enfants me contait comment il avait subitement perçu la stupidité de ses raisonnements. Il travaillait en moyenne soixante-dix heures par semaine.

Un virus l'expédia à quarante-neuf ans à l'hôpital. Il frôla l'éternité et fut étonné de se retrouver encore sur terre. L'Esprit de science parvenant enfin à l'éclairer lui fit constater d'une manière fulgurante combien il était devenu esclave de son efficacité dans le travail. Au point de départ, il pensait éviter à ses enfants les difficultés qui furent les siennes dans ses débuts professionnels n'ayant aucune réserve financière devant lui. Il en avait oublié la beauté et la joie de la vie conjugale et familiale. Il avait trahi l'engagement pris envers les siens. Il était devenu inconscient de son péché. Bienheureuse maladie qui l'amena à combler en priorité les siens !

Plus la présence de Celui qui est tout Amour nous rejoint, plus la transparence de sa vérité et de sa lumière nous fait connaître l'effroyable lourdeur de notre péché et de notre égoïsme : *« Pierre, s'avançant, lui dit : "Seigneur, combien de fois mon frère pourra-t-il pécher contre moi et devrai-je lui pardonner ? Irai-je jusqu'à sept fois ?" Jésus lui dit : "Je ne te dis pas jusqu'à sept fois, mais jusqu'à soixante-dix-sept fois" »* (Mt 18, 21-22).

La souffrance de notre repentir va nous faire expérimenter la profondeur de l'Amour divin qui pardonne et fait jaillir le bien du mal. Une existence vécue dans l'Amour est concevable malgré nos refus.

La miséricorde est une révélation

La puissance de l'Amour sera la réponse au rejet des hommes. Dieu ne peut pas ne pas aimer car il est Amour. Il rend toujours possible une vie épanouissante dans une relation avec Celui qui demeure éternellement la source de tout Amour.

La réalisation du projet du Seigneur

Le mal fait par les hommes actuellement paraît incommensurable. Hélas, il en a toujours été ainsi depuis la présence des hommes sur la terre, comme l'enseignent les premiers chapitres de la Genèse. Si Dieu ne nous pardonnait pas, nous serions sans doute plongés dans le néant. Cela nous conduit à l'absurde. Une écoute plus attentive du cœur humain nous fait deviner un germe de regret et d'espérance d'un pardon dans la vie apparemment la plus endurcie, renfermée dans son égocentrisme.

Pour que le projet d'Amour du Seigneur se réalise dans les circonstances qui sont les nôtres, deux conditions sont nécessaires : d'une part la certitude que Dieu pardonne et la découverte de la richesse de la

Miséricorde divine, d'autre part l'existence du ciel, c'est-à-dire d'un autre monde où tout ne sera qu'éternellement Amour. Nous connaissons déjà la beauté du dessein de Dieu qui était bien différent de celui que nous avons sous les yeux. Tout devait se dérouler dans l'harmonie, la plénitude et la joie. Les hommes, marqués par l'empreinte divine, faisaient partie, dans le Christ, de la famille de Dieu. Et *« Dieu vit que cela était bon »* (Gn 1, 10). Puis ce fut le drame mais déjà une espérance apparaît : *« Je mettrai une hostilité entre toi et la femme, entre ton lignage et le sien. Il t'écrasera la tête et tu l'atteindras au talon »* (Gn 3, 15). L'histoire de notre humanité va être une profonde et progressive recréation par l'action divine. *« En lui* [le bien-aimé] *nous trouvons la rédemption, par son sang, la rémission des fautes, selon la richesse de sa grâce, qu'Il nous a prodiguée, en toute sagesse et intelligence »* (Ep 1, 7-8). Pour saint Paul, nous ne sommes pas dans une situation d'échec divin mais dans l'émerveillement de l'œuvre créatrice de Dieu : *« Il nous a fait connaître le mystère de sa volonté, ce dessein bienveillant qu'Il avait formé en lui par avance, pour le réaliser quand les temps seraient accomplis : ramener toutes choses sous un seul Chef, le Christ »* (Ep 1, 9-10).

Création, recréation

Perdus au milieu de six milliards d'êtres humains, sur une planète dont nous pouvons capter l'un des commencements vers quinze milliards d'années, nous savons que nous sommes entourés de milliards de galaxies comme la nôtre. Notre vie ne peut prendre de sens que dans cette relation avec Celui qui est la vie même et que nous appelons « le vivant ». Le fait d'exister nous conduit, comme nous l'avons vu, à reconnaître le geste créateur du Seigneur qui nous donne gratuitement la joie d'être en vie et de pouvoir nous émerveiller de son Amour et de sa Lumière. Notre refus d'aimer atteint le plus profond de notre cœur. Nous gardons les apparences de la vie, mais est-ce encore une vie ? Une puissance de mort nous habite. Nous entendons parfois dire par des personnes affairées et dispersées en de multiples activités non dominées : « Ce n'est plus une vie ! » Dans la Révélation, la mort est la conséquence du péché : *« Par un seul homme le péché est entré dans le monde, et par le péché la mort, et qu'ainsi la mort a passé en tous les hommes, du fait que* [en ce premier homme] *tous ont péché »* (Rm 5, 12). Cet enseignement de la Révélation que nous avons à recevoir dans toute sa lumière fait référence au passage de la Genèse : *« Tu peux manger de tous les arbres du jardin. Mais de l'arbre de la connaissance du bien et du mal tu ne mangeras pas, car, le jour où tu en mangeras, tu deviendras passible de mort »* (Gn 2, 16-17). À l'origine, dans l'intention du Créateur, l'homme n'aurait pas dû connaître la mort telle que nous l'appréhendons.

Par l'absolution sacramentelle, Dieu nous redonne vie. Il ne se contente pas de purifier un comportement regrettable, il nous engendre dans notre véritable vie qui est la sienne. Dieu épanouit, dans le même mouvement, son enfant qui partage et reçoit sa propre vie divine. C'est une authentique recréation. De même que nous n'existions pas et qu'Il nous a donné de vivre, de même par notre péché nous avions tué en nous sa Vie.

Par son Amour éternel il fait de nous des vivants. Le fils prodigue a détruit toute relation filiale par son inconduite (Lc 15, 13). « *Père, j'ai péché contre le Ciel et envers toi, je ne mérite plus d'être appelé ton fils* » (Lc 15, 21). Le Père le reçoit pour lui redonner vie. En lui donnant la plus belle robe, un anneau au doigt, des chaussures aux pieds, il le recrée : « *Car mon Fils que voilà était mort, et il est revenu à la vie ; il était perdu, et il est retrouvé* » (Lc 15, 24).

Création et pardon

Face à notre orgueil extrême et à nos légèretés frivoles, Dieu se révèle comme étant fondamentalement pardon. Selon la tradition juive, Dieu pardonne au pécheur qui se repent : « *Pardonne-leur : ils ne savent pas ce qu'ils font* » (Lc 23, 34).

Le Seigneur, dans sa justice, selon l'Ancien Testament, est prêt à pardonner à condition qu'Israël s'efforce de mériter cette Bienveillance divine par des œuvres observant la Loi. Il sait que c'est à la fin des temps que le pardon sera tout entier. Déjà le pressentiment d'un univers divin où tout est miséricorde se profile. Moïse sait que Dieu est « miséricordieux » : « *Dieu de tendresse et de pitié, lent à la colère, riche en grâce et en fidélité* » (Ex 34, 6). Isaïe en réfère à Yahvé qui pardonne : « *Une femme oublie-t-elle son petit enfant, est-elle sans pitié pour le fils de ses entrailles ? Même si les femmes oubliaient, moi, je ne t'oublierai pas* » (Is 49, 15) car « *Dieu est riche en pardon* » (Is 55, 7). Jésus va mettre en relief que Dieu est essentiellement miséricorde car, avant même la réaction du repentir des hommes, Il n'est qu'Amour. Le Père, le Fils, l'Esprit-Saint sont éternellement pardon. Ils multiplient les démarches pour séduire les pécheurs en les laissant libres devant la miséricorde proposée.

Quand on sait combien l'homme est conditionné physiquement, psychologiquement et sociologiquement, on peut s'interroger sur la pleine liberté quand il commet le péché : « *Il m'a été fait miséricorde, parce que j'agissais par ignorance* » (1 Tm 1, 13). Au-delà de toutes les défaillances d'Israël, l'Amour du Seigneur est plus fort que toutes les trahisons des hommes : « *D'un Amour éternel je t'ai aimé, c'est pourquoi j'ai prolongé ma bienveillance pour toi* » (Jr 31, 3).

Nous connaissons l'enseignement des paraboles. Celle de la brebis perdue nous rappelle que Dieu prend l'initiative d'aller rechercher la brebis égarée, délaissant les quatre-vingt-dix-neuf autres dans la montagne : « *Et, quand il l'a retrouvée, il la met, tout joyeux, sur ses épaules et, de retour chez lui, il assemble amis et voisins et leur dit : Réjouissez-vous avec moi, car je l'ai retrouvée, ma brebis qui était perdue !* » (Lc 15, 5-6). Mathieu précisera : « *Ainsi on ne veut pas, chez votre Père qui est aux cieux, qu'un seul de ces petits se perde* » (Mt 18, 14). Dans ce récit, l'accent est nettement mis sur la joie des retrouvailles.

Ainsi dans la parabole de la drachme : « *Réjouissez-vous avec moi, car je l'ai retrouvée, la drachme que j'avais perdue ! C'est ainsi, je vous le dis, qu'il naît de la joie devant les anges de Dieu pour un seul pécheur qui se repent* » (Lc 15, 9-10). Jésus décrit le Cœur de son Père illuminé de joie quand il peut manifester son

Amour à un pécheur. La conversion est la conséquence de la rencontre avec le Seigneur qui, de Lui-même, est venu renouer l'alliance avec son peuple. Parce qu'il est Amour, Dieu va au-devant des pécheurs. Les pharisiens, bien loin de s'en indigner, auraient dû au contraire s'en réjouir :

> « Le pardon précède la conversion : le pécheur qui accueille la Bonne Nouvelle est en principe sauvé. En visitant et en accueillant les pécheurs, Jésus symbolise le comportement même de Dieu » (X. Léon Dufour, *Agir selon l'Évangile*, Seuil, 2002).

Luc est le seul à relater la parabole du fils prodigue. Jésus décrit l'étonnante attitude du Père. Devant le retour de son Fils, le Père n'attend pas les regrets ni les excuses du pécheur. Ce dernier souffre d'avoir détruit toute relation de famille : *« Je ne mérite plus d'être appelé ton fils »* (Lc 15, 19). Avant qu'il n'ait fait aucun geste, qu'il n'ait prononcé aucune parole, son Père l'aperçoit de loin (Lc 15, 20). Donc il l'attendait. Il n'avait jamais cessé de l'aimer. Son cœur était débordant d'espérance pour son Fils. Dans son Amour, Il ne doutait pas qu'il reviendrait un jour. Il est même pris de pitié. Il est ému de compassion en percevant la détresse désespérée de son fils. Il ne peut laisser ce dernier dans la solitude angoissante qui se dégage de son comportement. Il n'hésite pas : *« il courut se jeter à son cou et l'embrassa tendrement »* (Lc 15, 20). Une autre traduction possible : *« et le couvrit de baisers »*. Le Père va donner vie à son fils par la manifestation d'un surcroît d'Amour. Aucun reproche n'est adressé au fils, aucune attente d'un regret quelconque. C'est de l'Amour de Dieu que va jaillir la lumière au milieu des ténèbres dans lesquelles le fils s'est plongé. Il ne peut plus en sortir lui-même. L'intensité de la douceur divine finira par ouvrir une brèche dans cette muraille bétonnée qui anéantissait son cœur d'enfant. Saint Paul écrira par la suite aux disciples habitant Rome : *« Là où le péché a abondé la grâce a surabondé »* (Rm 5, 20). Le repentir naît par cette blessure d'Amour, cette douceur infinie qui parvient à émouvoir une liberté devenue hésitante. Ce baiser de miséricorde touche le cœur du fils prodigue. Il accepte enfin de renaître dans le dynamisme vital de son père qui l'engendre à l'espérance. « *Vite, apportez la plus belle robe et l'en revêtez, mettez-lui un anneau au doigt et des chaussures aux pieds. [...] Ils se mirent à festoyer* » (Lc 15, 22.24).

Le fils aîné n'avait pas compris. Il se mit en colère. De nouveau, Dieu fait les premiers pas : « *Il refusait d'entrer. Son père sortit l'en prier* » (Lc 15, 28). Le Père ne fait aucun reproche à son fils aîné. Dans son Amour, Il accepte de se justifier, espérant ainsi faire progresser dans la vie de famille celui qui n'avait pas encore compris : « *Toi, mon enfant, tu es toujours avec moi, et tout ce qui est à moi est à toi. Mais il fallait bien festoyer et se réjouir, puisque ton frère que voilà était mort et il est revenu à la vie ; il était perdu et il est retrouvé !* » (Lc 15, 31-32).

Dieu manifeste son Amour sans condition pour tous les pécheurs : « *Je ne suis pas venu appeler les justes, mais les pécheurs* » (Mc 2, 17). C'est pourquoi on dira de Jésus qu'il est « *l'ami des publicains et des pécheurs* » (Mt 11, 19). Il est leur ami afin que, se sentant aimés, ils vivent une conversion, une transformation qui les conduisent à s'émerveiller de pouvoir eux aussi engendrer la joie dans un surcroît d'Amour.

L'Esprit-Saint et le pardon

Pour bien comprendre la miséricorde divine et particulièrement le sens de l'absolution dans le sacrement de la Réconciliation, il faut avoir une saine perception de la sainteté et du péché. La sainteté, c'est l'Esprit-Saint que nous recevons dans la communion au Christ par un acte de foi. Elle n'est donc pas une conformité à l'ensemble de principes moraux ou de lois religieuses. Elle n'est pas une vie vertueuse. Elle est Dieu : « *vous êtes devenus saints car je suis saint* » (Lv 11, 44). Le péché est le contraire de la communion. Il rejette l'Esprit-Saint : « *Tous [...] sont privés de la gloire de Dieu* » (Rm 3, 23). N'acceptant pas la puissance de la Résurrection, nous refusons le cœur à cœur avec le Christ. Saint Paul le pense : « *Vous avez rompu avec le Christ, vous qui cherchez la justice dans la Loi ; vous êtes déchus de la grâce* » (Ga 5, 4). Le péché n'est pas simplement une tache effacée par le Seigneur qui pourrait l'oublier ou ne pas en tenir compte. Le péché n'existe pas en lui-même, c'est nous qui sommes pécheurs. Le Seigneur vient rétablir la communion avec Lui. Il ouvre notre cœur à l'Esprit-Saint qui est Lui-même en sa personne la rémission de tous les péchés. Telle est la foi de l'Église exprimée par l'oraison sur les offrandes à la messe du samedi avant la Pentecôte (septième samedi du Temps pascal) : « Que l'Esprit-Saint qui vient de Toi, Seigneur, et qui est Lui-même le pardon des péchés, prépare nos cœurs à tes sacrements par Jésus Notre Seigneur. »

La Résurrection est l'œuvre de la Puissance divine qui seule peut transfigurer un cadavre : « [Pour que vous sachiez] *l'excessive grandeur de sa puissance, déployée en notre faveur à nous les croyants, selon l'énergie de la Puissance de sa force mise en œuvre dans le Christ quand il l'a ressuscité des morts* » (Ep 1, 19-20). Il en sera de même pour nous : « *Dieu a ressuscité le Seigneur. Il nous ressuscitera par sa force* » (1 Co 6, 14). Dans la Révélation on ne sépare pas Puissance de Dieu et Esprit-Saint. Dans Luc, l'Esprit-Saint est la puissance du Très-Haut : « *L'Esprit-Saint viendra sur toi, et la puissance du Très-Haut te prendra sous son ombre* » (Lc 1, 35). Jésus a promis à ses disciples la « *force d'en haut* » (Lc 24, 49) qui est « *L'Esprit* » (Ac 1, 8). Par l'Esprit-Saint, le Christ est ressuscité et nous transmet la Vie éternelle.

Le pardon de Dieu ne nous atteint pas superficiellement. Il est présence de l'Esprit-Saint. Il nous régénère et nous épanouit dans la vie d'intimité avec le Christ. Lorsque nous avons eu un affrontement avec un ami, nous avons rompu les liens d'amitié qui nous liaient à lui. Un vide, une absence s'est établie dans notre cœur. Nous étions très habités par notre ami. Survient la réconciliation : nous nous retrouvons et la présence de notre ami envahit notre cœur. Ainsi en va-t-il de notre relation avec Dieu. Après l'absence provoquée par notre péché, c'est la joie, par l'absolution de retrouver une nouvelle intimité avec Dieu exprimée par le Saint-Esprit se manifestant dans notre cœur.

La Résurrection et le pardon

« Pardonne-leur : ils ne savent pas ce qu'ils font » (Lc 23, 34). Le Père a répondu en ressuscitant son Fils : *« Il a ressuscité Jésus. Ainsi est-il écrit dans les psaumes : Tu es mon Fils, moi-même aujourd'hui je t'ai engendré »* (Ac 13, 33 ; Ps 2, 7). De toute éternité, le Fils est engendré par le Père dans l'Esprit-Saint. Le Père ayant envoyé le Fils par l'Esprit-Saint dans le sein de la Vierge Marie, Il poursuit son rayonnement malgré la haine des hommes qui est allée jusqu'à faire mourir Jésus. Ce Jésus, il le fait entrer, par la Résurrection, au sein de la Trinité. Dans le mystère trinitaire, il y a donc un homme pleinement Dieu et pleinement homme, Jésus, qui par la puissance de la Résurrection surpasse toutes les forces négatives des hommes. La mort est vaincue par la résurrection. Là où le péché engendre la mort, le Père engendre la résurrection et la vie.

Jésus est victime. Il n'a pas besoin d'être pardonné. En revanche, sa résurrection lui fait franchir une étape importante dans sa mission. En témoignant jusqu'au bout de son Amour pour son Père, il vit sa mort comme un passage vers une plénitude : *« Je vais au Père »* (Jn 14, 14). Verbe de Dieu par son Incarnation dans la chair, il en assume toutes les limites, y compris les conséquences du péché des hommes. Il renonce à faire resplendir sa Divinité dans sa nature humaine. En le ressuscitant, le Père l'engendre dans la gloire de la Trinité : *« En Lui habite corporellement toute la plénitude de la Divinité »* (Col 2, 9). C'est dans son Corps glorieux que désormais nous le rencontrons.

Le Père n'a pas ressuscité son Fils pour Lui-même mais pour que nous, pécheurs, nous obtenions le pardon de nos péchés qui l'ont fait mourir : « *Vous verrez que je vis et vous aussi, vous vivrez* » (Jn 14, 19), avait-il annoncé à ses disciples. Saint Paul précisera : « *Mais Dieu, qui est riche en miséricorde, à cause du grand amour dont Il nous a aimés, alors que nous étions morts par suite de nos fautes, nous a fait revivre avec le Christ – c'est par grâce que vous êtes sauvés ! – avec lui Il nous a ressuscités et fait asseoir aux cieux, dans le Christ Jésus* (Ep 2, 4-6). Ce pardon divin nous entraîne sur un chemin de Résurrection finale. « *Et si l'Esprit de Celui qui a ressuscité Jésus d'entre les morts habite en vous, Celui qui a ressuscité le Christ Jésus d'entre les morts donnera aussi la vie à vos corps mortels par son Esprit qui habite en vous* » (Rm 8, 10-11). Dans sa lettre, saint Pierre a cette réflexion : « *Dans sa grande miséricorde, il* [le Père] *nous a engendrés de nouveau par la résurrection de Jésus-Christ d'entre les morts* » (1 P 1, 3). « Le Christ a accepté et a souffert la Passion dans le but de nous rendre possible la résurrection, l'immortalité et l'incorruptibilité et de nous les communiquer » (Sévère d'Antioche [† 538] cité par Galot, *Résurrection, mystère d'Alliance*).

Un regard d'Amour miséricordieux

Lorsque nous avons commis une faute ou une erreur, nous craignons le regard de ceux qui nous entourent et nous jugent. Le coupable perçoit la condamnation dans les yeux qui l'observent avant même qu'elle soit prononcée. Le regard du Seigneur est tout autre. Au contact de la lumière divine, le jeune homme riche « *car il avait de grands biens* »... « *s'assombrit et s'en alla contristé »*. Cependant : *« Jésus fixa son regard sur lui et l'aima »* (Mc 10, 21). La douceur du Seigneur avait perçu les ressources cachées dans le cœur de cet homme. Il avait cherché à éveiller son âme aux dimensions d'un Amour plus grand sans esquisser un reproche devant son refus. L'évangéliste n'a retenu que le mystère de l'Amour divin. La tendresse miséricordieuse du regard de Jésus émeut Pierre qui vient de trahir son ami : *« un coq chanta et le Seigneur, se retournant, fixa son regard sur Pierre »* (Lc 22, 60-61). Ce regard, sans doute d'une tristesse profonde, rappelant à Jésus sa propre agonie, ne portait en lui aucun reproche. Il exprimait un appel à un surcroît d'Amour qui favorisait une première prise de conscience de la nouveauté de ce Royaume qui n'était pas de ce monde : *« Et Pierre se ressouvint de la parole du Seigneur, qui lui avait dit : "Avant que le coq ait chanté aujourd'hui, tu m'auras renié trois fois." Et, sortant dehors, il pleura amèrement »* (Lc 22, 61-62). Déjà dans le récit de l'appel des premiers disciples, Jésus avait mis en valeur le mystère du regard d'Amour du Père. Jésus avait dit aux deux disciples : *« Venez et vous verrez »* (Jn 1, 39). Philippe rencontrant les objections de Nathanaël reprit la même expression : *« Viens et vois »* (Jn 1, 46). Jésus le convaincra en lui révélant la qualité de son regard, ne lui faisant aucune remarque sur son incrédulité : *« Avant que Philippe t'appelât, quant tu étais sous le figuier, je t'ai vu »* (Jn 1, 48) *« Parce que je t'ai dit : "Je t'ai vu sous le figuier, tu crois ! Tu verras mieux encore" »* (Jn 1, 50). Jésus ne se laisse pas arrêter par le péché, les doutes de ses frères les hommes. Il veut les entraîner dans la profondeur de sa miséricorde à dépasser les horizons terrestres pour plonger leur regard dans l'intense lumière divine qui *« éclaire tout homme venant en ce monde »*. Jean ira jusqu'à dire dans son Prologue : *« Nous avons contemplé sa gloire, gloire qu'il tient de son Père comme Fils unique [...] Nul n'a jamais vu Dieu ; le Fils unique, qui est tourné vers le sein du Père, lui, l'a fait connaître »* (Jn 1, 14.18).

Ce regard miséricordieux nous envahit lorsque nous nous confessons. Nous sommes pénétrés par une bonté extrême qui caractérise l'univers divin. Le Seigneur ne se laisse pas arrêter par la laideur et la dégradation de notre visage défiguré par nos péchés. Il se souvient de son premier regard d'avant le péché sur la création : *« Il vit que cela était bon »* (Gn 1, 12). La puissance créatrice de son Cœur miséricordieux va au-delà des boursouflures de nos péchés pour nous restituer la beauté de notre première naissance. De son fils prodigue, il ne perçoit que l'enfant retrouvé. Il le voit déjà *« revêtu de la plus belle robe »* (Lc 15, 22). L'œil de l'artiste perçoit ce que l'autre ne voit pas. D'un paysage banal et quotidien, l'artiste a le génie d'en faire un étonnant tableau, un « Van Gogh » ou un « Rouault ». Ainsi, le Père nous plongeant dans la lumière de son infinie miséricorde nous voit déjà dans la réalisation du dessein initial. Il nous donne d'exprimer le meilleur de nous-mêmes par l'accueil de son Amour. « Son regard des origines » nous fait vivre dans un éclairage nouveau. Par la puissance de l'Esprit-Saint, il nous plonge dans le bain puissant de notre régénération. *« Nous avons, par le baptême, revêtu le Christ »* (Ga 3, 27 ; Rm 13, 14). Le regard du Père voit en nous ceux qui ont revêtu le Christ, ses frères. Il nous habille de toute la beauté de son Cœur et de son regard. Saint Jean de la Croix avait aussi, dans la profondeur de sa vie mystique, entrevu la puissance créatrice du regard divin :

« C'est en répandant mille grâces
qu'Il [Dieu] est passé à la hâte par ces bocages
en les regardant
et de sa figure seule [le Christ]
il les a laissés revêtues de sa beauté »
(*Cantique spirituel*, strophe 5).

Le commentaire de saint Jean de la Croix poursuit :

« [...] nous devons remarquer que c'est seulement par la figure de son Fils que Dieu *a regardé* les créatures [...] Les *voir* toutes très bonnes, c'était les *créer* toutes très bonnes dans le Verbe, son Fils. Non seulement il leur donna les dons naturels [...] mais il les laissa revêtues d'une beauté supérieure [...] par le mystère de l'Incarnation de son Fils et de sa glorieuse résurrection [...] il les a laissées complètement revêtues de beauté et de dignité » (*op. cit.*).

Ainsi, pour le Seigneur, nous regarder, nous aimer, nous revêtir de miséricorde et de beauté, c'est tout un, et nous pourrons nous épanouir dans son intense et douce lumière de la résurrection.

Ce regard de miséricorde nous introduit dans le dessein splendide du Père qui voulait tous nous établir par le Christ dans son Amour. Nous savons combien nous pouvons être influencés par le regard des autres. Plus encore lorsqu'il s'agit de celui de notre Père du Ciel. Il nous révèle à nous-mêmes dans son Amour infini comment nous avons été créés pour être pleinement ses enfants. Nous sommes portés par ce regard dont l'intense lumière est d'avant le péché. Quel émerveillement lorsqu'il nous est transmis par Marie, « Mère de Miséricorde », qui n'a jamais commis le péché mais qui rencontre en ses enfants les douloureuses blessures qu'il provoque. Ce regard d'Amour réveille en nous des talents enfouis profondément à cause de notre égoïsme. Sauvés par la puissance de la miséricorde, nous contemplons l'intensité du regard de Jésus et ses exigences nous disant : *« Soyez miséricordieux comme votre Père est miséricordieux »* (Lc 6, 36).

Jean a été bouleversé par le regard de Jésus en croix au point que de nombreuses années après la résurrection, au moment de la rédaction de son Évangile, il l'a mis en valeur : *« voyant sa mère et, se tenant près d'elle, le disciple qu'il aimait »* (Jn 19, 26). Sans doute, Jésus épuisé par les souffrances et le sang versé au cours de ce cruel supplice a pu avoir des temps d'absence. Au moment de parler de sa mère, il redevient présent. Ce regard était celui de l'enfant vers sa mère, il le transmettait à Jean chargé de toute sa miséricorde, car le regard échangé entre Marie et Jésus était « d'avant le péché ». Marie et Jésus étaient transparents d'Amour, ce qui n'était pas le cas de Jean. Par sa miséricorde, Jésus le sauvait de son péché et lui ouvrait l'intimité maternelle de Marie : *« Il l'accueillit chez lui »* (Jn 19, 27). Jean ne nous a laissé aucune description de ce regard. Nous pouvons du moins l'évoquer puisque vingt siècles après l'événement nous nous nourrissons d'un même regard maternel. Ce sont des yeux pleins de tendresse miséricordieuse, de douce compassion, d'espérance épanouissante. Marie nous révèle la miséricorde du Père en touchant de sa tendresse maternelle nos cœurs endurcis et renfermés par notre péché. Sa compassion nous laisse deviner combien elle était atteinte par notre refus d'aimer. *« Et toi un glaive te transpercera l'âme »* (Lc 1, 35). Comme jadis *« debout au pied de la Croix de Jésus »* (Jn 19, 25), elle nous entraîne à croire possible notre résurrection et nous épanouit dans toutes les grâces qui nous sont données et que nous n'avons qu'à recevoir gratuitement. Comme l'auteur du *Stabat Mater* l'a écrit jadis :

> « Faites que mon cœur brûle d'amour pour le Christ mon Dieu et que je ne songe qu'à lui plaire
> Ô Mère source d'Amour, faites moi ressentir la force de votre douleur et faites que je pleure avec vous. »

Absolution et Miséricorde

D'après Jean, c'est le soir de Pâques, dans le contexte de la résurrection, que Jésus a transmis à son Église la capacité d'être son intermédiaire pour offrir à tous sa miséricorde. Pourquoi Dieu a-t-il pris une telle option ? S'il est bien un domaine strictement personnel, c'est celui où le cœur blessé par toute injustice pardonne à l'auteur de la diffamation. Nous sommes là devant le mystère de l'Église. Dieu nous prouve sa confiance en nous donnant mission de transmettre, dans notre pauvreté, sa miséricorde. « Le Père Éternel par la disposition absolument libre et mystérieuse de sa sagesse et de sa bonté a créé l'univers. Il a décidé d'élever les hommes à la condition de la vie divine » (*Concile Mystère de l'Église 1*, n° 2). C'est principalement par les prêtres que le pardon divin touche les cœurs : *« Ayant dit cela, il souffla sur eux et leur dit : "Recevez l'Esprit-Saint. Ceux à qui vous remettrez les péchés, ils leur seront remis ; ceux à qui vous les retiendrez, ils leur seront retenus"* » (Jn 20, 22-23). Le fidèle regrettant ses péchés est invité à écouter les paroles consécratoires de l'absolution car c'est le Seigneur Lui-même qui, au-delà des expressions linguistiques, s'engage et se donne :

> « Que Dieu notre Père veuille bien vous manifester sa miséricorde [Lui-même] par la mort et la résurrection de son Fils il s'est réconcilié le monde avec Lui [Jésus est l'unique médiateur entre le Père et les hommes : *"Je suis avec vous jusqu'à la consommation des siècles"* (Mt 28, 20)]. Qu'Il daigne envoyer l'effusion de l'Esprit-Saint pour la rémission des péchés [ainsi la rémission des péchés est l'expérience de la présence de l'Esprit-Saint]. Par le ministère de l'Église qu'Il veuille bien vous donner le pardon et la paix [se réconcilier avec Dieu, c'est aussi se réconcilier avec l'Église] et moi, au nom du Père, du Fils et du Saint-Esprit, je vous pardonne tous vos péchés [Le prêtre accomplit la mission pour laquelle il a été envoyé (Mt 28, 19).] (Paroles de l'absolution).

À un titre différent, tout baptisé ayant un cœur miséricordieux devient aussi source de la miséricorde divine : « *Remets-nous nos péchés car nous-mêmes remettons à quiconque nous doit* » (Lc 11, 4). Il ne s'agit plus d'un simple pardon aux dimensions humaines mais d'une miséricorde qui s'enracine dans l'infini : « *Alors Pierre, s'avançant, lui dit : "Seigneur, combien de fois mon frère pourra-t-il pécher contre moi et devrai-je lui pardonner ? Irai-je jusqu'à sept fois ?" Jésus lui dit : "Je ne te dis pas jusqu'à sept fois, mais jusqu'à soixante-dix-sept fois"* » (Mt 18, 21-22). Le pardon de Dieu doit régner entre les chrétiens : « *Vous avez entendu qu'il a été dit : œil pour œil et dent pour dent. Eh bien ! moi je vous dis de ne pas tenir tête au méchant* » (Mt 5, 38-39). « *Soyez parfaits comme votre Père céleste est parfait* » (Mt 5, 48). Il va s'étendre à tous les hommes : « *Pleins d'une égale complaisance pour tous [...] Sans rendre à personne le mal pour le mal [...] Ne te laisse pas vaincre par le mal, sois vainqueur du mal par le bien* » (Rm 12, 16-17.21).

Eucharistie : signe ultime de l'Amour divin

Qui dit Amour dit présence. Le Seigneur a tenu à nous laisser un signe au soir de la Cène : « *Nul n'a plus grand amour que celui-ci : donner sa vie pour ses amis* » (Jn 15, 13). Le Seigneur nous manifeste son Amour dans l'Eucharistie : « *"Prenez, mangez, ceci est mon corps." Puis, prenant une coupe, il rendit grâces et la leur donna en disant : "Buvez-en tous ; car ceci est mon sang, le sang de l'alliance, qui va être répandu pour une multitude en rémission des péchés"* » (Mt 26, 26-28). Luc avec Paul précisera : « *Faites cela en mémoire de moi* » (Lc 22, 19 ; 1 Co 11, 24). L'action libératrice est au cœur de la présence eucharistique. Elle n'est pas d'abord transformation chimique mais présence d'une personne, le Christ Lui-même. Dans la mentalité biblique, « *ceci est mon corps* » est l'équivalent de « c'est moi-même ». C'est toute la personne de Jésus vrai Dieu et vrai homme qui se donne à nous en son corps et en son sang de ressuscité. Par l'action de l'Esprit-Saint, le pain et le vin deviennent communion à la résurrection. Le Seigneur Jésus-Christ, Lui-même, nous demande de nous engager : « *Prenez et mangez, prenez et buvez* » car il crée une relation qui relève de la foi, entre Lui-même et nous. Cette présence d'un caractère unique nous met en relation avec le Christ ressuscité pour que se réalise l'unité entre Lui et nous. Ainsi la nouvelle et éternelle alliance est accomplie. Nous entrons dans l'intimité de la Vie et de l'Amour trinitaire, communion de personne à personne, pour accueillir le Royaume. Il est normal, dès lors, que nous consacrions du temps à l'action de grâce. Cette rencontre avec la personne du Christ s'explicite longuement par un échange réciproque dans la Vie divine.

Chaque fois que j'ai donné la communion à Marthe Robin elle était plongée pendant plusieurs heures dans l'extase, ravivant en nous le sens de l'adoration eucharistique :

> « Ô jour béni ! Ô jour de délices et d'ivresse ! Une fois de plus j'ai goûté combien le Seigneur est doux, combien sont ineffables et délicieuses les joies toutes célestes dont mon âme a joui par la présence de mon Dieu dans mon cœur. Ces délices pénètrent et inondent mon âme tout entière ne lui laissant plus aucune puissance ; le divin Maître s'empare de tout et absorbe tout, il n'y a plus rien qui ne soit à Lui Seul. Seul le Tout-Puissant peut donner ce bonheur à mon âme, Seul Il peut la contempler pleinement. C'est en Lui qu'elle trouve l'Infini de l'Amour qui la dévore, son tendre et bien-aimé Époux qui la possède toute et qu'elle possède enfin pleinement, qu'elle goûte et en jouit sans ombre. C'est une journée du Ciel, ce bonheur est si profond qu'on ne voudrait plus avoir à vivre loin de ce Dieu plein d'amour en qui l'âme trouve la plénitude de tout » (Marthe Robin, *Journal intime*, 8 août 1930).

Miséricorde face au refus de l'homme

Le dessein d'Amour de Dieu serait-il condamné à un échec définitif par la volonté des hommes ?

Le péché contre l'Esprit

Nous sommes confrontés à une phrase terrible de Jésus : « *Aussi je vous le dis, tout péché et blasphème sera remis aux hommes, mais le blasphème contre l'Esprit ne sera pas remis. Et quiconque aura dit une parole contre le Fils de l'homme, cela lui sera remis ; mais quiconque aura parlé contre l'Esprit-Saint, cela ne lui sera remis ni en ce monde ni dans l'autre* » (Mt 12, 31-32). On retrouve la même affirmation dans un contexte différent : « *Soyez donc sans crainte ; vous valez mieux, vous, qu'une multitude de passereaux. Quiconque se déclarera pour moi devant les hommes, moi aussi je me déclarerai pour lui devant mon Père qui est dans les cieux ; mais celui qui m'aura renié devant les hommes à mon tour je le renierai devant mon Père qui est dans les cieux* » (Mt 10, 31-33).

Comment est-il possible que Jésus renie ceux qui le renient ? Il y a certainement une compréhension des paroles du Seigneur qui permet de connaître davantage l'Amour insondable du Cœur du Christ.

Ce péché contre l'Esprit évoque à la fois la gravité du comportement de celui qui se refuse à ouvrir son cœur et le respect du Seigneur devant les options prises par ses enfants. Le contexte est celui du raisonnement des pharisiens devant la guérison d'un démoniaque aveugle et muet : « *"Celui-là n'est-il pas le Fils de David ?" Mais les pharisiens, entendant cela, dirent : "Celui-là n'expulse les démons que par Béelzéboul, le prince des démons"* » (Mt 12, 23-24). « *Tout royaume divisé contre lui-même court à la ruine ; et nulle ville, nulle maison, divisée contre elle-même, ne saurait se maintenir. Or, si Satan expulse Satan, il s'est divisé contre lui-même : dès lors, comment son royaume se maintiendra-t-il ?* » (Mt 12, 25-26). Nier l'évidence, c'est refuser le pardon de Dieu. Ainsi l'homme se ferme lui-même à l'Amour miséricordieux qu'il rejette. L'expression employée est très forte : « *le blasphème contre l'Esprit* » (Mt 12, 31). Dans l'Exode (22, 27), il est à l'opposé de l'adoration : « *Tu ne blasphémeras pas ton Dieu.* » La gravité de ce commandement était telle que la non-observance entraînait la mort : « *Qui blasphème le nom de Yahvé devra mourir, toute la communauté le lapidera. Qu'il soit étranger ou citoyen, il mourra s'il blasphème le Nom* » (Lv 24, 16). Jésus fut plusieurs fois menacé de mort (Jn 10, 31 ; 10, 39 ; 11, 47-48) parce qu'il se disait l'égal de Dieu : « *En vérité, en vérité, je vous le dis, avant qu'Abraham existât, Je Suis. Ils ramassèrent alors des pierres pour les lui jeter* » (Jn 8, 58-59). « *Alors le grand prêtre déchira ses vêtements en disant : "Il a blasphémé ! qu'avons-nous encore besoin de témoins ? Là, vous venez d'entendre le blasphème !"* » (Mt 26, 65).

Jésus est attristé devant l'attitude des hommes qui ne veulent pas exposer à la miséricorde le plus profond d'eux-mêmes qui est pourri ou méchant : « *Prenez un arbre gâté : son fruit sera gâté. [...] l'homme mauvais, de son mauvais trésor en tire de mauvaises* [paroles]. *[...] Car c'est d'après tes paroles que tu seras condamné* » (Mt 12, 33.35.37). Jésus reprend les pensées de Jean-Baptiste devant les pécheurs endurcis : « *Engeance de vipères, comment pourriez-vous tenir un bon langage, alors que vous êtes mauvais ?* » (Mt 12, 34).

La violence des paroles doit être comprise comme l'expression de l'intensité de l'Amour empreint d'une tristesse infinie, comme l'ultime attitude du Cœur de Dieu face à un cœur totalement fermé. Mais le sera-t-il toujours ? Nous sommes devant le mystère non du choix divin qui n'est qu'Amour, mais de celui de l'homme, infiniment respecté par le Dieu trois fois Saint.

Avant de nous prononcer devant l'éventuel échec de Dieu face à son enfant, créé à sa ressemblance, et qui définitivement refuserait de l'aimer, nous sommes amenés à écouter ce que Jésus nous dit dans la parabole du Jugement dernier.

Pour interpréter ce texte célèbre, nous nous rappelons qu'il participe de plusieurs genres littéraires : prophétique, parabolique, parénétique (exhortation), apocalyptique. De l'ensemble se dégage que nous serons jugés dans la mesure de notre miséricorde. Notre juge sera Jésus qui a donné sa vie pour nous et nous a révélé que Dieu est éternellement miséricorde pour sa créature finie et fragile. En tenant compte de nombreux commentaires qui insistent sur tel ou tel aspect du genre littéraire dans lequel s'exprime l'auteur, nous pourrons, en simplifiant, parler de l'allégorie du Jugement dernier avec toutes les nuances qui s'imposent.

Une compréhension littérale conduit à penser que Dieu condamne définitivement les « boucs » qui sont à sa gauche : « *Allez loin de moi, maudits, dans le feu éternel qui a été préparé pour le diable et ses anges. Car j'ai eu faim et vous ne m'avez pas donné à manger* » (Mt 25, 41-42). Cette interprétation bien connue nous choque et nous heurte. Les objections se multiplient dans notre cœur. La miséricorde de Dieu ne serait-elle pas éternelle ? Ou pourrait-elle être perpétuellement refusée par des libertés limitées ? Il est vrai que, parallèlement, le Seigneur Jésus nous rappelle qu'un acte d'amour humain limité prend une résonance infinie. « *En vérité je vous le dis, dans la mesure où vous l'avez fait à l'un de ces plus petits de mes frères, c'est à moi que vous l'avez fait* » (Mt 25, 40). Jésus nous redit son enseignement : nous engageons notre éternité dans notre comportement quotidien. Ainsi en est-il du mauvais riche et du pauvre Lazare (Lc 16). La manière de gérer nos biens matériels doit passer par notre cœur : « *On ne peut servir Dieu et l'argent* » (Lc 16, 13). C'est un appel urgent à la conversion. Nous retrouvons les mêmes lumières dans les béatitudes avec une construction en parallèle dans la présentation : « *Heureux, vous les pauvres, car le Royaume de Dieu est à vous. […] Mais malheur à vous, les riches ! car vous avez votre consolation* » (Lc 6, 20.24).

Cette « intransigeance » se retrouve dans tout l'Évangile. Nous risquerions de l'entendre comme un absolu révoltant. Nous nous souvenons qu'un cœur qui pénètre dans l'univers de l'amour ne peut lui-même supporter l'égoïsme et n'a qu'un désir, que sa personne s'unifie dans l'amour en acceptant d'ouvrir la « porte » à Celui qui frappe et qui désire prendre son repas avec lui : *« Le Royaume de Dieu est au milieu de vous »* (Lc 17, 21). Jésus précise que le Royaume éternel est déjà commencé. Dès ici-bas notre vie dans le Christ existe. Elle se poursuivra dans l'au-delà.

La Vierge avait promis à Bernadette de la rendre heureuse non pas en ce monde mais dans l'autre. Contrairement à ce que certains ont compris, Bernadette a été heureuse dès ici-bas malgré la grande souffrance due à la stupidité des hommes. Déjà le Royaume est commencé dans ce monde-ci, et dans ses écrits elle reconnaît que Marie a été fidèle dans ses promesses et qu'elle a été dans la joie divine en ouvrant son cœur à l'invisible. Il y a continuité de la relation avec le Christ sur la terre et dans le ciel.

Amour et enfer

L'enfer existe, nous rappelle l'Église. Est-il possible que celui qui est tout Amour permette une situation que nous ne parvenons même pas à imaginer ? La perspective d'une souffrance éternelle échappe à notre humaine compréhension. De même, nous n'arrivons pas à accepter que le Seigneur, dans son extrême miséricorde, puisse infliger un châtiment qui n'ait aucun terme. La situation devient d'autant plus complexe que le Seigneur veut le salut de tous les hommes : *« Voilà ce qui est bon et qui plaît à Dieu notre Sauveur, Lui qui veut que tous les hom-*

mes soient sauvés et parviennent à la connaissance de la vérité » (1 Tim 2, 3-4). Ces interrogations ont été posées bien avant nous par d'éminents Pères de l'Église dont la sainteté et la sagesse théologique ont été reconnues. Ainsi Origène au IIe siècle, en vint à une réconciliation universelle. Tout en reconnaissant la réalité inquiétante du mal, il garde l'espérance que par la souffrance rédemptrice de Dieu, vécue à la croix, le mal serait anéanti. Après lui, d'autres Pères de l'Église, Grégoire de Nysse, Didyme, Théodore de Tarse, Théodore de Mopsueste, Évaque le Pontique, Jérôme, reprennent le même raisonnement. Certains les appellent les « Pères miséricordieux » et leur forme de réflexion débouche sur une réconciliation générale que l'on caractérise depuis Origène par le terme « Apocatastase », traduction de *Apoka* : « *Il enverra alors le Christ qui vous a été destiné, Jésus, celui que le ciel doit garder jusqu'aux temps de la "restauration universelle" dont Dieu a parlé par la bouche des saints prophètes* » (Ac 3, 20-21). Saint Ambroise, évêque de Milan, faisant le commentaire de saint Paul, estimait que « *le même homme est en partie sauvé et en partie condamné* » (1 Co 1, 5).

La tradition vivante de l'Église a constaté que cette réconciliation universelle n'avait aucun fondement biblique. Nous ne pouvons donc pas suivre « les Pères miséricordieux ».

Dès lors deux solutions s'offrent à nous : soit interpréter par une exégèse très précise les textes présentés par Jésus dans la mentalité du judaïsme concernant la fin des temps et y trouver une ouverture libératrice, soit accepter l'idée d'un enfer éternel comme une possibilité réelle.

Le cardinal Urs von Balthasar, dans ses livres *Espérer pour tous* et *L'Enfer en question* (Desclée de Brouwer, 1987 et 1988), multiplie les analyses qui tendent à montrer que l'enfer offre des possibilités de miséricorde réconfortante. Toutefois, Jean Elluin, dans *Quel enfer* (Éditions du Cerf, 1994), souligne certaines faiblesses de son raisonnement. C'est pourquoi il paraît préférable de réfléchir à partir de l'enfer comme une réelle possibilité. Ni dans l'Écriture sainte, ni dans la tradition de la foi catholique il n'est dit avec certitude d'un homme quel qu'il soit qu'il se trouve réellement en enfer. L'enfer est toujours proposé comme une possibilité réelle et il en va de même avec l'invitation à la conversion et à la vie (*Catéchisme catholique des adultes*, Urs von Balthasar, *L'Enfer : une question*, Desclée de Brouwer, 1988).

De toutes ces conclusions, nous pourrions tirer les conséquences suivantes pour notre foi :

Première lumière : elle met en évidence le respect infini que le Seigneur porte à chacun de nous. Jamais il ne s'imposera à quiconque par la contrainte. L'Amour absolu ne peut en rien obliger un cœur à s'ouvrir à cet Amour qui est offert. En nous créant à son image et à sa ressemblance, le Dieu « Tout-Puissant », parce que uniquement Amour, connaît le risque de voir exister un refus de celui qui demeure son enfant bien-aimé.

Deuxième lumière : elle nous rappelle la grandeur de notre responsabilité. Chacun de nous a la capacité de faire échouer le plan du Seigneur. C'est dire l'éminente dignité de l'être humain qui peut endiguer le mal sur terre ou l'accroître. Nous ne sommes ni des esclaves dans la dépendance d'un maître ni des ordinateurs puissants agissant mécaniquement suivant les ordres de celui qui les a inventés. Nous avons pouvoir sur cette terre mais aussi dans l'éternité. À nous de choisir. Dieu nous prévient que les décisions se prennent impérativement ici-bas jusqu'à l'ultime souffle où nous franchissons le seuil du ciel. Nous n'avons qu'une seule vie et non pas plusieurs, selon l'hypothèse non convaincante de la réincarnation. C'est donc souligner la grandeur de cette unique vie et l'importance de nos choix tout en percevant cette perspective dans un intense Amour du Père pour nous tous.

Troisième lumière : elle nous précise que ce n'est pas Dieu qui nous « condamne à l'enfer ». Ce n'est pas notre Père bien-aimé et miséricordieux qui prononce éventuellement un tel châtiment. Dieu nous prévient du sort dramatique que notre choix personnel nous impose. Dieu est vie. Notre respiration est le souffle de l'haleine divine : *« Alors Yahvé Dieu modela l'homme avec la glaise du sol, il insuffla dans ses narines une haleine de vie et l'homme devint un être vivant »* (Gn 2, 7). *« Je suis [...] la Vie »* (Jn 14, 6). L'homme ne peut vivre sans Dieu. L'enfer, c'est donc la mort. Nous sommes créés à l'image de l'Amour. Nous ne pouvons, même sur cette terre, avoir le sentiment de vivre si nous n'aimons pas. À plus forte raison si nous optons pour un refus d'aimer. Si Dieu ne cesse d'aimer ses créatures, ces dernières peuvent toujours rejeter cet Amour.

C'est pourquoi la quatrième lumière souligne que le Père avec son Fils dans l'Esprit-Saint ne cesse d'agir pour nous séduire tout au long de nos vies. Sa volonté est de tout faire par sa divine providence pour nous attirer sur le « chemin de la vie éternelle » et de l'Amour qui est déjà tracé sur notre planète. « *En ceci consiste l'amour : ce n'est pas nous qui avons aimé Dieu, mais c'est lui qui nous a aimés et qui a envoyé son Fils en victime de propitiation pour nos péchés. [...] Dieu est amour : celui qui demeure dans l'amour demeure en Dieu et Dieu demeure en lui. En ceci consiste la perfection de l'amour en nous : que nous ayons pleine assurance au jour du jugement [...] Il n'y a pas de crainte dans l'amour* » (1 Jn 4, 10.16-18). Les textes abondent dans le Nouveau Testament : « *Voici, je me tiens à la porte et je frappe ; si quelqu'un entend ma voix et ouvre la porte, j'entrerai chez lui pour souper, moi près de lui et lui près de moi* » (Ap 3, 20). La disponibilité de Jésus est totale : « *Et moi, je vous dis : demandez et l'on vous donnera ; cherchez et vous trouverez ; frappez et l'on vous ouvrira* » (Lc 11, 9).

Nous sommes amenés à recevoir une cinquième lumière du mystère de Dieu Lui-même. C'est Dieu qui juge et qui discerne dans le récit de Mathieu 25. Lui seul connaît le fond des cœurs. Nous sommes incapables de connaître les décisions du Seigneur. Nous lui confions le silence de notre obscurité. Nous connaissons les comportements qui sont source de vie et de mort. Mais qu'en est-il dans le profond du cœur de celui qui vient de mourir ? Prêtres, nous connaissons dans le secret absolu le cheminement magnifique d'une âme qui est bien différent de celui présenté par la rumeur publique. Nous n'avons pas à prendre la place de Dieu. Mieux vaut adorer le mystère silencieusement et garder espérance.

Les mystiques perçoivent une sixième lumière dans leur conception de l'enfer. C'est une invitation à rejoindre le drame de la souffrance passée du Christ en Croix qui renouvelle la fidélité de l'Alliance divine avec les hommes qui le torturent et le rejettent. Pour saint Jean de la Croix, ce sera la *Nuit obscure* vécue en communion avec Jésus pour que les pécheurs se convertissent.

Catherine de Sienne priait pour la conversion de tous les hommes :

« Si j'étais totalement enflammée du feu de l'Amour divin, ne prierais-je pas d'un cœur ardent mon créateur, Lui le véritable miséricordieux, de faire miséricorde à tous mes frères ? »

Elle parlait d'une voix douce à son « époux », raconte Raymond de Capoue son confesseur et secrétaire. Elle lui disait :

« Comment supporterais-je, Seigneur, qu'un seul de ceux que tu as faits comme moi, à ton image et à ta ressemblance, aille se perdre et s'échapper de tes mains ? Non, en aucun cas je ne veux qu'un seul de mes frères se perde, un seul de ceux qui me sont unis par une identique naissance pour la nature et pour la grâce. Je veux que tous ils soient arrachés à l'antique ennemi, que tu les prennes tous pour l'honneur et la plus grande gloire de ton nom. »

Comme elle le confiait secrètement à Raymond Capoue, le Seigneur lui répondit :

« L'Amour ne saurait demeurer en enfer, il détruirait l'enfer de fond en comble, on le supprimerait plus facilement qu'on ne laisserait subsister l'Amour en Lui. »

« Si seulement ta vérité et ta justice se révélaient, répliqua la sainte, je désirerais tant qu'il n'y ait plus d'enfer ou du moins que nulle âme n'y descende. Si je pouvais demeurer unie à toi tout en restant à l'entrée de l'enfer pour en empêcher l'accès au point que personne ne puisse entrer, ce serait la plus grande des joies car tous ceux que j'aime seraient sauvés » (Raymond de Capoue, *Vie de Catherine de Sienne*, *op. cit.*).

Il est vrai que les mystiques ont des visions de l'enfer et de ceux qui s'y trouveraient. Nous savons que la Vierge, à Fatima, a montré aux enfants une vision de l'enfer. Or, ce qui prédomine, même dans la certitude qu'un certain nombre sont damnés, c'est la soif de s'opposer à ce qui est vu comme pour le rendre caduc. La réaction de Thérèse d'Ávila est typique. Elle a vu l'enfer sans apercevoir quiconque. « D'où la puissante inspiration à aider les âmes au point qu'il me semble qu'en vérité j'aimerais souffrir avec la soif la plus vive mille morts pour que même une seule âme échappe ainsi à un châtiment si effrayant » (Thérèse d'Ávila, *Œuvres complètes*, *op. cit.*).

Fidèles à l'enseignement de l'Église et à la Révélation, nous pouvons conclure par un acte de foi, de charité et d'espérance. C'est à la Lumière de la foi que nous croyons que l'enfer existe et que la possibilité de son existence est réelle. Dans l'espérance, nous avons la certitude que notre Père des miséricordes nous comblera d'une surabondance de grâces lors de notre ultime naissance au ciel. Dans notre démarche, nous aimons trop notre prochain pour ne pas être assuré que le Seigneur aura la même attitude avec tous nos frères qui sont fils de Dieu comme nous.

Ayant ainsi discerné au mieux nous pouvons de nouveau nous émerveiller de Celui dont l'Amour est insondable : « *Il nous aime et nous a lavés de nos péchés par son sang. [...] Voici, il vient avec les nuées ; chacun le verra, même ceux qui l'ont transpercé, et sur lui se lamenteront toutes les races de la terre. Oui, Amen ! Je suis l'Alpha et l'Oméga, dit le Seigneur Dieu, "Il est, Il était et Il vient", le Maître-de-tout* » (Ap 1, 5.7-8).

VII

LA PLÉNITUDE DE LA MISÉRICORDE

Que va-t-il se passer lorsque nous quitterons notre monde la terre ?

Marthe Robin aspire dans une entière confiance en la bonté et en la Miséricorde de Dieu :

« Au Ciel je verrai, je contemplerai le Bon Dieu face à face [...] Au Ciel nous moissonnerons. [...] nous ferons aimer l'Amour. [...] je veillerai sur les miens si chers, sur tous, [...] ma grande mission se poursuivra plus rayonnante, plus vaste encore. [...] je viendrai visiter, fortifier, encourager, relever [...] Quand j'irai vers Lui je retrouverai tout un trésor [...] mille fois multiplié à répandre dans les âmes. (Marthe Robin, *Journal intime*, 7 octobre 1931)

L'œuvre purificatrice de l'Amour

Ultime transformation

En nous situant à la lumière de la foi et de l'enseignement de l'Église, nous pouvons pressentir humblement ce que nous verrons.

Nous savons selon le mot de sainte Thérèse de l'Enfant Jésus que : « si nous cessons de vivre, nous continuerons à exister ».

De même que nous nous efforçons dans la prière quotidienne de rencontrer le Seigneur, à notre mort nous nous trouverons en présence de Celui qui est tout Amour. Le Seigneur Lui-même viendra nous chercher : *« Quand je serai allé et que je vous aurai préparé une place, à nouveau je viendrai et je vous prendrai près de moi afin que là où je suis, vous aussi vous soyez »* (Jn 14, 3). Comme les disciples, nous rejoindrons Jésus glorifié près du Père : *« Si quelqu'un me sert, qu'il me suive et là où je suis, là sera mon serviteur »* (Jn 12, 26). Ainsi se réalise la prière de Jésus : *« Père, ceux que tu m'as donnés, je veux que là où je suis, eux aussi soient avec moi, afin qu'ils contemplent ma gloire, que tu m'as donnée parce que tu m'as aimé avant la fondation du monde* » (Jn 17, 24). Mathieu aura une autre expression : « *Venez, les bénis de mon Père, recevez en héritage le Royaume qui vous a été préparé depuis la fondation du monde* » (Mt 25, 34).

En présence d'un spectacle unique en haute montagne, devant l'éclat des cimes qui dessinent un horizon transparent de luminosité, nous éprouvons le besoin de nous grandir intérieurement en dilatant notre âme. Lorsque nous prions, la rencontre du Seigneur nous fait désirer d'être purifiés par la miséricorde divine. De même, en présence de l'Amour suprême, nous aspirerons à grandir dans cet unique Amour. Cherchant à formuler cette intense expérience de purification, je l'ai trouvée déjà décrite par le père Varillon :

> « La doctrine du purgatoire est fondée sur ceci que pour être uni à Dieu dans une communauté de vie, il faut que nous soyons tout amour comme Lui-même est tout Amour. Pas un atome, pas un grain d'égoïsme ne peut entrer en Dieu. Car l'égoïsme est le contraire de Dieu donc l'opposition à Dieu. Seul l'Amour est assimilable à l'Amour. Qui donc oserait penser qu'à l'heure de la mort il est constitué en état de parfait amour et qu'il n'y a plus en lui le moindre atome d'égoïsme ? La Vierge Marie étant seule exceptée, c'est impossible. [...] Pour que l'Amour soit consommé, il faut que l'égoïsme soit entièrement consumé. Pour que l'Amour soit consommé en béatitude il faut que l'égoïsme soit consumé en un repentir purifiant » (*Joie de croire, joie de vivre, op. cit.*).

Amour purificateur

Comment va s'opérer la transformation de notre cœur pour qu'il devienne tout amour ? Cette conformation au Christ ne pourra se réaliser que par une configuration purificatrice de l'Amour. Rappelons-nous plusieurs conditions qui favoriseront notre épanouissement spirituel.

Il y aura en nous la Joie divine de savoir que nous sommes définitivement dans la Maison du Seigneur. Ce vers quoi nous aurons tendu toute notre vie nous est acquis. La Porte du Ciel est ouverte même s'il reste encore un chemin à parcourir. Nous ne nous sommes pas trompés dans nos efforts de foi et de recherche. Une éternité de plénitude nous attend, elle est déjà commencée. Dieu est là : *« C'est bien vrai ! le Christ est ressuscité »* (Lc 24, 34).

Dans ce climat de joie et d'espérance, nous serons conduits à souffrir, laissant l'Amour éliminer de notre âme tout ce qui est attachement à nous-mêmes. « Je sais que la plus grande souffrance de ces âmes est de voir en elles ce qui déplaît à Dieu et de découvrir que, malgré sa bonté, elles y ont consenti » (sainte Catherine de Gênes, *Traité du purgatoire*). C'est dans la lumière de l'Esprit-Saint que nous apparaîtra, à la pureté de l'Amour infini, l'énorme égoïsme de notre vie. D'où la souffrance particulière du purgatoire qui est évoquée par le feu purificateur de l'Amour. Il ne s'agit pas d'un feu matériel mais de l'image du feu jaillissant d'un Cœur très aimant « nous enflammant » du désir d'une réciprocité totale dans une intime communion de cœur. Cette souffrance, ce feu ne nous est pas imposé par punition de nos fautes mais jaillit d'un cœur qui librement désire grandir dans l'Amour : *« Nul ne vient à moi si mon Père ne l'attire »* (Jn 6, 44).

Nous ne pourrons plus agir par nous-mêmes. Nous n'avons qu'une vie. Nous ne pourrons que recevoir de l'Amour de Dieu ce qui nous manque ou, mieux, ce qui nous permettra de nous libérer de ce que nous continuons à posséder égoïstement. Notre seule participation est d'acquiescer à l'Amour. Avant la mort, nous pouvons collaborer activement à notre salut. Après celle-ci, c'est Dieu qui va faire grandir notre cœur avec notre consentement. Nous laissons la grâce de Dieu nous épanouir dans l'Amour. Cette action divine nous fait vivre à la fois dans la joie et dans la souffrance telle qu'elle est expérimentée par les mystiques dans leur rencontre de Dieu sur terre. Toutes proportions gardées, nous retrouvons dans les descriptions de sainte Catherine de Gênes ce que Marthe confiait à Jean Guitton évoquant la stigmatisation : « Comment le douloureux et le délicieux peuvent-ils aller ensemble ? » interrogeait Jean Guitton. « C'est une joie vive, une joie divine, plutôt c'est une joie intérieure. C'est une souffrance extrême, insupportable mais c'est une souffrance très douce » (Jean Guitton, *Portrait de Marthe Robin, op. cit.*).

Marthe constate à la fois la présence de la souffrance et de la joie. Elle ne dit pas comment. En fait, pour elle, il s'agit de répondre à la demande de Jésus d'être « comme Lui ». Parce qu'Il est Amour, Jésus offre sa vie, assume la souffrance du péché et la joie de sa Miséricorde infinie.

Le purgatoire n'est pas un lieu mais un état d'âme. Ce n'est pas une prison dans laquelle nous devons subir des châtiments qui nous purifieraient de nos péchés. C'est une rencontre intime avec le Seigneur qui continue à nous submerger de son Amour tandis que notre âme s'ouvre à la Miséricorde divine. Dieu poursuit son œuvre d'enfantement spirituel commencée depuis notre naissance sur terre. Marie, toujours unie à son Fils, nous soutiendra de son affection dans cette démarche d'amour, douloureuse et purificatrice. Elle ne nous attend pas au ciel quand nous sortirons du purgatoire. Elle est là comme jadis au Calvaire. Nous n'aurons pas la pleine vision béatifique, mais sachant que nous serons sauvés pour l'éternité, nous commencerons à apprécier la présence mystérieuse et la communion des saints. « Aucune paix n'est comparable à celle des âmes du purgatoire, excepté celles des saints dans le ciel, et cette paix s'accroît sans cesse » (Jean-Marc Bot, *Le Temps du purgatoire*, Éditions de l'Emmanuel, 2002).

La notion de temps n'est pas la même au purgatoire et sur la terre. Le langage de l'Église s'est efforcé d'aider l'ensemble des chrétiens à comprendre qu'il existait une certaine durée au purgatoire. Mais à nous de saisir que, Dieu étant éternel, le contact avec lui va nous plonger progressivement dans une autre perception du temps. Nous connaissons le vieil adage : « Quand on aime, on ne voit pas le temps qui passe. » Nous vivrons une certaine durée nourrie d'événements qui seront autant d'étapes nous permettant de vivre une éternité d'Amour. Unis au Christ dans le ciel, où le temps devient un éternel présent au cœur de la Trinité, nous goûterons émerveillés l'Amour en plénitude.

Le purgatoire sur terre

Revenons sur terre ! Nous façonnons notre présence au purgatoire et au ciel de la manière dont nous accueillons, dès maintenant, l'Amour que le Seigneur nous porte. Nous engageons notre éternité dans le moment présent. Le chemin du renoncement à soi-même et de l'adhésion à la lumière est connu : « *Tu aimeras le Seigneur ton Dieu de tout ton cœur, de toute ton âme, de toute ta force et de tout ton esprit et ton prochain comme toi-même* » (Lc 10, 27).

Cette charité parfaite, Jacques Maritain l'appelle « l'Amour fou pour Dieu et le prochain ». Il s'agit d'un Amour par lequel on aime Dieu et le prochain non seulement comme soi-même mais plus que soi-même. Cet Amour totalement abandonné au Seigneur peut se lire dans les yeux de beaucoup qui nous quittent pour le ciel, nous dit le père J.-M. Garrigue (*À l'heure de notre mort : accueillir la vie éternelle*, Éditions de l'Emmanuel, 2002).

Suprême leçon de l'Amour rédempteur : « *Le larron qui n'était certainement pas en état de grâce et qui n'était donc pas disposé ni à être sauvé ni à rejoindre Jésus, dans l'instant même où il a quitté son corps non seulement l'a rejoint, mais l'a rejoint immédiatement.* » Il est entré directement avec Jésus en paradis.

Cet effort de compréhension de Jacques Maritain (*Approches sans entraves,* Fayard, 1973) devant la complexité de la situation s'inspire sans doute par l'expérience qu'il a en fin de vie de la miséricorde. Il prend soin de maintenir la nécessité d'une purification mais constate qu'elle se réalise pour tous ceux qui acceptent de s'ouvrir à l'Amour infini. Il est bon de se rappeler ce que disait saint Paul aux Romains. « *Dieu dit à Moïse : "Je fais miséricorde à qui je fais miséricorde et j'ai pitié de qui j'ai pitié. Il n'est donc pas question de l'homme qui veut ou qui court, mais de Dieu qui fait miséricorde. [...] Ainsi donc il fait miséricorde"* » (Rm 9, 15-16.18). C'est bien l'Amour du Seigneur qui transfigure notre cœur.

Thérèse de Lisieux aura la même perception d'un amour profond et accessible du Seigneur qui ouvre directement la porte du ciel sans passer par l'état du purgatoire. À son époque, l'erreur du jansénisme faisait des ravages dans la spiritualité catholique. Réfléchissant sur la Justice et la sainteté de Dieu, la peur du terrible jugement de Dieu faisait trembler les âmes. Elles avaient le sentiment d'être embourbées dans leurs imperfections, malgré les souffrances rigoureuses qu'elles s'imposaient pour se purifier. Tout autre est le raisonnement de Thérèse de Lisieux. Sa mission est de révéler l'Amour aux hommes : « Dans le cœur de l'Église, ma Mère, je serai l'Amour. [...] Je compris que l'amour renfermait toutes les vocations, que l'amour était tout, qu'il embrassait tous les temps et tous les lieux [...] en un mot, qu'il est éternel ! » Elle comprend que Dieu, parce qu'il est Miséricorde infinie, nous pardonne nos imperfections au nom de sa Justice ; Il sait combien ses créatures sont faibles. Sa justice ne peut être rigoureuse puisqu'elle est justice d'Amour. Dès lors Thérèse de Lisieux pense que les toutes petites âmes peuvent s'abandonner à la profondeur de l'Amour miséricordieux. Elles reçoivent la capacité d'un acte parfait de charité et arrivent dans l'intimité du ciel sans passer par l'état du purgatoire. Elles ont reçu de Dieu la puissante purification de l'Amour pendant leur vie terrestre et au moment de leur mort.

> « Jésus viendra nous [...] chercher, si loin que nous soyons il nous transformera en flammes d'amour...

Oh ! que je voudrais pouvoir vous faire comprendre ce que je sens !… C'est la confiance et rien que la confiance qui doit nous conduire à l'Amour… La crainte ne conduit-elle pas à la Justice […] ? Oui, je le sens, Jésus veut nous faire les mêmes grâces, il veut nous donner *gratuitement* son Ciel » (Thérèse de l'Enfant Jésus, *Œuvres complètes, op. cit.*).

De nombreux textes expriment l'audace spirituelle et théologique de Thérèse, docteur de l'Église, sur ce sujet. En voici quelques exemples :

Le 8 juillet 1897. Extrait d'une lettre de Marie de l'Eucharistie à son père :

« Quand nous lui [Thérèse de l'Enfant Jésus] parlions du purgatoire pour nous elle nous disait : “Oh que vous me faites de la peine, vous faites une grande injure au Bon Dieu en croyant aller au purgatoire. Quand on aime il ne peut pas y avoir de purgatoire !” »

« Écoutez jusqu'où doit aller votre confiance ! Elle doit vous faire croire que le purgatoire n'est pas fait pour vous, mais seulement pour les âmes qui ont méconnu l'Amour miséricordieux ou qui ont douté de sa puissance purificatrice. Avec ceux qui s'efforcent de répondre à cet Amour Jésus est “aveugle” et il “ne compte pas” ou plutôt il compte pour les purifier sur ce feu de charité qui “couvre toutes les fautes” et surtout sur les fruits de son perpétuel sacrifice. Oui, malgré vos petites infidélités vous pouvez espérer d'aller droit au ciel car le Bon Dieu le désire encore plus que vous et il vous donnera sûrement ce que vous avez espéré de sa miséricorde. C'est votre confiance et votre abandon qu'il récompensera. Sa justice qui connaît votre fragilité s'est arrangée divinement pour y parvenir. Seulement en vous appuyant sur cette assurance veillez bien d'autant plus à ce qu'il ne perde pas en Amour » (*À l'école de sainte Thérèse de l'Enfant Jésus*).

« Vous n'êtes pas assez confiante, dit-elle à une sœur craintive, vous avez trop peur du Bon Dieu. Je vous assure qu'Il en est affligé. Ne craignez pas le purgatoire à cause de la peine qu'on y souffre mais désirez ne pas y aller pour faire plaisir au Bon Dieu qui impose avec tant de regret cette expiation. Dès lors, vous cherchez à Lui plaire en tout, si vous avez la confiance inébranlable qu'Il vous purifie à chaque instant dans son Amour et qu'Il ne laisse en vous aucune trace de péché, soyez bien sûre que vous n'irez pas en purgatoire » (Extrait d'une circulaire de Lisieux, 17 février 1924).

« Voilà, mon frère, ce que je pense de la justice du Bon Dieu, ma voie est toute de confiance et d'Amour, je ne comprends pas les âmes qui ont peur d'un si tendre ami. Parfois je lis certains traités spirituels où la perfection est montrée à travers mille entraves environnées d'une foule d'illusions. Mon pauvre petit esprit se fatigue bien vite... Je prends l'Écriture sainte... alors tout me semble lumineux [...] je vois qu'il suffit de reconnaître son néant et de s'abandonner comme un enfant dans les bras du Bon Dieu » (Lettres de sainte Thérèse de l'Enfant Jésus, Carmel de Lisieux, 1948).

« Pour jouir de ce privilège croyez-vous qu'il suffise de faire l'acte d'offrande que vous avez composé ? Non, les paroles ne suffisent pas, pour être véritablement victime d'Amour il faut se livrer totalement. On est consumé par l'Amour qu'autant qu'on se livre à l'Amour » (*Histoire d'une âme, Œuvres complètes, op. cit.*).

Être miséricordieux

Devenir des disciples de son Amour, c'est tendre à devenir miséricordieux : « *Soyez miséricordieux, comme votre Père est miséricordieux* » (Lc 6, 36).

La miséricorde n'étant pas d'abord une attitude psychologique mais divine, nous sommes conduits à faire l'expérience du Cœur de Dieu qui est la miséricorde même, afin de devenir miséricordieux. Il ne s'agit pas d'une simple comparaison mais, selon la signification profonde du terme grec *cathos* (« comme »), d'une attitude intérieure engendrée par Dieu Lui-même. Le terme employé de *cathos* porte en lui-même non seulement une indication d'imitation, mais une capacité comparative qui découle de la manière d'être du Seigneur.

Témoins de la miséricorde dans les Écritures

Les exemples sont nombreux dans les écritures de ceux qui, appelés par le Seigneur, ont affronté les exigences de la Volonté divine, manifestant sa miséricorde. Ils ont été marqués dans la profondeur de leur personne pour devenir témoins de la miséricorde.

Abraham, selon une tradition ignoble, crut bien faire en immolant son fils Isaac. « *L'Ange dit : "N'étends pas la main contre l'enfant ! Ne lui fais aucun mal ! [...] parce que tu as fait cela, que tu ne m'as pas refusé ton fils, ton unique, je te comblerai de bénédictions, je rendrai ta postérité aussi nombreuse que les étoiles"* » (Gn 22, 12.16-17). Désormais Dieu ne veut plus de sacrifice humain. Cette avancée dans l'histoire religieuse de l'humanité sera le fruit de cette terrible expérience qu'a faite Abraham. Son cœur de Père, bouleversé par cette exigence irrationnelle des divinités païennes, s'approchant de Yahvé, le vrai Dieu, comprend que désormais ce sera la miséricorde qui devra l'emporter. Mais un jour ce seront les hommes qui immoleront Jésus, le Fils bien-aimé du Père, en sorte que sera manifestée la miséricorde : « *Pardonne-leur : ils ne savent pas ce qu'ils font* » (Lc 23, 34).

Pierre va incarner, aux yeux des premiers disciples, la miséricorde. Il l'a vécue une première fois dans la cour de la maison du grand prêtre : « *Une servante le vit assis près de la flambée et, fixant les yeux sur lui, elle dit : "Celui-là aussi était avec lui !" Mais lui nia en disant : "Femme, je ne le connais pas." Peu après, un autre, l'ayant vu, déclara : "Toi aussi, tu en es !" Mais Pierre déclara : "Homme, je n'en suis pas." Environ une heure plus tard, un autre soutenait avec insistance : [...] "Homme, je ne sais ce que tu dis." [...] un coq chanta, et le Seigneur, se retournant, fixa son regard sur Pierre. Et Pierre se ressouvint de la parole du Seigneur [...] sortant dehors, il pleura amèrement* » (Lc 22, 56-62). Pierre est bouleversé : la tristesse d'avoir rejeté celui qui l'aimait l'écrase. La profondeur et la douceur intense du regard de miséricorde de Jésus l'ont profondément atteint. Pierre expérimente la gravité de son manque de fidélité à Celui qui lui a fait confiance dans son Amour infini. Pierre souffre atrocement de sa trahison. Son cœur découvre tout un univers intérieur qu'il ne connaissait pas. Il perçoit le déchaînement du péché dans la violence du repentir qui atteint son cœur. Homme pécheur il va pouvoir devenir *« pêcheur d'hommes »* (Lc 5, 10). Dépassant l'humiliation il devient humble : *« Oui, Seigneur, tu sais tout, tu sais bien que je t'aime »* (Jn 21, 17). Pierre ne s'appuie plus sur lui-même, sur sa propre parole, mais sur Dieu seul : *« Tu sais… »* Sa conversion atteint la racine de son être. L'amour, la tendresse amicale de Dieu ont transformé son cœur. Naissant de la miséricorde, il est devenu miséricorde. Son regard, son discernement ne sont plus les mêmes, il peut transmettre la Miséricorde divine aux pécheurs.

Saint Paul prêche la miséricorde : « [La charité] *excuse tout, croit tout, espère tout, supporte tout »* (1 Co 13, 7). Il sera pris par la puissance de l'Esprit-Saint sur le chemin de Damas et vivra une rencontre bouleversante avec Dieu : *« Il faisait route et approchait de Damas, quand soudain une lumière venue du ciel l'enveloppa de sa clarté. Tombant à terre, il entendit une voix qui lui disait : "Saoul, Saoul, pourquoi me persécutes-tu […] Je suis Jésus que tu persécutes. […] "Saoul, mon frère, celui qui m'envoie, c'est le Seigneur, ce Jésus qui t'est apparu sur le chemin par où tu venais ; et c'est afin que tu recouvres la vue et sois rempli de l'Esprit-Saint" »* (Ac 9, 4-5.17). Paul est anéanti par la quiétude de cette lumière. En bon pharisien, il s'incline à terre et tombe dans l'adoration. La puissance divine chasse les ténèbres intérieures qui durcissaient son cœur nourri de supériorité et de légalisme. Complètement désarmé, il ne peut rien faire par lui-même. Il expérimente l'abandon total à l'Amour. Il prend le chemin de l'humilité. Il se laisse conduire par la main comme un enfant avant de renaître à la Vie divine par la clarté resplendissante du Saint-Esprit. Passionné de la religion de ses Pères, ce pharisien, fils de pharisien, constate la proximité de Yahvé dans la présence de Jésus ressuscité habitant le cœur de ceux que lui-même persécute. Puisqu'il voit clair à nouveau, il sait que c'est ce même Jésus qui lui pardonne. Il expérimente ce Dieu de miséricorde dans cette profusion de grâces exceptionnelles qui lui présentent le monde nouveau de l'authentique Miséricorde divine.

Par la suite, il aura l'audace d'encourager les chrétiens à croire en la miséricorde : *« Mais Dieu, qui est riche en miséricorde, à cause du grand amour dont Il nous a aimés, alors que nous étions morts par suite de nos fautes, nous a fait revivre avec le Christ [...] Il a voulu par là démontrer dans les siècles à venir l'extraordinaire richesse de sa grâce, par sa bonté pour nous dans le Christ Jésus »* (Ep 2, 4.7). L'ensemble de ses lettres respire largement cette Miséricorde divine ; parce qu'il en a vécu, il est devenu miséricordieux.

Témoins mystiques de la Miséricorde

C'est au contact de la Miséricorde divine, dans un cœur à cœur profond, que les hommes deviennent miséricordieux. Les « mystiques » sont ceux de nos frères qui ont répondu généreusement à une vocation spéciale pour soutenir la démarche spirituelle des membres de l'Église. Ce sont des hommes et des femmes qui, faisant une expérience particulièrement riche de la présence divine, deviennent tous des miséricordieux. Ils nous rappellent combien le contact avec l'Amour touche notre cœur en le dégageant de la façade derrière laquelle nous cachons notre égocentrisme. Pour devenir miséricordieux, comme le Père, notre cœur se dilatera, attiré par la flamme brûlante et par l'intensité de l'Amour qui transformeront notre être en le divinisant. Il y aura à la fois souffrance dans la purification et joie divine dans l'Amour épanouissant.

Saint Jean de la Croix parle d'une blessure « pleine de tendresse ». Ainsi dans les explications qu'il donne de son poème sur *La Vive Flamme d'amour (op. cit.)* :

> « *Comme vous me blessez avec tendresse !*
> C'est-à-dire comme la touche de votre amour est délicate ! Cette flamme étant la flamme de vie divine blesse l'âme avec une tendresse de vie divine ; il la blesse et l'attendrit d'une manière si profonde et si intense qu'elle se liquéfie en Amour pour que s'accomplisse en elle ce que dit l'épouse au livre du *Cantique des cantiques* » (*Cant.* V, 6). [...] Dès que l'époux a fait entendre sa voix, mon âme s'est liquéfiée, tel est l'effet que la parole de Dieu produit dans l'âme. [...] Or l'amour, dont la nature est de blesser pour provoquer l'Amour [...] se trouve dans cette âme comme une vive flamme ; aussi la blesse-t-il de ses traits embrasés les plus tendres et les plus délicats [...] C'est alors qu'elle sera transformée et illu-

minée, aussi complètement qu'elle en est capable dans son être [...] de telle sorte qu'elle est semblable à Dieu. [...] cette flamme qui est le Saint-Esprit fait des blessures à l'âme ; Il détruit et consume les imperfections de ses habitudes mauvaises. [...] ce feu d'Amour qui s'unit à l'âme pour la glorifier est le même que celui qui la pénétrait pour la purifier. »

Ainsi, au contact de l'Amour, sommes-nous conduits à la fois à une grande purification de notre égoïsme et à la perception de l'Amour divin tout imprégné de paix. Vivant la miséricorde, nous devenons miséricordieux.

Sainte Thérèse de l'Enfant Jésus va assumer, grâce à sa « Petite Voie », la « Voie de l'Amour », l'expérience de la perfection de la Miséricorde divine qui lui donnera un cœur miséricordieux :

« Ma Mère chérie, vous qui m'avez permis de m'offrir ainsi au Bon Dieu, vous savez les fleuves ou plutôt les océans de grâces qui sont venus inonder mon âme... Ah ! depuis cet heureux jour, il me semble que l'Amour me pénètre et m'environne, il me semble qu'à chaque instant cet Amour miséricordieux me renouvelle, purifie mon âme et n'y laisse aucune trace de péché » (*Œuvres complètes, op. cit.*, Manuscrit A).

Thérèse est devenue miséricordieuse avec Dieu, avec les autres et avec elle-même. Elle se sait « faible et imparfaite », elle s'offre à l'Amour parce que c'est en s'abaissant jusqu'au « néant » de la créature que l'Amour miséricordieux transforme ce néant en feu, c'est-à-dire en lui-même.

Nous essayons nous-mêmes de rencontrer « Dieu doux et humble de cœur » dans notre prière et nous découvrons à quel point Il est le « Tout Autre » bien différent des hommes. Quand nous prions avec lui, Il nous enseigne : *« pardonne-nous nos péchés comme nous pardonnons à ceux qui nous ont offensés »* (Mt 6, 12), et d'une manière plus explicite : *« Oui, si vous pardonnez aux hommes leurs manquements, votre Père céleste vous pardonnera aussi ; mais si vous ne pardonnez pas aux hommes, votre Père non plus ne vous pardonnera pas vos manquements »* (Mt 6, 14-15). Le pardon de Dieu va au-delà de nos conceptions de justice et nous savons qu'il nous est impossible d'être dans le cœur à cœur avec Jésus si nous gardons un ressentiment vis-à-vis de Dieu, de nous-mêmes et des autres. *« Celui qui hait son frère est dans les ténèbres, il marche dans les ténèbres »* (1 Jn 2, 11) ou : *« Nous savons que nous sommes passés de la mort à la vie parce que nous aimons nos frères »* (1 Jn 1, 14). L'exigence de la miséricorde est inscrite au cœur de Dieu. Comme l'Amour, elle est infinie. Vivre du Christ, c'est ouvrir notre cœur à la miséricorde. Dans la rencontre de Jésus, à sa mort, éclatent la miséricorde et la nécessité pour le chrétien d'entrevoir le sens de la croix. Expérience austère mais efficace pour intégrer l'univers de Dieu : *« Comme toujours, le Christ sera glorifié dans mon corps, soit que je vive soit que je meure. Pour moi, certes, la Vie c'est le Christ, et mourir représente un gain »* (Ph 1, 20-21)

Dans l'optique divine

C'est en essayant de nous plonger dans les dimensions du Seigneur que nous pourrons plus aisément vivre de sa miséricorde et l'exercer auprès d'autrui. Les vues du Seigneur sont larges, elles nous libèrent des étroitesses de la rancune. En lisant l'Évangile, nous constatons combien Jésus nous révèle un chemin de délivrance.

Dieu est « *lumière* » (1 Jn 1, 6). Sa vision de l'homme est donc *a priori* bien différente de la nôtre. Ainsi les pharisiens raisonnaient en fonction de l'absolu de la loi quitte à l'adapter, sans le dire, à leur avantage. En amenant une femme surprise en flagrant délit d'adultère pour tendre un piège à Jésus, on oublie d'amener l'homme qui devait lui aussi mourir d'après le Lévitique (Lv 20, 10). Jésus se place sous un autre aspect : tout homme est pécheur par rapport à l'Amour infini du Seigneur. « *Que celui d'entre vous qui n'a jamais péché lui jette la première pierre* » (Jn 8, 7). En se situant dans cette vision globale de l'humanité, le Seigneur élève le débat et ouvre les voies à la miséricorde : « *Personne ne t'a condamnée ? [...] Moi non plus je ne te condamne pas. Va, désormais ne pèche plus* » (Jn 8, 10-11).

L'épisode de l'homme paralysé attire l'attention sur la priorité de la lumière divine en opposition avec une perception limitée des hommes. Quatre personnes amènent à Jésus, sur un brancard, un paralysé (Mc 2, 1). Pour eux, le grand espoir humain est que Jésus guérisse physiquement leur ami. Ils n'hésitent pas d'ailleurs à le présenter à Jésus en le descendant par une ouverture faite dans le toit, tant est grande leur confiance en Jésus. Le Seigneur s'efforce d'élever leur attention sur la nécessité d'une autre guérison, spirituelle, celle qui paralyse l'âme : « *Mon fils, tes péchés sont pardonnés* » (Mc 2, 5). « *Pourquoi* [cet homme] *parle-t-il ainsi ? [...] Qui peut pardonner les péchés ?* » (Mc 2, 7). Mathieu relatera le même épisode : « *Pour que vous sachiez que le Fils de l'homme a autorité pour pardonner les péchés sur terre [...] "Lève-toi, prends ton brancard et va dans ta maison"* » (Mt 9, 6).

Devenir miséricordieux, c'est imiter les comportements du Seigneur, qui vont au-delà des vues humaines. Nous sommes amenés à atteindre le mystère de chacun. De même, Nicodème devra se laisser éclairer par le Seigneur pour renaître dans une transformation radicale opérée par la miséricorde : « *À moins de renaître d'en haut, nul ne peut voir le Royaume* » (Jn 3, 3). Nicodème va découvrir la pensée de Dieu et la miséricorde au cœur de son dessein : « *Car Dieu n'a pas envoyé son Fils dans le monde pour juger le monde, mais pour que le monde soit sauvé par Lui* » (Jn 3, 17). La lumière divine vient transformer le cœur et les raisonnements de Nicodème : « *Celui qui fait la vérité vient à la lumière pour que ses œuvres soient manifestées, elles qui avaient été accomplies en Dieu* » (Jn 3, 21). Nicodème va être libéré de l'étroitesse de ses vues et accepter la richesse de la miséricorde. Il devient miséricordieux, son cœur enfermé par ses principes de pharisien s'étant laissé libérer par la richesse miséricordieuse de l'Amour dans le « Royaume ».

De toutes les lumières qui jaillissent du comportement de Jésus, nous apprenons à pratiquer la miséricorde du Seigneur de bien des manières. Il ne s'agit pas de juger selon les apparences mais selon ce qui est juste (Jn 7, 24). Nous multiplions les considérations théoriques et accablons les personnes alors qu'une analyse des profondeurs humaines nous porterait à une vérité libératrice. La vérité n'a pas besoin de miséricorde car elle est resplendissante de la lumière divine. « *Si donc un homme peut recevoir la circoncision un jour de sabbat sans que la loi de Moïse soit violée, pourquoi vous irriter contre moi parce que j'ai guéri complètement un homme un jour de sabbat ? Cessez de juger selon les apparences* » (Jn 7, 23-24). Être miséricordieux, c'est dépasser des modes de pensée pour se dégager des erreurs qu'ils contiennent.

Dans une même ligne plus large et plus profonde, Jésus nous met en garde contre des accusations portées envers les personnes : « *En passant, il vit un homme aveugle de naissance. Ses disciples lui demandèrent : "Rabbi, qui a péché, lui ou ses parents, pour qu'il soit né aveugle ?"* » (Jn 9, 1-2). Parmi les erreurs des hommes, à l'époque de Jésus, il était faussement admis que la maladie était le fruit du péché. Jésus dira au contraire qu'en toute circonstance l'amour, la miséricorde divine transforment les situations dégradées dans lesquelles les hommes peuvent vivre. Jésus précisera : « *Ni lui ni ses parents mais c'est pour que les œuvres de Dieu se manifestent en lui* » (Jn 9, 3). « *Aussi longtemps que je suis dans le monde, je suis la lumière du monde* » (Jn 9, 5) « *"Va te laver à la piscine de Siloé" [...] à son retour il voyait* » (Jn 9, 7). Être miséricordieux, c'est participer à la vision divine sur l'humanité : « *Je suis venu en ce monde pour une remise en question, pour que ceux qui ne voyaient pas, voient* » (Jn 9, 39). La recherche de la pensée divine à partir des lumières de l'Évangile va nous permettre de prendre le recul nécessaire pour exercer la miséricorde.

Un dernier exemple nous est fourni par la rencontre de Jésus avec la Samaritaine (Jn 4). Il existait alors une situation grave de péché puisque Juifs et Samaritains ne s'adressaient plus la parole depuis la querelle religieuse concernant l'adoration sur le mont Garisim et non sur la montagne de Sion. Jésus prend l'initiative d'entrer en relation avec cette femme qui vient puiser de l'eau au puits de Jacob. Devant l'absence d'un vrai dialogue, Jésus dénoue la situation en ne faisant aucun reproche à la Samaritaine qui lui ment, en lui disant avec humour : *« "Tu as bien fait de dire : Je n'ai pas de mari, car tu as eu cinq maris et celui que tu as maintenant n'est pas ton mari ; en cela tu dis vrai." La femme lui dit : "Seigneur, je vois que tu es un prophète" »* (Jn 4, 17-19).

Être miséricordieux, c'est offrir à la personne de se libérer des contraintes imposées par les circonstances. Ces dernières rendent solidaires d'un « péché de structure » et les personnes sont contraintes de vivre dans ce cadre. L'amour enraciné dans la Trinité dépeint un cœur profondément miséricordieux. « Dieu est Amour » (1 Jn 4, 8). Être miséricordieux, c'est se laisser envahir par le jaillissement de l'Amour divin et le transmettre aux autres. À l'école de Jésus, nous apprenons que le Seigneur aime tous les hommes et que sa miséricorde touche les multitudes. Il n'a aucune préférence pour quiconque sinon pour les plus démunis. Il aime les « étrangers » autant que les Juifs. À Nazareth, il va s'attirer l'animosité des gens du village quand il leur dira : « *En toute vérité, je vous déclare, il y avait beaucoup de veuves en Israël aux jours d'Élie quand le ciel fut fermé trois ans et six mois et que survint une grande famine dans tout le pays ; pourtant ce n'est à aucune d'elles que fut envoyé Élie, mais bien à une veuve de Sarepta, au pays de Sidon. Il y avait aussi beaucoup de lépreux en Israël au temps du prophète Élisée ; et aucun d'eux ne fut purifié, mais bien Naaman, le Syrien. [...] Remplis de fureur ils le jetèrent dehors* » (Lc 4, 25-29). La miséricorde doit s'enraciner au cœur des relations humaines. Être miséricordieux, c'est bien reconnaître que depuis la création de l'humanité le Seigneur est le Père de toutes les multitudes humaines. Ce sont des milliards d'hommes qu'Il considère comme ses fils bien-aimés. Nous perdons pied quand nous essayons d'envisager les dimensions « de la famille du Père » à travers les millénaires. Plongeant dans la miséricorde divine qui permet une telle coexistence, nous sommes saisis par ce dessein, et humblement nous transformons notre vie en son cœur miséricordieux.

Jésus nous apprend à exercer, comme Lui, la miséricorde divine auprès de la diversité des hommes et de leurs activités personnelles. Il se situe au-dessus des clivages sociaux de son époque. Il accueille le riche, le pauvre, le militaire, le percepteur d'impôts, les malades comme les bien-portants. Il propose la miséricorde, la conversion à tous, aux gens simples comme aux docteurs de la Loi, aux pharisiens comme aux publicains. Trois paraboles nous disent dans saint Luc, au chapitre 15, son attention aux pécheurs, la brebis perdue et retrouvée, la piécette de la veuve et le fils prodigue.

Les collecteurs d'impôts (gens honnis, bien sûr), les pécheurs s'approchaient tous de Lui pour l'écouter. Les pharisiens et les scribes murmuraient, ils disaient : « *Cet homme [...] fait bon accueil aux pécheurs et mange avec eux !* » (Lc 15, 2). À Zachée, il dira : « *Descends vite, il me faut demeurer dans ta maison* » (Lc 19, 5). Au centurion : « *Je vous le déclare, en Israël, je n'ai pas trouvé une telle foi, et de retour à la maison, les envoyés trouvèrent l'esclave en bonne santé* » (Lc 7, 9). Le jeune homme riche qui ne peut suivre Jésus car il a de grands biens ne sera pas rejeté : « *Jésus le regarda et l'aima* » (Mc 10, 21). Être miséricordieux, c'est croire que tout homme est appelé à goûter la conversion et les joies de l'Amour divin.

Le chemin nous est tracé. À nous de nourrir un *a priori* d'amour pour tous ceux que le Seigneur met sur notre route. Alors qu'instinctivement nous avons tendance à observer pour apprécier ou rejeter, Jésus nous demande d'avoir avant tout une attitude d'Amour : aimer sans distinction tous nos frères les hommes, sympathiques ou antipathiques, séduisants ou sceptiques. Croire que tout être peut se convertir et changer. La miséricorde, c'est une porte ouverte sur un monde nouveau. À nous d'être habités par cet horizon libérateur qui permet à chacun de renaître.

Dans cette même orientation, nous savons que nous sommes conduits, si nous acceptons d'être miséricordieux, non seulement à pardonner à nos ennemis mais à « aimer nos ennemis ». C'est une exigence qui ne se justifie que dans la perfection de l'Infini de l'Amour trinitaire. Dans une enquête faite auprès de mille personnes en France (*Pèlerin Maga-*

zine, semaine du 27 février 2003), 84 % estiment qu'il est très difficile de pardonner à un agresseur qui physiquement nous a attaqués, 48 % pensent qu'il n'est pas possible de pardonner à un conducteur qui par inadvertance a tué ou blessé un enfant. Il y a donc au moins théoriquement (les sondages sont souvent à base d'hypothèses) un nombre important de personnes qui rejettent l'idée de pardonner à ses « ennemis ». Or, le Seigneur nous demande non seulement de pardonner mais d'aimer nos ennemis : « *Mais je vous le dis, à vous qui m'écoutez : Aimez vos ennemis, faites du bien à ceux qui vous haïssent, bénissez ceux qui vous maudissent, priez pour ceux qui vous diffament* » (Lc 6, 27-28). Dans le témoignage des mystiques, nous avons perçu la violence de la purification du cœur de l'homme au contact de l'Amour divin. Dans la rencontre du péché et de l'ennemi, nous percevons l'exigence d'une transformation de notre cœur, si héroïque qu'elle soit. Le feu de la Miséricorde divine nous rendra possible ce qui humainement ne l'est pas. Nous recevons de Dieu la grâce de pouvoir faire miséricorde et d'aimer nos adversaires : « *Ce sont les violents qui s'emparent du Royaume de Dieu* » (Lc 16, 16).

Paradoxalement, l'intensité de cet amour miséricordieux nous conduit à respecter la personne qui est indifférente au message d'Amour du Seigneur. Nous-mêmes, créés à l'image et à la ressemblance de Dieu, avons instinctivement besoin d'aimer et d'être aimés. Notre réaction d'agressivité, devant un visage aimé qui nous ignore dans une morne froideur, a besoin d'être dominée. Le respect n'est pas un rejet glacial s'il veut être miséricordieux mais marqué de douceur et d'espérance confiante. Il n'y a aucune volonté d'emprise sur un cœur fermé mais le simple souhait d'une ouverture éventuelle : « *Nul ne vient à moi si mon Père ne l'attire* » (Jn 6, 65). L'Esprit-Saint nous fait découvrir la richesse divine du respect que Dieu nous porte et qui nous permet de devenir nous aussi miséricordieux comme Dieu est miséricordieux.

Dieu nous révèle l'espérance

Dieu dans sa miséricorde nous ouvre des chemins d'espérance. Être miséricordieux, c'est vivre de l'espérance pour nous et pour les autres. Les prophètes ne cessent de nous rappeler que Dieu ne veut pas la mort du pécheur mais : « *Je ne suis pas venu appeler les justes, mais les pécheurs, au repentir* » (Lc 5, 32). Continuellement, Dieu nourrit des projets de rétablissement, de reconstruction après les périodes où le mal l'a emporté et où Israël pécheur a été anéanti par ses ennemis. L'image d'une source jaillissante évoque en Ézéchiel, au chapitre 47, le renouvellement de Jérusalem et du Temple détruit après la déportation à Babylone : « *Voici que de l'eau sortait de dessous le seuil du Temple, vers l'orient [...] l'eau coulait du côté droit [...] j'avais de l'eau jusqu'aux chevilles [...] jusqu'aux genoux [...] jusqu'aux reins [...] un fleuve infranchissable [...] Le poisson était abondant [...] Au bord du torrent croîtront une quantité d'arbres fruitiers [...] les fruits ne cesseront pas, ils produiront chaque mois des fruits nouveaux et les feuilles un remède.* »

Isaïe est animé du même dynamisme : « *Ne vous souvenez plus des événements anciens, ne pensez plus aux choses passées, voici que je vais faire une chose nouvelle, déjà elle pointe, ne la reconnaissez-vous pas ? Oui, je vais mettre dans le désert un chemin, et dans la steppe, des fleuves* » (Is 43, 18-19). De même le chapitre 40 annonce une délivrance : « *Une voix crie : "Dans le désert, frayez le chemin de Yahvé ; dans la steppe, aplanissez une route pour notre Dieu. Que toute vallée soit comblée, toute montagne et toute colline abaissées, que les lieux accidentés se changent en plaine et les escarpements en large vallée ; alors la gloire de Yahvé se révélera et toute chair, d'un coup, la verra, car la bouche de Yahvé a parlé. [...] Monte sur une haute montagne, messagère de Sion ; élève et force la voix, messagère de Jérusalem, élève la voix, ne crains pas, dis aux villes de Judas : "Voici votre Dieu !" Voici le Seigneur Yahvé qui vient avec puissance, son bras assure son autorité ; voici qu'il porte avec lui sa récompense, et son salaire devant lui. Tel un berger il fait paître son troupeau, de son bras il rassemble les agneaux, il les porte sur son sein, il conduit doucement les brebis mères* » (Is 40, 3-5.9-11).

Les rapports de Yahvé avec son peuple seront marqués par de multiples redressements chaque fois que le peuple se sera détourné des voies du Seigneur. Ce dernier refait chaque fois une « nouvelle alliance » qui reprend les conditions dans lesquelles le Seigneur est heureux de pouvoir ouvrir des horizons de vie et d'allégresse. Voici quelques références qui nous confirment la pensée de Dieu jusqu'au terme d'une première étape où le sang de l'alliance sera sacramentellement répandu pour la rémission des péchés.

Dans son instruction spirituelle, saint Aphraate écrit ceci : « La Loi et l'Alliance ont été complètement transformées. Dieu transforma la première alliance accordée à Adam et en donna une autre à Noé ; une autre encore à Abraham, une autre encore à Moïse et comme l'alliance mosaïque il en donna une autre qui ne devait plus être transformée. Il avait ordonné à Adam de ne pas manger du fruit de l'arbre de vie. À Noé, il montra son arc dans les nuées, à Moïse, il donna l'Agneau de la Pâque pour la délivrance du peuple [...] toutes ces alliances étaient différentes les unes des autres. Si Dieu a donné la loi à Moïse avec ses observances, on ne les observait pas [...] il a promis qu'il donnerait une autre alliance [...] nous savons avec une certitude très chère que Dieu a établi des lois selon diverses générations ainsi que le dit saint Paul : "Dans le passé, le Royaume de Dieu a été établi à chaque époque par toutes sortes de comparaisons"... » (Lecture des heures, 1er mercredi de Carême).

Ne pas enfermer quiconque dans un univers clos sera la caractéristique de la charité divine. Comme nous l'avons déjà vu, la perception qu'a pu en avoir saint Paul l'a conduit à décrire cette redoutable exigence : « [La charité] *excuse tout, croit tout, espère tout, supporte tout* » (1 Co 13, 7). Une telle description du cœur de Dieu nous révèle la profondeur du mystère divin de l'Amour. Dans sa bienveillance, le Seigneur nous a créés pour que nous ayons la joie de découvrir son immense Amour. Même notre mauvaise volonté ne peut s'opposer à la réalisation de son projet. Nous sommes submergés par une « surabondance » de grâces qui maintient l'avenir ouvert à une conversion souhaitable. En contemplant le Christ en croix, nous pouvons pressentir le don total de l'Amour divin. Il prend tous les risques pour émouvoir notre liberté hésitante afin que chacun se laisse séduire par la Miséricorde infinie de Dieu.

Si en Dieu tout est un éternel présent, pour nous l'avenir existe. Même si notre « vie éternelle » est déjà commencée, son amour miséricordieux nous plonge dans le ciel où le dessein bienveillant du Père sera réalisé. À nous de savoir garder cette espérance quand nous nous tournons vers les autres et nous-mêmes dans la miséricorde. Rappelons-nous la vision de saint Jean dans l'Apocalypse : *« Voici qu'apparut à mes yeux une foule immense, que nul ne pouvait dénombrer, de toute nation, race, peuple et langue ; debout devant le trône et devant l'Agneau, vêtus de robes blanches, des palmes à la main, ils crient d'une voix puissante : "Le salut à notre Dieu, qui siège sur le trône, ainsi qu'à l'Agneau !" Et tous les Anges en cercle autour du trône, des Vieillards et des quatre Vivants, se prosternèrent devant le trône, la face contre terre, pour adorer Dieu. [...] le servant jour et nuit dans son temple ; et Celui qui siège sur le trône étendra sur eux sa tente. Jamais plus ils ne souffriront de la faim ni de la soif ; jamais plus ils ne seront accablés ni par le soleil, ni par aucun vent brûlant. Car l'Agneau qui se tient au milieu du trône sera leur pasteur et les conduira aux sources des eaux de la vie. Et Dieu essuiera toute larme de leurs yeux »* (Ap 7, 9-11.15-17).

Imprégnés par le comportement divin et son espérance, comme le Père, nous sommes miséricordieux chaque fois que nous faisons confiance aux pécheurs.

Nous connaissons notre propre fragilité. Nous renonçons à être des héros pour offrir notre faiblesse au Seigneur, et nous enraciner dans la confiance qu'il nous fait en se donnant à nous par la communion eucharistique. Faire confiance aux pécheurs, c'est parier sur l'avenir. Là où la puissance de mort s'est introduite par le péché, c'est croire qu'une puissance de vie peut faire son œuvre dans le cœur des croyants. Nous sommes miséricordieux quand nous croyons que la résurrection est offerte à ceux qui le désirent. *« Le grain tombé en terre [...] s'il meurt, porte beaucoup de fruit »* (Jn 12, 24). Faire confiance, c'est porter l'autre dans la prière mais aussi dans le cœur. Une personne aimée revit quand elle perçoit qu'elle n'est pas seule. La confiance est au centre d'une relation d'amour et d'amitié. Le pécheur qui n'a pas été fidèle au Seigneur renaît lorsqu'il perçoit une fidélité fraternelle qui l'entoure.

Découle de la contemplation de l'Amour trinitaire l'émerveillement devant la patience que Dieu a pour nous. C'est pourquoi nous devenons miséricordieux en assumant notre péché et celui des autres par la patience. Savoir attendre que le grain mûrisse et ne pas accuser parce que le fruit ne mûrit pas aussi vite que nous voudrions. Les paraboles de Jésus sont très instructives dans ce domaine : *« Maître, n'est-ce pas du bon grain que tu as semé dans ton champ ? D'où vient donc qu'il s'y trouve de l'ivraie ? Il leur dit : C'est quelque ennemi qui a fait cela. Les serviteurs lui disent : Veux-tu donc que nous allions la ramasser ? Non, dit-il, vous risqueriez, en ramassant l'ivraie, d'arracher en même temps le blé »* (Mt 13, 27-29). Les desseins du Seigneur ne sont pas les nôtres. Pourquoi exiger d'un homme ce qu'il n'est pas en état de donner ? Chacun est un mystère : les uns sont appelés au point du jour (Mt 20), les autres à la troisième heure, d'autres à la sixième, enfin à la neuvième heure. La patience de Dieu s'enracine dans son Amour miséricordieux. Ses dimensions sont bien au-delà de la justice. Souvenons-nous de la remarque de saint Pierre : « *Devant le Seigneur un jour est comme mille ans et mille ans comme un jour* » (2 P 3, 8). La patience favorise la perception de la miséricorde.

Être miséricordieux, c'est vivre dans un oubli de soi qui devient source d'amour et de joie sereine.

Enfin, toujours dans l'objectif de prendre du recul en Dieu, les chemins de la miséricorde passent par des changements de points de vue et de nouvelles perspectives. Lorsque deux ou trois personnes ne parvenaient pas à se mettre d'accord, chacune s'estimant lésée, vivant un sentiment d'injustice, Marthe Robin, après avoir écouté, proposait : « On va dépasser, on va se dépasser dans l'amour. » Chacun reconnaissait que l'appel à la miséricorde permettait de se situer dans l'Amour divin qui comblait les cœurs de sérénité.

Charisme de compassion

Au cœur de la miséricorde, il y a la compassion. Jésus, devant les souffrances dues aux péchés, est ému de pitié. Son Cœur est touché au plus profond de lui-même. Il aurait pu ignorer la stupidité des hommes qui font leur malheur. Beaucoup d'êtres humains se durcissent et se cuirassent devant le drame des autres.

Jésus pleure sur Jérusalem (Lc 19, 41) : « *Quand il fut proche, à la vue de la ville, il pleura sur elle.* »

De même il pleure devant la souffrance des parents et amis de Lazare (Jn 11, 34-36) : « *Il dit : "Où l'avez-vous mis ?" Ils lui dirent : "Seigneur, viens et vois." Jésus pleura. Les Juifs dirent alors : "Voyez comme il l'aimait !"* »

Jésus a pitié des foules : « *Jésus, cependant, appela à lui ses disciples et leur dit : "J'ai pitié de la foule, car voilà déjà trois jours qu'ils restent auprès de moi et ils n'ont pas de quoi manger. Les renvoyer à jeun, je ne le veux pas : ils pourraient défaillir en route"* » (Mt 15, 32).

Parmi les dons du Saint-Esprit, il y a le charisme de compassion. La personne qui le reçoit après l'avoir demandé, perçoit intuitivement la souffrance dans laquelle vit le prochain. Elle ressent la douleur d'un corps malade, la détresse d'une âme qui a péché, la peine de celui qui s'est fourvoyé. Ce charisme de compassion permet alors d'exercer la miséricorde. Bien loin de condamner un comportement peccamineux et de brandir les flammes d'un faux jugement divin, ce sont des paroles d'espérance, de compréhension qui sont transmises. L'Esprit-Saint inspire des paroles libératrices et constructives qui permettent aux pécheurs de s'ouvrir à la puissance créatrice du Seigneur. Avec délicatesse et force, ce charisme de compassion transmet la douceur de la Résurrection qui invite à revivre et à rendre gloire à Dieu.

Nous constatons que devant une situation difficile, la majorité des hommes (chrétiens ou non) ont comme réflexe de juger, d'accuser, de condamner. Celui qui devient miséricordieux aura un comportement opposé : il va discerner, sauver et guérir. Le discernement permettra de déceler les éléments du bien et du mal, du positif et du négatif, de manière à trouver une solution pour améliorer la situation. Tel un docteur en médecine qui reçoit un patient, toutes les facultés humaines et spirituelles sont sollicitées pour porter le diagnostic. La miséricorde devient guérison et permet au pécheur de goûter les joies d'une « re-naissance ».

Dieu continue à porter sur ses enfants son « regard des origines » d'avant le péché. Dans la beauté de son Amour, dans la grandeur des réponses d'amour dont Il nous avait donné la capacité, cet émerveillement continue à nous combler. La lumière divine nous environne malgré notre péché. Elle est devenue rédemptrice. Si nous nous refusons à aimer Dieu, ce dernier n'en continue pas moins à nous aimer et à nous attirer dans ses perspectives chaleureuses et libératrices. Être miséricordieux, c'est donc regarder le pécheur dans cette espérance divine d'une transfiguration possible qui, le moment venu, permettra l'épanouissement total de la personne. Il s'agit d'anticiper dans l'avenir, de croire en la réalisation du plan divin tel que le Père l'avait conçu dans sa bienveillance avant le péché : *« Il nous a choisis en lui avant la fondation du monde pour que nous soyons saints et irréprochables sous son regard dans l'Amour »* (Ep 1, 4).

Renouvelés par le souffle des origines, miséricordieux, nous transmettons le souffle de l'Esprit-Saint qui est la Miséricorde divine. Ayant vécu une première création, les pécheurs accèdent à la Résurrection du Christ transmise à ses disciples choisis de toute Éternité.

« *Il nous a prédestinés à être pour Lui des fils adoptifs par Jésus-Christ. Tel fut le bon plaisir de sa volonté, à la louange de gloire de sa grâce, dont Il nous a gratifiés dans le Bien-Aimé* » (Ep 1, 5-6).

Depuis notre création sur terre, communiant à l'Amour rédempteur du Seigneur, nous avons la joie de devenir miséricordieux comme notre Père. Conscients de toute la lourdeur de nos cœurs, nous gardons espérance car le Seigneur nous a prévenus : « *Ils restèrent interdits à l'excès et se disaient les uns aux autres : "Et qui peut être sauvé ?" Fixant sur eux son regard, Jésus dit : "Pour les hommes, impossible, mais non pour Dieu : car tout est possible pour Dieu"* » (Mc 10, 26-27).

Conclusion

Certains jours de ténèbres accablantes, l'éternelle interrogation revient : et si c'était vrai ? Combien nos cœurs seraient déjà dans l'espérance et même dans la joie ! Pour nous c'est réellement vrai, comme nous le croyons dans l'Église. Jésus pleinement Dieu et pleinement homme est bien vivant, ressuscité d'entre les morts. Il est revenu parmi nous : *« Je reviendrai à nouveau et vous prendrai avec moi »* (Jn 14, 3) et il ne cesse de manifester son amour : *« Demeurez en moi comme moi en vous »* (Jn 15, 4). Comment ne pas être habité par une immense espérance ?

Le prophète Isaïe en avait le pressentiment :

« Un rejeton sortira de la souche de Jesse, un surgeon poussera de ses racines. Le loup habitera avec l'agneau, la panthère se couchera avec le chevreau. Le loup habitera avec l'agneau, la panthère se couchera avec le chevreau.

Le veau, le lionceau et la bête grasse iront ensemble, conduits par un petit garçon. La vache et l'ourse paîtront, ensemble se coucheront leurs petits.

Le lion comme le bœuf mangera de la paille. Le nourrisson jouera sur le repaire de l'aspic, sur le trou de la vipère le jeune enfant mettra la main.

On ne fera plus de mal ni de violence sur toute ma montagne sainte, car le pays sera rempli de la connaissance de IHWH, comme les eaux couvrent le fond de la mer » (Is 11, 1.6-9).

Sous nos yeux, au-delà de toute forme de mal, Jésus construit un monde nouveau où se dessinent déjà les lignes maîtresses du projet du Seigneur : un univers de relations fraternelles, de respect mutuel de paix et d'amour.

Une éternité de joie nous attend dans le ciel. La vie sur terre ne fait que commencer l'épanouissement de notre personne qui s'achèvera au ciel.

J'allais esquisser les beautés de l'espérance chrétienne quand je me suis souvenu de ce texte magnifique de Charles Péguy, victime du mal, tué dans une attaque lors de la guerre de 1914-1918 :

« On se demande, on dit : mais comment ça se fait que cette fontaine Espérance éternellement coule, qu'elle jaillit éternellement, qu'elle source éternellement,
éternellement jeune, éternellement pure,
éternellement fraîche, éternellement courante,
éternellement vive.
— Bonnes gens, dit Dieu, ce n'est pas malin…
Si c'était avec de l'eau pure qu'elle voulait faire des sources pures jamais elle n'en aurait trouvé assez dans "toute" la création.

Car il n'y en a pas trop. C'est justement avec les eaux mauvaises qu'elle fait ses sources d'eau pure.
Et c'est pour cela qu'elle ne manque jamais, mais c'est aussi pour cela qu'elle est l'Espérance...
Et c'est le plus grand secret qu'il y ait dans le jardin du monde » (*Le Porche du mystère de la deuxième vertu*, Gallimard, 1998).

Quant à sainte Thérèse d'Ávila, elle témoignait d'une même espérance. Elle écrivait dans une attitude de confiance totale au milieu des combats spirituels, ses affrontements quotidiens avec le mystère du mal :

« Que rien ne te trouble,
Que rien ne t'effraie,
Tout passe,
Dieu ne change pas.
La patience obtient tout,
Celui qui a Dieu ne manque de rien,
Dieu seul suffit. »

Table

III
AMOUR ET JUSTICE

IV
RÉDEMPTION ET AMOUR

V
LA SOUFFRANCE ET L'AMOUR

VI
L'AMOUR MISÉRICORDIEUX

VII
LA PLÉNITUDE DE LA MISÉRICORDE

Impression réalisée sur CAMERON par

BUSSIÈRE CAMEDAN IMPRIMERIES

GROUPE CPI

à Saint-Amand-Montrond (Cher)
en janvier 2004
pour les Éditions Presses de la Renaissance
12, avenue d'Italie
75013 Paris

Composé par Nord Compo
à Villeneuve-d'Ascq

N° d'édition : 995. — N° d'impression : 040215/1.
Dépôt légal : janvier 2004.

Imprimé en France